Heidelberger Taschenbücher Band 173

Wissenschaftlicher Beirat:
Gottfried Bombach, Basel · Bernhard Gahlen, Augsburg
Herbert Hax, Wien · Kurt W. Rothschild, Linz (Donau)

Gerold Blümle

Theorie
der Einkommensverteilung

Eine Einführung

Springer-Verlag
Berlin Heidelberg New York 1975

Prof. Dr. Gerold Blümle

ord. Professor für mathematische Ökonomie an der Universität Freiburg i. Br.

ISBN-13: 978-3-540-07470-0   e-ISBN-13: 978-3-642-61920-5
DOI: 10.1007/978-3-642-61920-5

Library of Congress Cataloging in Publication Data. Blümle, Gerold, 1937 –. Theorie der Einkommensverteilung. (Heidelberger Taschenbücher; Bd. 173). Includes bibliographies and index. 1. Income distribution. 2. Income. 3. National income. I. Title.
HB601.B55   339.2   75-26902.

Das Werk ist urheberrechtlich geschützt. Die dadurch begründeten Rechte, insbesondere die der Übersetzung, des Nachdruckes, der Entnahme von Abbildungen, der Funksendung, der Wiedergabe auf photomechanischem oder ähnlichem Wege und der Speicherung in Datenverarbeitungsanlagen bleiben, auch bei nur auszugsweiser Verwertung, vorbehalten. Bei Vervielfältigungen für gewerbliche Zwecke ist gemäß § 54 UrhG eine Vergütung an den Verlag zu zahlen, deren Höhe mit dem Verlag zu vereinbaren ist.

© by Springer-Verlag Berlin · Heidelberg 1975.

Softcover reprint of the hardcover 1st edition 2007

Die Wiedergabe von Gebrauchsnamen, Handelsnamen, Warenbezeichnungen usw. in diesem Werk berechtigt auch ohne besondere Kennzeichnung nicht zur Annahme, daß solche Namen im Sinne der Warenzeichen- und Markenschutz-Gesetzgebung als frei zu betrachten wären und daher von jedermann benutzt werden dürften.

Gesamtherstellung: Zechnersche Buchdruckerei, Speyer.

Vorwort

Das vorliegende Buch ist entsprechend den drei verschiedenen Betrachtungsweisen der Verteilungstheorie gegliedert. Die Theorie der personellen Einkommensverteilung, die der funktionellen und schließlich die der Sozialproduktsanteile von Klassen machen, abgesehen von Einleitung und Schluß, auch im Umfang rund je ein Drittel aus. Damit wurde vergleichsweise großer Wert auf die Theorie der personellen Einkommensverteilung gelegt.

Diese stärkere Gewichtung entspricht einmal der zunehmenden Aufmerksamkeit, die der Theorie der personellen Verteilung zukommt, zum andern aber auch der Überzeugung des Verfassers hinsichtlich ihrer Bedeutung. Im Zusammenhang mit ihrer Darstellung wurde insbesondere auf das Problem der Verteilungsmessung eingegangen, was im Hinblick auf die Entwicklung sozialer Indikatoren für das Verteilungsziel als wichtig erscheint.

Die Darstellung der funktionellen Verteilungstheorie beschränkt sich auf die Klassik sowie die mikro- und makroökonomischen Ansätze der Neoklassik. Die Verbindung der makroökonomischen Grenzproduktivitätstheorie mit der Wachstumstheorie wird nur kurz angesprochen, dafür aber wird bei der Kritik dieses Ansatzes etwas ausführlicher auf die Argumente der Cambridger Kapitaltheorie eingegangen.

Die Einleitung zur Theorie der Einkommensanteile besteht aus einem Abschnitt über Definition, Aussagefähigkeit und Stabilität der Lohnquote, an den sich die Diskussion der verschiedenen makroökonomischen Ansätze anschließt.

Auf Literaturangaben wurde vor allem an den Stellen Wert gelegt, an denen sich das Buch in der Wahl der Schwerpunkte von anderen Lehrbüchern der Verteilungstheorie unterscheidet.

Fräulein Jutta Walch sowie den Herren Bernd Dallmann, Rainer Feninger, Stefan Frowein, Harry Groner, Dr. Klaus Kammerer, Oswald Reim und Hans Peter Spahn bin ich für zahlreiche Hinweise und Mithilfe bei der Korrektur zu Dank verpflichtet. Fräulein Martha Böhnke hat mit großer Sorgfalt das Manuskript geschrieben, und Herr George Sheldon hat es mit Zeichnungen ausgestattet. Ihnen allen gilt mein Dank für die Mitarbeit an diesem Buch, für dessen Unzulänglichkeiten ich allein verantwortlich bin.

Freiburg, im Sommer 1975　　　　　　　　　　　　　　　　　　　　Gerold Blümle

Inhaltsverzeichnis

I. Entwicklung, Bedeutung, Gegenstand und Methode der Verteilungstheorie   1

1. Entwicklung 1
2. Bedeutung 8
3. Gegenstand 10
4. Methode 15
Literatur zu Kapitel I 19

II. Personelle Einkommensverteilung   21

1. Grundlegendes 21
   1.1. Verschiedene Fragestellungen 21
   1.2. Einkommen und Einkommensempfänger 24
   1.3. Graphische Darstellungen der personellen Einkommensverteilung . 26
   1.4. Maße der personellen Einkommensverteilung 33
   Paretos Maß (α) – Quantile als Verteilungsmaß – Durchschnittliche Abweichung – Standardabweichung – Variationskoeffizient (V) – Standardabweichung der logarithmierten Einkommen (L) – Gini-Koeffizient (G) – Vergleiche der Maße V, L und G – Normative Ansätze
2. Ansätze zur Erklärung der Häufigkeitsverteilung 47
   2.1. Streng stochastische Theorien der personellen Einkommensverteilung   47
   Gibrat-Verteilung – Stabilisierte Gibrat-Verteilung – Verteilung aufgrund eines Markoff-Prozesses
   2.2. Erklärung der personellen Einkommensverteilung durch die Verteilung von Fähigkeiten und Eigenschaften 51
   Multiplikatives Zusammenwirken von Fähigkeiten – Korrelation von Fähigkeiten – Problem der Meßbarkeit – Zufall und multiplikatives Zusammenwirken – Fähigkeiten und Entfaltungsmöglichkeiten – Bedeutung der Einkommenselastizität und der Präferenzen – Empfindlichkeit auf Qualitätsunterschiede – Einfluß unterschiedlicher Risikopräferenz – Problem der Fähigkeitsmessung – Ausmaß ‚biologischer' Einflüsse

2.3. Bildungstheoretische Ansätze der personellen Einkommensverteilung 60
    Bildungsausgaben und Einkommensstreuung – Verallgemeinerung des 'human capital' Ansatzes – Nachfrage und Angebot von Bildungsinvestitionen
2.4. Erklärung der personellen Einkommensverteilung durch hierarchische Strukturen ... 65
2.5. Bedeutung des Nutzens bei der Erklärung der personellen Einkommensverteilung ... 68
2.6. Vermögensverteilung und personelle Einkommensverteilung ... 69
    Einfluß der Vermögensbildung – Bedeutung der Vermögensvererbung
2.7. Personelle Einkommensverteilung als Verteilungsgleichgewicht ... 77
    Stabilität der Einkommensverteilung – Tinbergens normativer Ansatz – Einkommen und Arbeitsleid – Ursachen der Ungleichheit
3. Ansätze zur Ermittlung der Bestimmungsgründe für die Höhe des personellen Einkommens ... 86
    3.1. Einfluß sozioökonomischer Konstanten ... 87
        Geschlecht – Rasse – Alter – Angeborene Fähigkeiten – Elternhaus
    3.2. Einfluß sozioökonomischer Variablen ... 92
        Region – Schulische Ausbildung – Zahl der Erwerbstätigen – Art der Beschäftigung
    3.3. Ökonomische Determinanten der Höhe des personellen Einkommens 95
        Ansatz von Krupp
Literatur zu Kapitel II ... 99

III. Theorie der funktionellen Einkommensverteilung 101

1. Klassische Lehre von den drei Produktionsfaktoren ... 101
    1.1. Erklärung der Grundrente ... 101
        Ursachen der Renten
    1.2. Erklärung des Arbeitslohns ... 104
        Existenzminimumtheorie – Lohnfondstheorie
    1.3. Erklärung des Profits ... 107
    1.4. Langfristiges Verteilungsgleichgewicht der klassischen Lehre ... 108
    1.5. Bedeutung der Verteilungstheorie der Klassik ... 108
2. Mikroökonomische Grenzproduktivitätstheorie der Verteilung ... 109
    2.1. Grundlegendes ... 109
    2.2. Faktorpreisbildung bei vollkommener Konkurrenz ... 112
    2.3. Mikroökonomische Grenzproduktivitätstheorie bei unvollkommener Konkurrenz ... 115
        Monopol auf dem Absatzmarkt, vollkommene Konkurrenz auf dem Faktormarkt – Monopson auf dem Faktormarkt, vollkommene Konkurrenz auf dem Absatzmarkt – Monopolstellung des Unternehmers auf dem Absatz- und dem Beschaffungsmarkt – Stabilität

Inhaltsverzeichnis IX

des Gewinnmaximums – Erweiterung des Ansatzes durch das Konzept der Normalprofite
2.4. Kritik an der mikroökonomischen Grenzproduktivitätstheorie . . . 120
Datenkranz – Methode – Produktionstechnik – Verhaltensannahmen
2.5. Mikroökonomische Grenzproduktivitätstheorie als Aussage über eine Norm 122
2.6. Ergänzungen zur mikroökonomischen Theorie der Faktorpreise . . 123
3. Makroökonomische Grenzproduktivitätstheorie der Verteilung 124
   3.1. Allgemeiner Ansatz 124
   Eigenschaften der makroökonomischen Produktionsfunktion – Pro-Kopf-Produktionsfunktion – Bestimmungsgründe der Einkommensverteilung in der makroökonomischen Grenzproduktivitätstheorie – Substitutionselastizität
   3.2. Cobb-Douglas-Produktionsfunktion 128
   Bestimmung der Faktoranteile – Ausschöpfungstheorem – Skalenerträge – Schätzung der Cobb-Douglas-Produktionsfunktion
   3.3. Bedeutung des technischen Fortschritts für die makroökonomische Grenzproduktivitätstheorie 132
   3.4. Kritik an der makroökonomischen Grenzproduktivitätstheorie . . . 134
   Reswitching-Diskussion – „Warenproduktion mittels Waren"
Literatur zu Kapitel III 142

IV. Theorien zur Erklärung der Anteile am Volkseinkommen 143

1. Verteilungsposten 144
   1.1. Lohnquote 144
   Definition – Messung – Stabilität
   1.2. Profitquote 147
   1.3. Verteilung auf soziale Gruppen 148
2. Produktivitätstheorie der Verteilung 149
   2.1. Zurechnungsproblem 149
   2.2. Lohnquote und Arbeitsproduktivität 150
   2.3. Kapitalkoeffizient und langfristiger Zinssatz 151
3. Kreislauftheoretische Ansätze der Verteilungstheorie 153
   3.1. Erste Ansätze 153
   Zweiklassenmodell mit klassischer Sparfunktion – Verteilung im Wirtschaftskreislauf bei makroökonomischer Konsumfunktion und gewinnabhängigen Investitionen
   3.2. Verteilung im Totalmodell von Keynes 157
   3.3. Kaldors Verteilungstheorie 160
   Anpassungsprozeß – Einschränkung des Geltungsbereichs – Kritik
   3.4. Ergänzungen zu Kaldors Ansatz 164
   Rothschilds langfristiges Modell – Bombachs Modell

X Inhaltsverzeichnis

4. Monopolgradtheorien 168
   4.1. Begriff 168
   4.2. Verteilungstheorie Kaleckis 168
        Kritik
   4.3. Mitras Verteilungstheorie 170
   4.4. Monopolgradtheorien als Weiterentwicklungen des Kaldoransatzes 173
        Schneiders Ansatz – Zuschlagsmodell von Stobbe – Struktureller
        Monopolgrad Preisers
5. Differentialrententheorien der Verteilung 180
   5.1. Statische Differentialrententheorie 180
   5.2. Dynamische Theorie der Differentialrente 183
        Gewinnsätze bei Unsicherheit
6. Machttheorien der Verteilung 186
   6.1. Quasimonopoltheorien 186
        Oppenheimer – Weiterentwicklung von Peter und Preiser
   6.2. Politische Theorien der Verteilung 188
   6.3. Einkommensverteilung in der Theorie des Verhandelns ... 190
        Berücksichtigung des Verhaltens im statischen Marktmodell – Kritik
        an der Bestimmtheit des Lohnes bei statischer Betrachtung – Kritik
        an der Statik und der Einseitigkeit der Verhaltensannahmen – Ver-
        schiedene Verhaltensannahmen – Einige Ansätze der Verhand-
        lungstheorie – Spieltheoretische Ansätze
   6.4. Soziologische Erklärung der Einkommensverteilung 199
   6.5. Einkommensverteilung und Inflation 201
        Einkommensverteilung als Bestimmungsgrund der Inflation – Inflation
        als Äußerung des Verteilungskampfes – Inflation bei produktivitäts-
        orientierter Lohnpolitik – Verteilungswirkungen der Inflation
7. Verteilungstheorie der Sozialisten und Marxisten 205
   7.1. Vorläufer 205
   7.2. Verteilungstheorie von Marx 205
        Ursprung des Mehrwerts – Wert der Arbeitskraft – Bestimmungs-
        gründe der Verteilung – Aspekte der langfristigen Verteilungsent-
        wicklung – Kritik
   7.3. Weiterentwicklung durch die Marxisten 210
   7.4. Vorstellungen über die Verteilung in kommunistischen Ländern .. 210
        Marx – Lenin – Stalin – Weiterentwicklung nach Stalin – Prinzipien
        der Lohnbestimmung
Literatur zu Kapitel IV 213

Mathematischer Anhang 215

Tabellarischer Anhang 217

Namenverzeichnis 229

Sachverzeichnis 231

I. Entwicklung, Bedeutung, Gegenstand und Methode der Verteilungstheorie

1. Entwicklung

Erst in der zweiten Hälfte des 18. Jahrhunderts wird von den Physiokraten und Klassikern „die Ökonomik aus der merkantilistischen Behandlung von Einzelfragen hingeführt zur theoretischen Analyse des Wirtschaftsganzen" und damit zu einer neuen Wissenschaft[1]. Zwei wesentliche Mängel sind es, die bedingen, daß der Lehre der Physiokraten, insbesondere Quesnays, der große Erfolg versagt bleibt, der Smith, Ricardo u. a. zu den Klassikern der Nationalökonomie werden läßt. Einmal die Annahme, die Landwirtschaft allein könne als ‚classe productive' den Wohlstand einer Nation mehren, und zum anderen das Einbeziehen der Feudalherren als ‚classe distributive', was sich nur als Anpassung an die herrschende soziale Ordnung jener Zeit verstehen läßt.

Während der erste Mangel durch den Aufstieg des Kapitalismus und der sich damit offenbarenden Produktivität industrieller Fertigung als Irrtum klar erkennbar wird, beschwört der letzterwähnte gerade in Frankreich besonderen Widerspruch herauf[2]. Die Rechtfertigung der ‚classe distributive' durch eine naturrechtliche Philosophie mußte fragwürdig bleiben; die Einkommensverteilung wird somit zum Tabu, was eine eingehende Beschäftigung mit ihr verhindert hat.

Die Notwendigkeit, sich nicht nur mit der Entstehung und Verwendung des Einkommens, sondern auch mit dessen Verteilung auseinanderzusetzen, erkennen die Klassiker umso deutlicher.

Eine umfassende Definition der neuen Wissenschaft als „exposition de la manière dont se forment, se distribuent et se consomment les richesses" gibt zwar erst Say[3], aber bereits Smith hat im Titel des ersten Buches seines ‚Wealth of Nations': „Die Ursachen der Vervollkommnung der Produktivkräfte der Arbeit und die Ordnung, nach welcher ihr Produkt sich naturgemäß unter die verschiede-

---

[1] Salin, E.: Geschichte der Volkswirtschaftslehre, 4. Aufl., S. 66. Tübingen 1951.
[2] Vgl. ebenda, S. 72—73.
[3] Say, J. B.: Traité d'économie politique, ou simple exposition de la manière, dont se forment, se distribuent et se consomment les richesses, 2 vols., Paris 1803, zitiert nach Salin, E.: a.a.O., S. 94.

nen Volksklassen verteilt"[4] der Verteilungstheorie ihren Platz in der Nationalökonomie zugewiesen.

Ricardo sieht darüber hinaus ein Hauptziel darin, die Gesetzmäßigkeiten zu finden, die die Verteilung bestimmen[5]. Bei ihm, den man daher zu Recht als den Verteilungstheoretiker unter den Klassikern ansieht, wird bereits eine Besonderheit deutlich, die vielen Untersuchungen zu Fragen der Einkommensverteilung eigen ist. In keinem Bereich wirtschaftswissenschaftlicher Forschung stellt sich nämlich die Frage nach der Gerechtigkeit mit vergleichbarer Dringlichkeit, ist demzufolge die enge Verknüpfung zwischen normativer und positiver Ökonomik so sehr von der Sache her verständlich und zugleich der Verdacht auf Apologetik so naheliegend wie in der Verteilungstheorie.

Obwohl die Klassengesellschaft jener Zeit das Aufkommen einer makroökonomischen Theorie, wie sie bei den Physiokraten entsteht, begünstigt, ist die Lehre der Klassiker wesentlich einzelwirtschaftlich begründet. Im Mittelpunkt steht „als Smiths bedeutsamste Neuerung die Preislehre, oder richtiger: der Preismechanismus als Knochengerüst der klassischen Wirtschaft"[6]. So ist bereits am Anfang der neuen Disziplin der Weg „zur produktionsorientierten marginalen Mikrotheorie"[7] — der Grenzproduktivitätstheorie — vorgezeichnet.

Während indessen die Grenzproduktivitätstheorie sich als Theorie der Faktorpreise (Lohnsatz, Zinssatz) versteht, geht es den Klassikern im wesentlichen um die Erklärung der Anteile am Produkt, die im Dreisektorenmodell auf Lohn, Profit und Grundrente, bzw. im Viersektorenmodell auf Lohn, Kapitalzins, Gewinn und Grundrente entfallen. Die Zuordnung verschiedener Einkommensarten zu bestimmten Faktoren durch die Betonung ihrer Funktion im Produktionsprozeß rechtfertigt zwar die Bezeichnung funktionale Einkommensverteilung für den Gegenstand der klassischen Verteilungstheorie, es bleibt aber zu bedenken, daß die Klassen der Grundeigentümer, Kapitalisten und Arbeiter den Faktoren personell und soziologisch in einer Weise entsprachen, daß eine Unterscheidung zwischen funktionaler, personeller und sozio-ökonomischer Verteilung weder möglich noch sinnvoll schien.

Diese Identität zwischen der aus dem Produktionsprozeß resultierenden Verteilung und der Verteilung auf sozio-ökonomische Gruppen wird besonders deutlich bei Marx, der den Übergang zum Zweiklassenmodell vollzieht. Die im Kreislaufmodell beschriebene Verteilung in Lohn und Profit wird bei Marx zur erklärenden

---

[4] Smith, A.: Eine Untersuchung über Natur und Wesen des Volkswohlstandes, 3. Aufl., S. XVII. Jena 1923.
[5] Vgl. Ricardo, D.: On the Principles of Political Economy and Taxation. In: The Works and Correspondence of David Ricardo, Vol. 1 (ed. Sraffa, P.), p. 5. Cambridge 1953.
[6] Salin, E.: a.a.O., S. 80.
[7] Krupp, H. J.: Theorie der personellen Einkommensverteilung, Volkswirtschaftliche Schriften, H. 127, S. 25. Berlin 1968.

Variablen, zum Bestimmungsgrund der Nachfrage. Die Auffassung, daß weder Preise noch Einkommensverteilung innerhalb der Grenzen des Marktgeschehens allein zu erklären sind[8], eine funktionale Verteilungstheorie im engeren Sinne also nicht möglich ist, haben zusammen mit der Überzeugung von der zentralen Stellung der menschlichen Arbeit in der Produktion zu dieser Zweiteilung in Lohn- und Nichtlohneinkommen geführt. Die Bezeichnung Profite für die durch Ausbeutung allein erklärten Nichtlohneinkommen hat im 20. Jahrhundert bei Wiederaufnahme des Zweiklassenmodells zu einem vermeintlichen Widerspruch zwischen Theorien geführt. Während die einen hierbei den ‚Profitanteil' allein aus dem Produktionsgeschehen herleiten, ist bei den anderen die Nachfrage der determinierende Faktor.

Die Erklärung der Verteilung bei Marx ist jedoch eine völlig andere. Dem Begriff ‚Produktionsweise' kommt dabei zwar eine wichtige Bedeutung zu, er wird jedoch nicht rein technisch aufgefaßt. Unter ‚Produktionsweise im engeren Sinne' wird dabei der historisch entstandene Konflikt zwischen gesellschaftlicher Produktionsweise und privatem Eigentum verstanden. Dieser Produktionsweise sind verschiedene Formen politischer und ideologischer Verhältnisse kausal zugeordnet[9]. Die Gesamtheit dieser Verhältnisse in ihrer spezifischen Verbindung wird mit dem Begriff ‚Produktionsweise im weiteren Sinne' zusammengefaßt. „Die Produktionsweise des materiellen Lebens bedingt den sozialen, politischen und geistigen Lebensprozeß überhaupt. Es ist nicht das Bewußtsein der Menschen, das ihr Sein, sondern umgekehrt ihr gesellschaftliches Sein, das ihr Bewußtsein bestimmt"[10].

Die Einkommensverteilung ist damit in der marxistischen Theorie eine unmittelbare Äußerung der historisch gewachsenen Produktionsweise im weiteren Sinne und zugleich ein wichtiger Bestimmungsgrund für die ökonomisch-historische Entwicklung des kapitalistischen Systems. Preisstruktur und Marktgeschehen haben die gleiche soziologische Ursache, können also nicht selbst Bestimmungsgrund der Einkommensverteilung sein.

Ganz im Gegensatz hierzu und wohl auch als Gegensatz entwickelt, erklärt die Grenzproduktivitätstheorie die Verteilung über den Preisbildungsprozeß des Marktes. Entscheidend sind dabei die als gegeben betrachteten Nutzenvorstellungen der Nachfrager nach Konsumgütern, die den Marktpreis dieser Güter bestimmen. In dem Durchsetzen der subjektiven Wertvorstellungen zeigt sich zugleich der Unterschied zur klassischen Lehre, in der „der Arbeitslohn eine

---

[8] Vgl. Dobb, M.: Die Relevanz der Marxschen Wert- und Verteilungstheorie. In: Kapitalismus in den siebziger Jahren, Referate vom Kongreß in Tilberg im September 1970, S. 150. Frankfurt 1970.

[9] Vgl. Godelier, M.: Ökonomische Anthropologie, Untersuchungen zum Begriff der sozialen Struktur primitiver Gesellschaften, S. 27. Hamburg 1973.

[10] Marx, K.: Einleitung zur Kritik der politischen Ökonomie, Marx-Engels-Werke, Bd. 13, S. 8—9. Berlin 1961.

fixe Größe darstellt, weil er durch die Erhaltungskosten der Arbeiter bestimmt wird"[11]. Die Verteilung ist also durch die bei der Produktion entstehenden Kosten determiniert.

Der gewinnmaximierende Unternehmer der Grenzproduktivitätstheorie indessen vergleicht den durch die allein technisch bedingte Produktionsfunktion bestimmten Aufwand mit dem durch die Nutzenvorstellungen bewerteten Ertrag. Er entlohnt die Faktoren entsprechend ihrem bei Einsatzänderung feststellbaren und zurechenbaren zusätzlichen Ertrag (Grenzprodukt). Diese Entlohnung nach der Funktion der Faktoren im Produktionsprozeß und die entsprechende Verteilung, von Clark funktionale Verteilung[12] genannt, sind somit gerecht, und da in ihnen zugleich die Nutzenvorstellungen aller zum Ausdruck kommen, zugleich optimal. Zwar wird in Rechnung gestellt, daß es in Wirklichkeit zu Abweichungen von diesem Wertgesetz kommt, die als gerecht ‚erkannte' Grenzproduktivitätsentlohnung behält indessen als Norm entscheidende Bedeutung.

Die Frage, wie es bei den so erklärten Faktorpreisen zur Einkommensverteilung auf die Einkommensempfänger — zur personellen Einkommensverteilung, wie Clark sie bezeichnete — kommt, wird nicht behandelt. Faktorausstattung und -verteilung sind Daten, müssen dies in einer statischen Theorie wohl auch sein und interessieren nur insofern, als ihr ‚optimaler' Einsatz erklärt wird.

Somit vollzieht sich die Trennung zur eigenständigen Entwicklung einer Theorie der personellen Einkommensverteilung durch die Untersuchung von Steuerstatistiken bei Pareto im Jahre 1895[13]. Der Ausdruck ‚Theorie' indessen bleibt für die erste Hälfte des 20. Jahrhunderts etwas zu anspruchsvoll für diese Ansätze. Sie setzen sich lediglich zum Ziel, die in den verschiedenen Steuerstatistiken zum Ausdruck kommenden Gemeinsamkeiten der Häufigkeitsverteilung durch Funktionen auszudrücken. Letztlich befriedigende ökonomische Erklärungen werden kaum gegeben. Pareto selbst glaubt in Anbetracht der auffälligen internationalen und intertemporalen Übereinstimmung der Kurven an ein Naturgesetz[14], dessen letzte Ursachen soziologisch zu erklären seien. Demgegenüber zieht Gibrat[15] einen Zufallsprozeß zur Erklärung der Verteilung heran.

Während somit die Theorie der personellen Einkommensverteilung ein eigenbrötlerisches Schattendasein führt, — zum Teil dadurch bedingt, daß die Frage nach der Bedürfnisgerechtigkeit und die Bedeutung der Nachfrage in der ökonomischen Theorie im Hintergrund bleiben und eine solche Entwicklung nicht

---

[11] Stavenhagen, G.: Geschichte der Wirtschaftstheorie, 4. Aufl., S. 250. Göttingen 1969.
[12] Vgl. ebenda, S. 250.
[13] Vgl. Pareto, V.: La Courbe de la Répartition de la Richesse. In: Recueil publié par la Fakulté de Droit, Lausanne 1896, Anmerkung S. 378 nach der die erste Veröffentlichung erfolgt in: Giornale degli Economiste, Roma, janvier 1895.
[14] Vgl. Pareto, V.: a.a.O., S. 375.
[15] Vgl. Gibrat, R.: Les inégalités économiques, Paris 1931.

erzwingen — besteht die Verteilungstheorie schlechthin in der Weiterentwicklung und Auseinandersetzung mit der Grenzproduktivitätstheorie.

Die Weiterentwicklung erfolgt zunächst unter weitgehender Vernachlässigung des Aggregationsproblems zur makroökonomischen Grenzproduktivitätstheorie. Ihr kommt daraufhin — nach mathematischer Formulierung durch empirische Untersuchungen als bestätigt betrachtet — als ‚neoklassische Verteilungstheorie' entscheidende Bedeutung im Rahmen der Wirtschaftstheorie zu. Dies geschah nicht zuletzt deshalb, weil diese Theorie als wesentliche Stütze der ‚neoklassischen Wachstumstheorie' mit der stürmischen Entwicklung der Wachstumstheorie allgemein nach dem 2. Weltkrieg zugleich in den Mittelpunkt wissenschaftlichen Interesses gerückt wurde.

Die kritische Auseinandersetzung mit der mikroökonomischen Grenzproduktivitätstheorie der Verteilung erfolgte auf zwei verschiedenen Ebenen.

Der eine Ansatz, der auch als Weiterentwicklung der Marxschen Argumentation angesehen werden kann, betont die soziologischen Bestimmungsgründe der Verteilung. Der wissenschaftliche Standpunkt gipfelt hier in der These von Tugan-Baranowsky, „die Einkommensverteilung sei ein reines Machtproblem"[16]. In der Artikelüberschrift zu Böhm-Bawerks Beitrag „Macht oder ökonomisches Gesetz"[17] wird diese Fragestellung umrissen und bis heute mit wechselnden Ansätzen immer wieder aufgegriffen. Die Arbeitswertlehre von Marx als Norm für eine ‚gerechte' Entlohnung zugrundelegend, begründen die Verfechter der Klassenmonopoltheorie die Ausbeutung durch die unterschiedliche Faktorverteilung. Oppenheimer stellt dabei den Faktor Boden in den Mittelpunkt der Analyse[18], während in der Weiterentwicklung zunehmend auf den Gegensatz zwischen Besitzenden und Nichtbesitzenden abgestellt wird. Im Unterschied zu dem in der Preistheorie definierten Begriff des Monopols wurden diese Ungleichheiten der Startchancen als ‚Quasimonopole' bezeichnet. Auch hier kann bei Einbeziehen des Bildungskapitals festgestellt werden, daß die Diskussion unter dem Schlagwort Chancengleichheit[19] bis auf den heutigen Tag anhält.

Preiser sah die Ursache für die verschiedene Verhandlungsmacht im Unterschied von Besitzenden und Nichtbesitzenden, da die ersten nicht auf laufendes Einkommen angewiesen sind und somit bei Auseinandersetzungen länger warten können. Damit führt er die Elastizität des Faktorangebots als Determinante der Einkommensverteilung ein. Seine Theorie stellt insofern eine gewisse Verbindung zu Ansätzen dar, die aus der Preistheorie heraus mit deren Instrumenten die Grenzproduktivitätstheorie weiterentwickeln.

---

[16] Preiser, E.: Distribution. In: Handwörterbuch der Sozialwissenschaften, Bd. 2, S. 623. Göttingen 1959.
[17] Böhm-Bawerk, E. von: Macht oder ökonomisches Gesetz, Zeitschrift für Volkswirtschaft, Sozialpolitik und Verwaltung, Wien, Dezember 1914.
[18] Vgl. Oppenheimer, F.: Theorie der reinen und politischen Ökonomie, Berlin 1910.
[19] Vgl. Jencks, C.: Chancengleichheit, Hamburg 1973.

6 I. Entwicklung, Bedeutung, Gegenstand und Methode der Verteilungstheorie

Dabei wird gemäß der Grenzproduktivitätstheorie die Entlohnung bei vollkommener Konkurrenz als Zustand ohne Ausbeutung gesehen. Ausbeutung wird im Vergleich zu dieser Norm als durch Unvollkommenheiten des Marktes bedingtes Abweichen vom angesprochenen Wertgesetz aufgefaßt[20]. Entsprechend drückt Lerner[21] die Monopolmacht eines Produzenten mittels der Angebotselastizitäten der Inputs und der Nachfrageelastizitäten gegenüber den Outputs aus.

Während diese Fortentwicklung der Grenzproduktivitätstheorie sich auf die einzelwirtschaftliche Betrachtung beschränkt, versucht Kalecki[22], diese Theorie mit der makroökonomischen Theorie des Volkseinkommens zu verbinden. Indessen weist sie wie auch ihre Weiterentwicklung durch Mitra[23] den entscheidenden Nachteil einer Vernachlässigung des Kreislaufzusammenhangs auf.

Im Anschluß an Keynes treten nach dem 2. Weltkrieg die makroökonomischen Theorien der Einkommensverteilung in den Mittelpunkt. Kaldor[24] führt die Verteilung auf die Verhaltensweisen zurück, die die Nachfrage bestimmen. Wenn er sich jedoch darüber wundert, daß es ihm gelingt, den Anteil der Profite am Volkseinkommen ohne Grenzproduktivitäten zu erklären[25], so hat dies seine Ursache allein in der sich von der Grenzproduktivitätslehre unterscheidenden Aggregation[26]. Indem Kaldor die Verteilung nicht durch die Produktion, sondern durch die Nachfrage erklärt, stellt seine Theorie keine Theorie der funktionellen Verteilung mehr dar, denn die Einkommen, deren Verteilung er untersucht, sind Einkommen von Individuen ähnlichen Nachfrageverhaltens und beziehen sich auf, hinsichtlich des Verhaltens, homogene sozioökonomische Gruppen. Da ferner — entsprechend den Annahmen über das Sparverhalten — beide Gruppen des Kaldormodells Vermögenseinkommen beziehen, können funktionelle Verteilung und Verteilung auf sozioökonomische Gruppen gemäß Kaldors Ansatz im allgemeinen nicht übereinstimmen.

---

[20] In diesem Zusammenhang wird meist auf Pigou verwiesen. So z. B.: Bronfenbrenner, M.: Income Distribution Theory, Chicago 1971, S. 190 in der Tabellenbezeichnung, sowie Schmitt-Rink, G.: Grundzüge der Verteilungstheorie, Fußnote S. 57. Göttingen 1971.
[21] Vgl. Lerner, A. P.: The Concept of Monopoly and the Measurement of Monopoly Power, The Review of Economic Studies, Vol. 1, S. 157 (June 1934).
[22] Vgl. Kalecki, M.: The Distribution of the National Income, Econometrica 6, 1938, wiederabgedruckt in: Readings in the Theory of Income Distribution, p. 197 ff. Philadelphia, Toronto 1949.
[23] Vgl. Mitra, A.: The Share of Wages in National Income, Den Haag 1954.
[24] Vgl. Kaldor, N.: Alternative Theories of Distribution, Review of Economic Studies, Vol. 23, p. 83 ff. (1955).
[25] Vgl. ebenda, S. 100.
[26] Vgl. Bombach, G.: Die verschiedenen Ansätze der Verteilungstheorie. In: Einkommensverteilung und technischer Fortschritt, Schriften des Vereins für Socialpolitik, N. F. Bd. 17, S. 133. Berlin 1959.

Ein Widerspruch zwischen der makroökonomischen Version der Grenzproduktivitätstheorie und der Erklärung der Verteilung nach Kaldor muß folglich nicht bestehen[27]. Preiser hingegen wirft dem Ansatz Kaldors vor, daß sich die Verteilung „als bloßes Nebenprodukt von Entschlüssen ergibt, die unmittelbar mit der Verteilung nichts zu tun haben. Dies widerspricht jeder Erfahrung"[28]. Er erklärt schließlich die Verteilung durch den ‚strukturellen Monopolgrad'. Indem er jedoch diesen Monopolgrad als „soziologisches Datum"[29] bezeichnet, erhält seine Theorie in bezug auf die Einkommensverteilung mehr beschreibenden als erklärenden Charakter.

Im Rahmen der makroökonomischen Theorie der Einkommensverteilung sind inzwischen viele Versuche einer Synthese zwischen den produktions- (bzw. angebots-), nachfrage- und soziologisch orientierten Ansätzen unternommen worden, ohne daß ein mehr oder weniger allgemein anerkannter Lösungsversuch existiert. Die Entwicklung des Wirtschaftswachstums und seine Theorie haben auch für die Verteilungstheorie mehr und mehr andere Akzente gesetzt.

Die Erkenntnis, daß wirtschaftliches Wachstum in den Industrieländern nicht mehr im bisherigen Ausmaß möglich erscheint, hat die Wachstumstheorie — zugleich selbst in eine Krise geraten — wieder mehr in den Hintergrund treten lassen. Damit verlor jedoch die makroökonomische Theorie der funktionellen Verteilung als wichtige Stütze der Wachstumstheorie an Bedeutung.

Gleichzeitig zeichnet sich bereits ab, daß mit nachlassendem Wirtschaftswachstum die Auseinandersetzung um die Verteilungsgerechtigkeit in den Vordergrund rückt[30]. Mit dem Problem der Verteilungsgerechtigkeit indessen kommt der Frage nach den Bestimmungsgründen der personellen Einkommensverteilung wieder größere Bedeutung zu.

Was nun die Theorie der personellen Einkommensverteilung angeht, so besteht allgemein Übereinstimmung hinsichtlich ihres unbefriedigenden Standes. Obwohl die mit Keynes erfolgte Abwendung von der allein produktionsbestimmten Einkommenstheorie und die Hinwendung zur Nachfrage der Entwicklung einer Theorie der personellen Einkommensverteilung hätten förderlich sein müssen[31], behielt die personelle Einkommensverteilung in der Konjunktur- und Beschäftigungstheorie ihre Rolle als unabhängige Variable unter anderen bei. Die Betonung der makroökonomischen Theorie als Methode dürfte die Beschäftigung mit der Verteilung innerhalb der Aggregate in den Hintergrund gedrängt haben.

---

[27] Vgl. Blümle, G.: Verteilungstheorie und makroökonomische Steuerüberwälzungslehre. Jahrbuch für Sozialwissenschaft, Bd. 18, S. 186f. (1967).
[28] Preiser, E.: Wachstum und Einkommensverteilung, S. 49. Heidelberg 1964.
[29] Ebenda, S. 46f.
[30] Vgl. Bombach, G.: Neue Dimensionen der Lehre von der Einkommensverteilung, Basler Universitätsreden, Heft 66, S. 32f. Basel 1972.
[31] Vgl. Krupp, H. J.: Theorie der personellen Einkommensverteilung, a.a.O., S. 25.

Inzwischen jedoch ist die Lehre der personellen Einkommensverteilung über den Stand des Beschreibens hinausgekommen, so daß man nunmehr von einer Theorie der personellen Einkommensverteilung sprechen kann[32].

2. Bedeutung

Die Bedeutung, die, wie bereits erwähnt, Ricardo der Einkommensverteilung als zentralem Gegenstand der Wirtschaftswissenschaften beigemessen hat, scheint übertrieben, bedenkt man die weitere Entwicklung der Nationalökonomie und die Rolle, die die Verteilungstheorie bislang in den Lehrbüchern dieser Disziplin spielt.

Obwohl die Bedeutung der Verteilungstheorie immer wieder betont wurde[33], gibt es in der Tat einige Gründe, die ihr Vorrücken in den Mittelpunkt wissenschaftlichen Interesses verhindert haben.

Zunächst ist dabei das Zusammenspiel zwischen Grenzproduktivitäts- und Welfaretheorie zu nennen. Während die erstere die Einkommensverteilung als Frage nach den Faktorpreisen, somit als Teilaspekt der Preistheorie, betrachtet[34] und die funktionelle Verteilung als leistungsgerecht ansieht, definiert die Wohlfahrtstheorie ihren zentralen Begriff unter Ablehnung des interpersonellen Nutzenvergleichs auf eine Weise, die eine Behandlung der Einkommensverteilung unter dem Gesichtspunkt der Bedürfnisgerechtigkeit ausschließt. Bessere Zustände im Sinne dieser Wohlfahrtstheorie sind nur dann festzustellen, wenn bei Gleichstellung aller übrigen zumindest einer besser gestellt wird. Ein Einkommensanstieg beim bestverdienenden Kapitalisten erhöht, wenn sich die anderen Einkommen nicht ändern, die Wohlfahrt, obwohl nach marxistischer Auffassung die Lohnquote sinkt und die Verelendung zunimmt[35].

Von neoliberaler Seite wird die Einkommensverteilung als Äußerung der spontanen Ordnung[36] zwar nicht erklärt, aber tabuisiert. „Alle Bestrebungen, eine ‚gerechte' Verteilung sicherzustellen, müssen darum darauf gerichtet sein, die spontane Ordnung des Marktes umzuwandeln ... in eine totalitäre Ordnung"[37].

---

[32] Vgl. Blümle, G.: Theoretische Ansätze zur Erklärung der personellen Einkommensverteilung. In: Neue Aspekte der Verteilungstheorie (Hrsg. Bombach, G., Frey, B. S., Gahlen, B.). Tübingen 1974, und die dort angegebene Literatur.
[33] Einen ausgezeichneten Überblick hierzu mit Zitaten gibt: Bronfenbrenner, M.: Income Distribution Theory, a.a.O., p. 1f.
[34] In dieser Weise tritt beispielsweise die Einkommensverteilung im Lehrbuch von Schneider in Erscheinung. Schneider, E.: Einführung in die Wirtschaftstheorie II, 13. rev. u. erw. Aufl., Tübingen 1972.
[35] Vgl. Bronfenbrenner, M.: Income Distribution Theory, a.a.O., p. 5.
[36] Vgl. ebenda, S. 10.
[37] Hayek, F. A. von: Freiburger Studien. S. 119. Tübingen 1969.

Da die Einkommensverteilung folglich nicht Ziel der Wirtschaftspolitik sein darf, ist die Erklärung ihres Zustandekommens nicht dringlich, ja sogar nicht erwünscht, da dadurch ihre Beeinflussung möglich würde. Die bestehende Einkommensverteilung wird als gegeben betrachtet und lediglich als erklärende Variable in der Theorie verwendet.

Schließlich führt die zunehmende Beschäftigung mit Fragen des Wirtschaftswachstums zwar zu einer stärkeren Beachtung der Verteilungstheorie als Hilfswissenschaft, angesichts des meist stillschweigend unterstellten Konfliktes zwischen den Zielen Wirtschaftswachstum und ‚gerechte' Einkommensverteilung bleibt letzteres jedoch im Hintergrund. Dies zumindest so lange, wie in Anbetracht hoher Wachstumsraten die Einkommenssteigerung für alle wichtiger als die Umverteilung zugunsten weniger erscheint; eine Einstellung, die, wie bereits erwähnt, bei niedrigeren Wachstumsraten der Einkommensverteilung stärkere Beachtung zukommen läßt.

Indessen muß trotz der eben aufgeführten Hemmnisse betont werden, daß sich bei eingehender Betrachtung eine wesentlich zentralere Rolle der Einkommensverteilung offenbart. Eine Rolle allerdings, die aufgrund der Bedeutung der Distribution als gleichermaßen erklärte und erklärende Variable der Wirtschaftstheorie, als zugleich Ziel und Mittel der Wirtschaftspolitik oft nicht eindeutig erkennbar und als kausale Beziehung nur schwer zu isolieren ist.

Das Ziel der Geldwertstabilität beispielsweise — oft als Instrumentalziel betrachtet — erhält seine wesentliche Begründung dadurch, daß bei mangelnder Zielerreichung eine als nicht wünschenswert betrachtete Änderung der Einkommensverteilung eintritt. Gleichzeitig jedoch wird die Entwicklung des Geldwertes durch die Einkommensverteilung über die Einkommensverwendung wesentlich beeinflußt. Die Einkommensverteilung in Gestalt der Einkommenspolitik kann somit als ein Mittel der Wirtschaftspolitik aufgefaßt werden.

Ebenso enthält das Ziel der Vollbeschäftigung einen Aspekt der Verteilungsgerechtigkeit. Die Zielerreichung ist einerseits durch die Einkommensverteilung über die Nachfrage (Einkommenspolitik) mitbestimmt, beeinflußt aber andererseits, wie zumindest meist angenommen wird, über den Zusammenhang zwischen Beschäftigung und Lohnentwicklung die Einkommensverteilung selbst.

Wirtschaftswachstum, Vermögensbildung und Chancengleichheit schließlich waren und sind immer wieder Schlagworte der wirtschaftspolitischen Diskussion, bei denen sich der Ziel- und Mittelcharakter der Einkommensverteilung besonders deutlich zeigt.

Es ist folglich selten ein Fehler, wenn man bei der Analyse eines ökonomischen Problems davon ausgeht, daß die Einkommensverteilung eine Rolle spielt, und zugleich betont, daß die Berücksichtigung der Einkommensverteilung als unabhängiger Veränderlicher unbefriedigend ist, da das fragliche Phänomen selbst sicherlich auch Verteilungswirkungen bedingt.

Was nun das Ziel Verteilungsgerechtigkeit an sich angeht, so muß dieses sicher in Hinblick auf das allgemeinere Ziel Wohlstand gedeutet werden. Gerechte Verteilung dürfte hier als Bedürfnisgerechtigkeit verstanden werden und somit

I. Entwicklung, Bedeutung, Gegenstand und Methode der Verteilungstheorie

die Einkommensverteilung auf Personen oder Haushalte meinen. In der Tat wird auch bei der Entwicklung von Sozialindikatoren, die die Wohlstandsmessung durch die Daten der Volkswirtschaftlichen Gesamtrechnung ergänzen und ersetzen sollen, der Verteilungsaspekt fast ausschließlich unter dem Tenor „Command over Goods and Services"[38] betrachtet. Damit ist folglich einmal die Verteilung des persönlich verfügbaren Einkommens und zum anderen aber auch die Verteilung von öffentlichen Gütern und Diensten angesprochen. Die Aussage, daß es bei der Wohlstandsmessung hinsichtlich der Verteilung um die personelle Verteilung gehe, bleibt jedoch ohne Definition von Einkommensempfänger und Einkommen sehr ungenau.

Das Problem der Verteilungsgerechtigkeit wird zwar im allgemeinen unter dem Gesichtspunkt der Bedürfnisgerechtigkeit gesehen, jedoch gerade in jüngster Zeit zeichnet sich wieder eine Hinwendung zur Frage der Leistungsgerechtigkeit ab. Dieser Begriff bezieht sich zwar zum Teil auch auf die Verteilung des Einkommens auf Personen, wobei Einkommensempfänger und Einkommen anders definiert sind als oben, stellt indessen den Produktionsgesichtspunkt in den Vordergrund. Leistungsgerechtigkeit ist also auf die Funktion des Faktors in der Produktion gerichtet, hebt damit die Frage nach dem ‚gerechten' Faktorpreis hervor, die die Grenzproduktivitätstheorie glaubte beantwortet zu haben.

Wenn allerdings im Gegensatz zur Grenzproduktivitätstheorie das Problem auf den Faktor Arbeit beschränkt bleibt, dem allein produktive Tätigkeit zugeschrieben wird, wenn folglich Zinsen und Gewinne als leistungslose und somit ungerechtfertigte Einkommen verstanden werden, läßt sich auch die makroökonomische Einkommensverteilung als Indikator einer leistungsgerechten Einkommensverteilung heranziehen. Letztlich ist es wohl diese Norm, die lange Zeit hinter der vorherrschenden gewerkschaftlichen Argumentation mit der Lohnquote im Rahmen der verteilungspolitischen Auseinandersetzung stand.

3. Gegenstand [39]

Die mikroökonomische Grenzproduktivitätstheorie versucht — wie bereits erwähnt — die Einkommensverteilung aus der Funktion der einzelnen Produktionsfaktoren im Produktionsprozeß zu erklären.

Diese Theorie der **funktionellen Verteilung im engeren Sinne** zielt also im Rahmen der Preistheorie auf eine Erklärung der Faktorpreise ab. Da „die Frage nach der Verteilung immer auf Einkommen von Personen abzielt"[40], bezeichnet Preiser die Trennung zwischen funktioneller und personeller Einkommensvertei-

---

[38] The OECD Social Indicator Development Program, 1, p. 16. Paris 1973.
[39] Siehe hierzu im Anhang die Tabellen 1—9.
[40] Preiser, E.: Distribution, a.a.O., S. 622.

lung als höchst unglücklich. Diese Trennung scheint jedoch durch eine apologetische Komponente der Grenzproduktivitätstheorie bedingt zu sein. Die Rechtfertigung der Verteilung durch die Produktivität konnte sich nämlich notwendigerweise nur auf die von Personen losgelöst betrachteten Faktoren beziehen. Insofern als diese Theorie die Faktorverteilung und das Zustandekommen der Verteilung auf Personen als exogen bezeichnet, vermeidet sie die Frage nach der Gerechtigkeit der personellen Verteilung.

Mit dem Übergang zur makroökonomischen Betrachtungsweise hat der Begriff funktionelle — oft auch funktionale — Verteilung eine Erweiterung und zugleich Änderung seines Inhalts erfahren, was Pen[41] zu Recht bedauert. Unter funktioneller Verteilung versteht man heute fast ausschließlich die Verteilung der Einkommensanteile am Sozialprodukt. Die Theorie der **funktionellen Verteilung im weiteren Sinne** ist also auf die Faktoranteile ausgerichtet, die sich aus Faktorpreis mal Faktormenge durch Gesamteinkommen ergeben. „Ausgangspunkt der funktionalen Verteilungstheorie sind die Bruttoleistungseinkommen, die sich zum Nettovolkseinkommen zu Faktorkosten aufsummieren"[42].

Als makroökonomische Theorie ist nun diese Version der Grenzproduktivitätstheorie auf die Aggregierbarkeit hinsichtlich ihrer Funktion homogener Produktionsfaktoren angewiesen. Das Dreiklassenmodell der Klassiker wird meist zum Zweifaktormodell vereinfacht. Arbeits- und Kapitaleinkommen stellen dabei die beiden Aggregate dar.

Zu den Arbeitseinkommen werden Löhne und Gehälter sowie ein der Arbeit der Selbständigen entsprechendes Äquivalent — oft als Unternehmerlohn bezeichnet — gerechnet. Gemäß dem Konzept dieser Theorie sollten die Kapitaleinkommen nur aus der Summe von Pacht und Zinsen bestehen. Insoweit als auch Monopol- und Marktlagengewinne entstehen, können diese jedoch nicht dem Faktor Kapital als Beitrag nach der Grenzproduktivitätstheorie zugerechnet werden.

Diese Schwierigkeit kann, ohne die Aussagefähigkeit der makroökonomischen Grenzproduktivitätstheorie anzuzweifeln, auf zwei Weisen umgangen werden. Einmal wird diese Theorie als eine langfristige Gleichgewichtstheorie verstanden. Die Produktionsfunktion weist eine derartige Gestalt auf, daß bei vollkommener Konkurrenz das Produkt durch die Faktorentgelte für Arbeit und Kapital voll ausgeschöpft wird; Monopol- und Marktlagengewinne sind kurzfristige Abweichungen vom Gleichgewicht und in einer langfristigen Analyse zu vernachlässigen. Zum anderen kann darauf hingewiesen werden, daß durch den produktionsorientierten Ansatz nicht alle Einkommen erklärt werden und es für die erwähnten Einkommen einer Begründung durch Macht- oder Nachfrageeinflüsse bedarf.

Mit dem Durchbruch der Keynesianischen Theorie wurden die Kreislaufbetrachtung als Methode und zugleich die Bedeutung der Nachfrage für die Vertei-

---

[41] Vgl. Pen, J.: Income Distribution, p. 18. London 1973.
[42] Bombach, G.: Die verschiedenen Ansätze der Verteilungstheorie, a.a.O., S. 96.

lungstheorie entdeckt. Einzelne Ansätze, die die Anteile am Sozialprodukt allein durch die Nachfrage zu erklären versuchten, befanden sich dabei in einem scheinbaren Widerspruch zur produktionsorientierten Betrachtungsweise. Indem diese Ansätze die Verteilung als etwas durch die Bestimmungsgründe der Nachfrage — Konsum- und Investitionsverhalten — Gegebenes auffassen, stellen sie keine Ansätze der funktionellen Verteilungstheorie dar, denn eine Theorie, die die Einkommensverteilung aus den die Nachfrage bestimmenden Verhaltensweisen der Wirtschaftssubjekte erklärt, muß ihre Aggregate nach der Homogenität hinsichtlich des Nachfrageverhaltens bilden. Sie erklärt damit eine Verteilung auf andere Gruppen, als sie sich bei einer Aggregation hinsichtlich der Funktion in der Produktion ergeben. Im meist gebräuchlichen Zweigruppenmodell werden dann als Lohn- und Nichtlohneinkommensempfänger soziologisch homogene Gruppen verstanden. Unter Verzicht auf den Begriff der Klasse wird meist von der **Verteilung auf sozio-ökonomische Gruppen** (oft auch Verteilung auf soziale Gruppen) gesprochen. Sind die so gebildeten Gruppen hinsichtlich ihres Verhaltens homogen, so lassen sie sich nicht nur durch einheitliches Nachfrageverhalten kennzeichnen, sondern auch durch ihr oft organisiertes Verhalten in der unmittelbar auf die Einkommensverteilung ausgerichteten politischen Auseinandersetzung. Mithin würden macht- und nachfragetheoretische Ansätze eher die Verteilung auf gleiche Gruppen erklären. Es sollte folglich bei der Zusammenfassung funktioneller und soziologischer makroökonomischer Verteilungstheorien unter einem Begriff, wie Pen betont[43], die Bezeichnung „theory of distributive shares" — **Theorie der Verteilungsquoten** — verwendet werden. Die synonyme Verwendung des Begriffs funktionale Einkommensverteilung für die Verteilung auf sozioökonomische Gruppen hat sich wohl deshalb eingebürgert, weil die Begriffe Lohneinkommen, Lohnempfänger und Lohnquote in allen makroökonomischen Ansätzen verwendet werden, obwohl Lohn immer als Arbeitslohn und damit als funktionale Kategorie aufgefaßt wird.

Rechtfertigen ließe sich diese mangelhafte Unterscheidung nur dadurch, daß man die Einkommensarten Löhne und Gewinne sowohl hinsichtlich der Funktion der entsprechenden Faktoren als auch der sozio-ökonomischen Stellung ihrer Empfänger als homogene Aggregate auffaßt. Da beispielsweise Lohnempfänger nicht ausschließlich Lohneinkommen beziehen und Lohneinkommen nicht ausschließlich an Lohnempfänger gezahlt werden, eine eindeutig umkehrbare Zuordnung zwischen Einkommensbezieher und Einkommensart also nicht besteht, stellt diese fehlende Unterscheidung einen Mangel dar. Stobbe[44] hat in diesem Zusammenhang den Begriff der Querverteilung eingeführt. „Eine Querverteilung des Einkommens liegt vor, wenn eine eindeutige Klassifizierung der Einkommensbezieher nach Einkommensarten nicht möglich ist, weil es Personen gibt, die dem

---

[43] Vgl. Pen, J.: Income Distribution, a.a.O., p. 18.
[44] Vgl. Stobbe, A.: Kurzfristige und langfristige Bestimmungsgründe der Einkommensverteilung, Schweizerische Zeitschrift für Volkswirtschaft und Statistik, 96. Jg., S. 148. (1960).

Produktionsprozeß gleichzeitig mehr als eine Faktorart zur Verfügung stellen bzw. mehr als eine ökonomische Funktion ausüben und daher gleichzeitig mehr als eine Einkommensart beziehen"[45]. Krupp[46] charakterisiert bei einer Untersuchung über die BRD für die Zeit von 1950—1961 das Ausmaß der Querverteilung durch den Anteil der Nebeneinkommen am Haupteinkommen und gibt dafür als Durchschnitt 16 % an.

Die Verteilung auf sozio-ökonomische Gruppen wird oft auch als personelle Einkommensverteilung bezeichnet. Während jedoch Untersuchungen der Verteilung auf soziale Gruppen meist auf die Anteile am Sozialprodukt ausgerichtet sind, hat die **Theorie der personellen Einkommensverteilung** die Einkommenshöhe sowie die Streuung der Einkommen nach ihrer Höhe zum Gegenstand. Dementsprechend gibt es in der Theorie der personellen Einkommensverteilung zwei zumeist völlig getrennt behandelte Fragestellungen.

Die eine zielt darauf ab, die **Höhe** des personellen, einem Haushalt oder einzelnen Einkommensbezieher zukommenden Einkommens aus der Vielfalt der Bestimmungsgründe zu erklären. Sie kann allerdings unter sehr einschränkenden Bedingungen aus der funktionellen Verteilung ersehen werden, nämlich dann, wenn:

1. keine Querverteilung vorliegt,

2. die Faktorbestände innerhalb ihrer Gruppen gleichverteilt sind,

3. die Faktorpreise für gleiche Faktoren übereinstimmen,

4. eine Redistribution über den Staat nicht erfolgt und die Besteuerung proportional ist und

5. alle Faktoreinkommen personelle Einkommen sind, d. h. z. B. Staat und Körperschaften keine Faktoreinkommen beziehen[47].

An der Rolle, die die Querverteilung unter diesen Bedingungen spielt, wird ersichtlich, daß die Verteilung auf soziale Gruppen der so verstandenen personellen Einkommensverteilung näher steht als die funktionelle Verteilung. Auf diese Weise ist die obenerwähnte Erweiterung des Begriffs personelle Einkommensverteilung unter Einschluß der Verteilung auf soziale Gruppen nicht unbegründet. Insofern aber, als die Theorie der personellen Einkommensverteilung auf die Einkommenshöhe abzielt, ist sie von der Verteilung auf sozio-ökonomische Grup-

---

[45] Stobbe A.: Untersuchungen zur makroökonomischen Theorie der Einkommensverteilung, S. 35ff. Tübingen 1962.
[46] Vgl. Krupp, H. J.: „Personelle" und „funktionelle" Einkommensverteilung, Jahrbücher für Nationalökonomie und Statistik, Bd. 180, S. 1—35, insbesondere S. 17.
[47] Vgl. Krupp, H. J.: „Personelle" und „funktionelle" Einkommensverteilung, a.a.O., S. 89.

pen zu unterscheiden, die meist unter Berücksichtigung der Querverteilung aus der funktionellen Verteilung hergeleitet wird.

Die andere Fragestellung der Theorie der personellen Einkommensverteilung ist auf die **Einkommensstreuung** ausgerichtet. Diese auf eine Erklärung der Häufigkeitsverteilung der Einkommen unterschiedlicher Höhe abzielende Theorie ist die ältere und wird aus diesem Grunde oft auch als die Theorie der personellen Einkommensverteilung schlechthin aufgefaßt[48]. Bei diesen Ansätzen geht es meist um die Erläuterung der immer festgestellten Schiefe der Häufigkeitsverteilung oder auch um die Begründung bestimmter Funktionen, die zur analytischen Darstellung der Verteilung geeignet scheinen, wobei auch der Frage der Verteilungsmessung Beachtung geschenkt wird.

Insofern als die Sozialpolitik mit Transfers und direkten Steuern auf die personelle Einkommensverteilung unter dem Gesichtspunkt der Bedarfsgerechtigkeit ausgerichtet ist, kommt in diesem Zusammenhang der Unterscheidung zwischen **Primärverteilung und Sekundärverteilung** besondere Bedeutung zu. Dieser Unterschied zwischen der Verteilung der Einkommen, wie sie sich aus dem Produktionsprozeß ergeben, und der Verteilung nach staatlichen Umverteilungsmaßnahmen bleibt nicht nur für die wohlfahrtstheoretische Deutung von Verteilungsmessungen wichtig. Die die Primärverteilung erklärenden Ansätze müssen beachten, daß diese von staatlichen Verteilungsmaßnahmen nicht unbeeinflußt bleibt. So geht die Schlußfolgerung, eine Erhöhung der Steuerprogression führe zu einer entsprechenden Vergleichmäßigung der Sekundärverteilung, davon aus, daß direkte Steuern nicht überwälzt werden können.

Im Unterschied zwischen Primär- und Sekundärverteilung zeigt sich nicht die einzige Einflußnahme des Staates auf die personelle Einkommensverteilung. Das Angebot staatlicher Leistungen vor allem im Bereich von Bildung und Gesundheit beeinflussen die Verteilung sicherlich entscheidend, wenngleich ihre Verteilungswirkungen theoretisch und empirisch nur schwer zu erfassen sind. Auch für die Verteilung zwischen den Altersgruppen (Kinder, Schüler, Studenten, Lehrlinge, Erwerbstätige, Rentner) und den Generationen sind staatliches Güterangebot und gesetzgeberische Maßnahmen von ausschlaggebender Bedeutung.

Personelle und funktionelle Verteilung sowie die Erklärung der Anteile der Faktoren (funktional) als auch der Gruppen (sozio-ökonomisch) am Sozialprodukt stellen im wesentlichen die Gegenstände dieses Buches dar[49]. Wenn diese Problemkreise auch weiterhin das umfassen, was man in den Wirtschaftswissenschaften unter Verteilungstheorie versteht[50], so sind dies doch nicht die einzig möglichen Fragestellungen der Verteilungstheorie. Die Untersuchung der **Verteilung auf Wirtschaftsbereiche,** beispielsweise Industrie, Handwerk und Landwirtschaft, wobei

---

[48] Vgl. Krelle, W.: Verteilungstheorie, S. 267—291. Tübingen 1962, sowie Pen, J.: Income Distribution, a.a.O., p. 234—290.
[49] Durch Umrahmung in der unteren Hälfte der Übersicht S. 18–19 zusammengefaßt.
[50] Vgl. Pen, J.: Income Distribution, a. a. O., p. 14–21.

also nach Art der Güter oder der Produktion klassifiziert wird, stellt zweifelsohne ein wichtiges Anliegen dar. Synonym werden hier oft auch die Begriffe **strukturelle Verteilung** sowie sektorielle bzw. sektorale Verteilung gebraucht[51]. Da der Begriff Sektor gemäß der Einteilung von Fourastié eine Klassifikation nach der Art der Produktion (primärer, sekundärer und tertiärer Sektor) bedeutet, zugleich aber im Zusammenhang mit der volkswirtschaftlichen Gesamtrechnung die Aggregate oder Teilaggregate der Haushalte, des Staates und der Unternehmungen meint[52], wird der Begriff sektorielle bzw. sektorale Verteilung nicht einheitlich definiert. Unter **sektorieller Verteilung** soll hier Verteilung auf die Sektoren gemäß der Einteilung Fourastiés verstanden werden, während die Verteilung auf die Sektoren gemäß der Definition der volkswirtschaftlichen Gesamtrechnung als **sektorale Verteilung** bezeichnet werden soll.

Werden die Einkommen nach dem Wohnsitz oder dem Beschäftigungsort der Einkommensempfänger aggregiert, so liegt eine Fragestellung im Hinblick auf die **regionale Einkommensverteilung** vor. Bei der Zusammenfassung nach der Siedlungsdichte (Großstadt, Kleinstadt, ...; oder Stadt, Land) ergibt sich eine Verteilung, die zugleich etwas über die strukturelle Verteilung aussagen dürfte. Dasselbe gilt wohl auch für eine Zusammenfassung nach geographischen Gesichtspunkten (z. B.: Schwäbische Alb; Bayrischer Wald) und eingeschränkt auch, wenn nach Bundesländern (z. B.: Vergleich zwischen Nordrhein-Westfalen und Bayern), Regierungsbezirken oder Kreisen, nach Grenzen der politischen Verwaltung also, aggregiert wird.

Besonders dringlich ist das Anliegen der Wirtschaftstheorie einer Erklärung der **internationalen Einkommensverteilung**, die im Rahmen der Wirtschaftswissenschaften meist im Zusammenhang der Teilbereiche Außenwirtschaftstheorie bzw. -politik und Entwicklungspolitik behandelt wird.

4. Methode

Die Methode in der Verteilungstheorie unterscheidet sich grundsätzlich nicht von der in den Wirtschaftswissenschaften. Dennoch scheinen aufgrund von Besonderheiten des Gegenstandes Einkommensverteilung einige Bemerkungen hierzu erforderlich.

Das Einkommen von Individuen, Haushalten oder Gruppen stellt eine ganz zentrale Größe in Wirtschaft und Gesellschaft dar. Da ein großer Teil aller Hand-

---

[51] Vgl. Rose, K.: Theorie der Einkommensverteilung, Wiesbaden, o. J., S. 12, sowie Bombach, G.: Die verschiedenen Ansätze der Verteilungstheorie, a. a. O., S. 103.

[52] Vgl. Schmitt-Rink, G.: a. a. O., S. 14.

lungen auf den Einkommenserwerb unmittelbar oder mittelbar ausgerichtet ist, zugleich das Einkommen selbst eine entscheidende Determinante unterschiedlicher Verhaltensweisen bedeutet, bleibt die Theorie der Einkommensverteilung von der Methode her äußerst schwierig.

Unabhängig davon, ob man nun induktiv durch Sammeln und Einordnen von Fällen zu einer Theorie zu kommen sucht oder deduktiv durch Formulieren und Testen von Hypothesen, wird es immer notwendig sein, eine Unterscheidung zwischen Wesentlichem und Unwesentlichem vorzunehmen. Oft, insbesondere bei Anwenden der deduktiven Methode, erzwingt die Notwendigkeit, komplizierte Zusammenhänge in Modellen abzubilden, eine Abstraktion sogar unter Verzicht auf als wesentlich erkannte Einflußgrößen. Die Frage jedoch, was wesentlich oder unwesentlich ist, wovon abstrahiert werden kann oder muß, ist objektiv kaum zu beurteilen.

Wer sich mit Fragen der Verteilungstheorie beschäftigt, mag zwar glauben, daß die Auswahl des Gegenstandes das einzige und unvermeidliche Werturteil eines jeden Wissenschaftlers darstelle und daß ihm nach der Formulierung der Fragestellung werturteilsfreies Theoretisieren im Sinne einer positiven Ökonomie möglich sei, dieser Glaube indessen ist nicht ungefährlich. Zwar sollte der Versuch, Werturteile im Begründungszusammenhang zu vermeiden, nicht aufgegeben werden, auf ein vollständiges Gelingen dieses Versuches kann man bei Fragen der Einkommensverteilung allerdings nicht hoffen.

Selbst wenn der sich mit Verteilungsfragen Beschäftigende nicht unmittelbar auf die Frage der Verteilungsgerechtigkeit abzielt und nicht von vorneherein normative Ökonomie treiben will, so muß er sich darüber im klaren sein, daß die Grenzen zwischen Erklärung und Rechtfertigung oder Erklärung und Verurteilung fließend und beim Versuch einer umfassenden Analyse kaum einzuhalten sind. Bereits die Wahl der zu erklärenden, besonders die Wahl der erklärenden und erst recht die Wahl der nicht zur Erklärung herangezogenen Variablen, die Wahl des als gleichbleibend angenommenen Datenkranzes, sind ohne Werturteil nicht möglich. Auch die Trennung von ökonomischem und außerökonomischem Bereich bleibt ohne Wertung unmöglich, und der Glaube an einen Datenkranz letzter Ursachen ökonomischer Phänomene hilft zwar dem abstrahierenden Analytiker, sollte aber nie Zweifel und Änderungen bezüglich des selbstgesetzten Rahmens verhindern.

Wird beispielsweise die Frage gestellt, weshalb Frauen im allgemeinen ein niedrigeres Einkommen als Männer beziehen[53], so offenbart die Problemstellung bereits die Auffälligkeit dieses Phänomens, die auf einer Abweichung von einer Norm beruht. Die Frage nach den Ursachen für diese Diskrepanz kann allerdings sehr unterschiedlich beantwortet werden.

Die mikroökonomische Grenzproduktivitätstheorie bestimmt die Entlohnung homogener Faktoren nach ihrem Grenzprodukt. Die Frage, weshalb die Frauen

---

[53] Siehe hierzu Tabelle 8.

Methode 17

in den Niedriglohnklassen — in dieser Theorie den Klassen mit niedrigem Grenzprodukt — überrepräsentiert sind, wird in den soziologischen, außerökonomischen Bereich verbannt. Unter dem Gesichtspunkt der **Leistungsgerechtigkeit** müßten in der Tat gleiche (homogene) Leistungen verglichen werden. Als auffallend, weil von der Norm abweichend, würde also nur ein Abweichen von der Doktrin ‚gleicher Lohn für gleiche Leistung' angesehen[54] und von dieser Theorie auf Marktunvollkommenheiten zurückgeführt werden. Auch hier wird die Fragestellung über eine Norm, und zwar die der Leistungsgerechtigkeit, gefunden.

Richtet sich die Frage nach den Ursachen der niedrigeren Fraueneinkommen an der Norm der **Chancengleichheit** aus, so wird der Datenkranz der mikroökonomischen Grenzproduktivitätstheorie gesprengt. So erfreulich diese Sprengung des zu engen Rahmens in der Hoffnung auf weitere Erkenntnisse auch sein mag, der Weg zu den letzten Ursachen ist je nach Anspruch unterschiedlich weit. Die Begründung endet jetzt nicht nur mit der Feststellung, daß der Faktor weibliche Arbeitskraft ein niedrigeres Grenzprodukt aufweist. Setzt man leistungsgerechte Entlohnung voraus, wird die niedrigere Entlohnung beispielsweise durch schlechtere Ausbildung begründet, die sich aus der negativen Einstellung der Eltern zur Ausbildung und zu den Berufschancen der Mädchen ergibt. Diese Einstellung läßt sich u. a. aus der Rolle der Frau und der daraus resultierenden kürzeren Dauer der Berufstätigkeit erklären. Die Ausdrücke ‚schlechtere Ausbildung' und ‚Diskriminierung' sollten beim Bemühen, Werturteile zu vermeiden, ersetzt werden. Ob die Theorie durch diese Umgehung besser wird, bleibt fraglich, denn ohne eine Präzisierung der Norm Chancengleichheit bleibt eine solche Analyse fragwürdig. kann also auf den normativen Aspekt gar nicht verzichten.

Bei der dritten normativen Fragestellung bezüglich der Einkommensverteilung, der **Bedürfnisgerechtigkeit,** treten die angesprochenen Probleme noch stärker in Erscheinung.

Anhand der obigen im Zusammenhang mit der Norm Chancengleichheit aufgeführten Ursachenkette zur Begründung des niedrigeren Fraueneinkommens zeigt sich, wie leicht der Weg beim Sprengen des Datenkranzes vom Regen in die Traufe führt. Wird die Zahl der möglichen Ursachen zu groß, so steigt zugleich die Tendenz zu vereinfachen, und die Vielfalt der Bestimmungsgründe beispielsweise unter dem kaum zu definierenden Begriff der gesellschaftlichen Verhältnisse zusammenzufassen. Mit dem Übergang zur Produktionsweise im weiteren Sinne[55], als letzter Ursache politischer, ideologischer usw. Verhältnisse, ergibt sich schließlich der monokausale marxistische Erklärungsansatz. Diese Theorie nützt indessen dem Wirtschaftspolitiker nicht, der die Wirtschaftsordnung als Datum akzeptiert. Darüber hinaus haben Marx und die traditionelle Wirtschaftstheorie nicht dasselbe

---

[54] Dieses Abweichen in der Wirklichkeit nachzuweisen, dürfte sehr schwierig sein. Das Angebot einer Politikerin in der BRD, einen Musterprozeß für eine bei gleicher Arbeit als Frau weniger verdienende Beschäftigte zu führen, blieb bislang ohne Nachfrage.

[55] Siehe hierzu S. 3. Fußnote 10.

Erkenntnisobjekt[56]. Preise und Profite als ‚Oberflächenerscheinungen' sollen von der marxistischen Theorie primär nicht erklärt werden.

Es gilt, am Beispiel der auf die Chancengleichheit ausgerichteten Fragestellung nach den Ursachen niedrigerer Fraueneinkommen etwas weiteres zu bedenken. Je weiter der Kreis der in die Untersuchungen einzubeziehenden Variablen wird, desto stärker wird der Einfluß der normativen Komponente der Fragestellung. Was Diskriminierung als Bestimmungsgrund des fraglichen Einkommensunterschiedes bedeutet, hängt völlig davon ab, was unter Chancengleichheit verstanden wird. Je stärker also die Grenzen des Datenkranzes erweitert werden, desto mehr wird eine Theorie Ergebnis subjektiven Wertens und damit durch Eigenschaften des Theoretisierenden selbst bestimmt. Als Hoffnung bleibt dem Wissenschaftler hier die empirische Forschung, die ihm bei der Wahl der Problemstellung und des Datenkranzes durch Messung (Sind die Einkommen von Männern und Frauen wirklich verschieden?) und Andeutung von Zusammenhängen (Zwischen welchen Männern und Frauen sind die Einkommen verschieden?) Hilfestellung geben kann.

Die Beweiskraft der empirischen Forschung bei der Frage nach den Ursachen wird indessen oft überschätzt. Zwischen den Ausgaben für Kleidung und dem Einkommen eines Einkommensempfängers besteht z. B. sicherlich ein empirisch feststellbarer Zusammenhang. Dies ist einleuchtend, denn die Ausgaben für Kleider erfolgen aus dem Einkommen, und die Verursachungsrichtung scheint hier eindeutig zu sein[57]. Selbst wenn jedoch die umgekehrte Verursachungsrichtung in dem Ausmaß, wie sie Gottfried Keller in ‚Kleider machen Leute' anspricht, übertrieben erscheint, gehört in beschränktem Umfang sicher auch die Kleidung zu den Bestimmungsgründen der Einkommenshöhe, und das Ausmaß dieser Wechselwirkung zwischen Kleidung und Einkommen empirisch zu ermitteln, ist weder einfach noch unproblematisch. Dieses Problem tritt noch mehr in Erscheinung, wenn diese Wechselwirkung deutlicher (z. B. bei Vermögen, Ausbildung und Einkommen) auftreten und im realistischeren, auf mehrere Variablen erweiterten Modell auch die Wechselwirkungen zwischen anderen Variablen berücksichtigt werden müssen.

Die empirische Forschung erreicht indessen auch aus anderen Gründen bei der Untersuchung verteilungstheoretischer Ansätze rasch ihre Grenzen. Statistiken fehlen oft oder sind unvollständig; Variable sind für die Fragestellung ungeeignet definiert, gar nicht erfaßt, nicht erfaßbar oder sogar nicht meßbar; Modelle, die der Fragestellung entsprechend umfassend angelegt und meist dynamisch sein müssen, werden schnell unüberschaubar und sogar für den Computer kaum mehr zu bewältigen. Empirische Forschung im Bereich der Einkommensverteilung ist

---

[56] Vgl. Nutzinger, H. G.: Wirtschaftstheorie aus der Sicht der Politischen Ökonomie. In: Seminar Politische Ökonomie (Hrsg. Vogt, W.), S. 228 ff., insbesondere S. 234. Frankfurt 1973.

[57] Malinvaud verwendet wohl aus diesem Grund dieses Beispiel zu Beginn seines Lehrbuches. Malinvaud, E.: Statistical Methods of Econometrics, p. 3 f. Amsterdam 1968.

also besonders schwierig und erschwert, weshalb ungeachtet der Dringlichkeit der Fragestellung empirische Untersuchungen selten sind.

Wenn nun entsprechend dem Popper-Kriterium als vorläufige Wahrheit die Menge aller nicht widerlegten (nicht falsifizierten) Theorien betrachtet werden soll, so wird aus all diesen Gründen die Verteilungstheorie noch geraume Zeit aus einer Fülle von Teiltheorien und Ansätzen bestehen, was die Auseinandersetzung mit ihr gleichermaßen schwierig und reizvoll macht.

Literatur zu Kapitel I

Bombach, Gottfried: Die verschiedenen Ansätze der Verteilungstheorie. In: Einkommensverteilung und technischer Fortschritt, Schriften des Vereins für Sozialpolitik, N. F. Bd. 17, S. 95–154. Berlin 1959.
Krelle, Wilhelm: Verteilungstheorie, Tübingen 1962.
Preiser, Erich: Distribution. In: Handwörterbuch der Sozialwissenschaften, Bd. 2, Göttingen 1959.
Rose, Klaus: Theorie der Einkommensverteilung, Wiesbaden o. J.
Stavenhagen, Gerhard: Geschichte der Wirtschaftstheorie, 4. durchgesehene und erweiterte Aufl. Göttingen 1969.

II. Personelle Einkommensverteilung

1. Grundlegendes

1.1. Verschiedene Fragestellungen

Die Theorie der personellen Einkommensverteilung hat ihren Ursprung als eigenständige Teildisziplin in einer Veröffentlichung Paretos im Jahre 1895[1]. Mit dieser nach Lange[2] ersten ökonometrischen Untersuchung hatte Pareto auch die sich anschließenden Arbeiten in eine Richtung gewiesen, welche auch heute noch mit der Theorie der personellen Einkommensverteilung schlechthin identifiziert wird. Diese Untersuchungen setzen sich zum Ziel, die in verschiedenen Einkommensstatistiken zum Ausdruck kommenden Gemeinsamkeiten in der Häufigkeitsverteilung durch eine Funktion möglichst gut zu approximieren. Zugleich sollen durch die Parameter aus den Schätzungen die Verteilungen meßbar und vergleichbar und die Gestalt der Kurven durch theoretische Anmerkungen verdeutlicht werden.

Bei verschiedenen Ansätzen wird dabei versucht, durch ein Modell ganz bestimmte Kurvenverläufe herzuleiten. Da die meisten früheren Ansätze das Zustandekommen dieser Verteilung als Ergebnis eines Zufallsprozesses auffassen, spricht Bjerke[3] in diesem Zusammenhang von der statistisch-theoretischen Schule. Er unterscheidet diese von der soziologischen Schule der personellen Einkommensverteilung, bei welcher die Schiefe der Verteilung aus der Zugehörigkeit zu sozialen Klassen begründet wird.

Während die erste Art der Ansätze allein auf das Phänomen der Einkommensstreuung, speziell auf die Gestalt der Dichtefunktion, ausgerichtet ist, zielt die soziologische Schule nicht ausschließlich auf eine Begründung der Einkommensstreuung sondern auch der Einkommenshöhe ab.

---

[1] Siehe hierzu Pareto, V.: a. a. O., S. 375.
[2] Vgl. Lange, O.: Einführung in die Ökonomie, S. 144. Tübingen 1968.
[3] Vgl. Bjerke, K.: Some Income and Wage Distribution Theories; Summary and Comments, Weltwirtschaftliches Archiv, Bd. 86, p. 46ff. 1961.

II. Personelle Einkommensverteilung

In Anlehnung an Krupps Systematisierung der Ansätze zur Erklärung der personellen Einkommensverteilung[4] bleibt also zunächst zu unterscheiden zwischen Ansätzen, die die Einkommensstreuung zu erklären versuchen, und solchen, die die Frage nach den Bestimmungsgründen für die Höhe des personellen Einkommens stellen. Darüber hinaus verwendet Krupp als weitere Kennzeichen in seiner Übersicht den Aggregationsgrad und die Methode.

Insofern als die Fragestellung der personellen Einkommensverteilung das Problem der ökonomischen Gleichheit in den Mittelpunkt stellt, geht es ihr um die Erklärung der Einkommensstreuung. Immer dann nämlich, wenn die Einkommensverteilung im Hinblick auf die Wohlfahrt interpretiert oder die Frage nach der Verteilungsgerechtigkeit gestellt wird, erfolgt die Argumentation über die Einkommensstreuung bzw. die Einkommenskonzentration. So wird beispielsweise damit argumentiert, daß ein gewisser Prozentsatz der am besten Verdienenden einen bestimmten Anteil des Volkseinkommens erhält. Die Theorie der personellen Einkommensverteilung müßte folglich direkt auf eine Erklärung der Einkommensstreuung abzielen.

Wenn indessen diese Erklärung unmittelbar auf eine Begründung der Häufigkeitsverteilung für alle Einkommen ausgerichtet ist, so können nur wenige Ursachen zur Erklärung herangezogen werden. Die Dichtefunktion zur Häufigkeitsverteilung als Ganzes kann sinnvoll nur durch eine Funktion angepaßt werden, deren Parameterzahl auf höchstens vier beschränkt bleibt. Eine Erhöhung der Parameterzahl würde die Anpassung nur scheinbar verbessern[5], eine Interpretation der Parameter aber nicht mehr zulassen. Erklärungen der Dichtefunktion müssen sich dementsprechend auf eine geringere Zahl von Ursachen für die Erklärung beschränken.

Solche Ansätze sind jedoch kaum in der Lage, der Vielfalt der Bestimmungsgründe der Einkommensverteilung gerecht zu werden, es sei denn, sie versuchen die Verteilung als Ganzes durch außerökonomische Faktoren, wie z.B. durch Zufall oder angeborene Begabung, zu erklären. Der Zufall wird dabei als Ergebnis des nicht erfaßbaren Zusammenspiels der verschiedensten ökonomischen Ursachen aufgefaßt, während die Begabung als letzte Ursache ökonomischen Erfolges die Verteilung als Ganzes kausal erklären soll.

Tinbergen[6] lehnt in diesem Zusammenhang eben solche Theorien ab, da sie keine Aktionsparameter für den Wirtschaftspolitiker enthalten. Zwar ist dieser radikalen Einstellung nicht zuzustimmen, denn für den Wirtschaftspolitiker ist es auch wichtig zu wissen, inwieweit ein Phänomen überhaupt beeinflußt werden

---

[4] Vgl. Krupp, H. J.: Empirische Ansätze zur Erklärung der personellen Einkommensverteilung. In: Neue Aspekte der Verteilungstheorie (Hrsg. Bombach, G., Frey, B. S., Gahlen, B.), S. 99f., insbesondere Übersicht S. 135. Tübingen 1974.

[5] Schließlich läßt sich durch n-Punkte in der Ebene immer ein Polynom n-1-ten Grades mit n-Parametern legen, ohne daß dies etwas über den Zusammenhang zwischen den Variablen aussagt.

[6] Vgl. Tinbergen, J.: Can Income Inequality be reduced further?. In: Festschrift für W. G. Waffenschmidt, S. 165 ff., insbesondere S. 167. Meisenheim am Glan 1972.

kann, aber das ändert nichts daran, daß monokausale Erklärungsversuche für den ganzen Einkommensbereich unbefriedigend bleiben.

Lediglich dort, wie beispielsweise bei den höheren Einkommen, wo die Annahme gerechtfertigt scheint, daß die Zahl der Einflußgrößen gering ist, kann der Versuch einer direkten Erklärung der Dichtefunktion sinnvoll sein. Allerdings wird auch dann durch eine Aggregation der verschiedenen, nur wenige Einflußgrößen berücksichtigenden Einzelansätze die Verteilung insgesamt erklärt werden müssen. Ein solches Vorgehen dürfte jedoch für die Verteilung als Ganzes unmöglich sein.

Nur die Einkommensstreuung, aber nicht mehr die Dichtefunktion in ihrer speziellen Gestalt, kann unter Verzicht auf spezifizierte Modelle durch das Eingehen auf die ökonomischen Ursachen der Einkommenshöhe begründet werden. Entsprechende Tests versuchen also, Zusammenhänge zwischen der Einkommensstreuung und bestimmten Variablen, z. B. Änderungen in den Preisindices, Änderungen des Sozialprodukts und der Arbeitslosenquote zu überprüfen[7], oder aber die Streuung von Bestimmungsgründen für die Einkommenshöhe selbst zur Erklärung der Einkommensstreuung heranzuziehen[8]. Neben dem Nachteil der Kompliziertheit, in der diese Versuche denen, die die Dichtefunktion zu erklären suchen, kaum nachstehen, weisen diese Ansätze den Mangel auf, daß sie ohne jede Verbindung zur Erklärung der Einkommenshöhe bleiben. Um aber Verteilungspolitik möglich zu machen, müssen auch die Bestimmungsgründe der Einkommenshöhe untersucht werden. Sobald nämlich die Frage nach der Gerechtigkeit der personellen Einkommensverteilung nicht mehr ausschließlich unter dem Gesichtspunkt der Bedürfnisgerechtigkeit, sondern auch unter dem der Chancen- und vor allem der Leistungsgerechtigkeit gesehen wird, muß das Zustandekommen des individuellen Einkommens berücksichtigt werden und kann sich die Aufmerksamkeit nicht mehr allein auf die Einkommensstreuung der Gesamtheit beschränken.

Unter diesem Gesichtspunkt sind eine große Zahl von Versuchen zu sehen, die die Bestimmungsgründe der Einkommenshöhe teils induktiv durch Sammeln und Systematisieren, teils deduktiv durch Formulieren von Hypothesen mit anschließendem Test oder Simulation des Modells zu erforschen suchen.

Bevor nun aber die Ansätze selbst, und zwar getrennt danach, ob die Streuung oder die Einkommenshöhe Erklärungsziel ist, dargestellt werden, sollen noch die verschiedenen Möglichkeiten, Einkommen und Einkommensempfänger zu definieren, besprochen und ein Überblick über Fragen der Verteilungsmessung gegeben werden.

---

[7] Vgl. Schultz, T. P.: Secular Trends and Cyclical Behavior of Income Distribution in the United States 1944–1965. In: Six Papers on the Size of Wealth & Income (ed. Soltow, L.), p. 75ff. New York and London 1969.
[8] Hierzu die Angaben in: Krupp, H. J.: Empirische Ansätze zur Erklärung der personellen Einkommensverteilung, a. a. O., S. 121 ff.

1.2. Einkommen und Einkommensempfänger

Die meisten empirischen Untersuchungen, die die Einkommensstreuung zum Gegenstand haben, beziehen sich auf Steuerstatistiken. Dementsprechend wird die Verteilung des Einkommens auf die Steuerpflichtigen vor oder nach Steuerabzug gemäß den Definitionen des Steuerrechts zugrunde gelegt. Das Einkommen vor Steuerabzug mag zwar auch einen Eindruck der Verteilungsgerechtigkeit in einer Volkswirtschaft vermitteln, insofern es die Gleichmäßigkeit der Einkommensverteilung bei der Einkommensentstehung ausdrückt und somit die Frage nach der Leistungsgerechtigkeit in den Vordergrund stellt. Im Zusammenhang mit dem Ziel ‚gerechte Einkommensverteilung' steht jedoch die Verteilung meist unter dem Gesichtspunkt der Bedürfnisgerechtigkeit und der Verteilung der Kaufkraft im Vordergrund. Dabei müßte also auf das Konzept des persönlich verfügbaren Einkommens abgestellt werden, das sich ergibt, wenn die Einkommen nach Steuerabzug um die Transfereinkommen ergänzt werden.

So einleuchtend dies auf den ersten Blick auch sein mag, so muß doch bedacht werden, daß dieses Vorgehen im Hinblick auf die internationale Vergleichbarkeit der Ergebnisse nicht unproblematisch ist. Eine Beschränkung auf die Verteilung des verfügbaren Einkommens impliziert nämlich, daß die indirekten Steuern keinen Einfluß auf die Verteilung der Kaufkraft haben. Diese problematische Annahme ist besonders deshalb bedenklich, weil in zu vergleichenden Ländern sich die Steuersysteme oft gerade dadurch unterscheiden, daß in einem Land das Steueraufkommen zum größten Teil aus direkten, im anderen zum größten Teil aus indirekten Steuern erbracht wird. Unter diesem Gesichtspunkt scheint folglich die Verteilung des Einkommens vor Steuerabzug für den internationalen Vergleich geeigneter, obwohl dabei bedacht werden muß, daß auch beim Zustandekommen dieser Einkommensverteilung (beispielsweise bei Gewerkschaftsverhandlungen) das jeweilige Steuersystem eine entscheidende Rolle zu spielen vermag. Mit anderen Worten erscheint also die Annahme, die Primärverteilung sei unabhängig vom Steuersystem, gleichermaßen fragwürdig.

Problematisch bleibt auch je nach Zielsetzung der Untersuchung, daß Kapitalgewinne (z. B. Wertzuwächse bei Sachvermögen), unverteilte Gewinne, freiwillige Sozialleistungen und andere Vergünstigungen der Unternehmen unberücksichtigt bleiben. Ferner gehen sicherlich auch von der Absetzbarkeit bestimmter Ausgaben bei der Festlegung des zu versteuernden Einkommens (Sonderausgaben, Werbungskosten und Spesen) Verteilungseffekte aus, ebenso wie von durchaus zurechenbaren staatlichen Leistungen im Bereich von Bildung und Gesundheitswesen oder im sozialen Wohnungsbau.

Die Berücksichtigung von Kapitalgewinnen, unverteilten Gewinnen, Vergünstigungen seitens der Firmen und Spesen würde sicherlich eine ungleichmäßigere Verteilung ergeben, während das Einbeziehen zurechenbarer öffentlicher Leistungen eine gleichmäßigere Verteilung anzeigen sollte[9], was aber hinsichtlich der staatlichen Bildungsausgaben nicht unumstritten ist.

Auch die Wahl des Zeitraums, auf den sich das Einkommen bezieht, spielt eine Rolle. Bei Konjunkturschwankungen und in Ländern mit hohem Anteil der landwirtschaftlichen Produktion bei Ernteschwankungen ergeben sich entsprechende Schwankungen in der Einkommensverteilung, so daß unter diesem Gesichtspunkt eine Einkommensperiode von über einem Jahr sinnvoll wäre, was allerdings ebenso wie die oben angeführten möglichen Modifikationen des Einkommensbegriffs einen hohen Aufwand bei statistischen Erhebungen bedeuten würde. Dies vor allem, zumal die Möglichkeit, mit verschiedenen Einkommensdefinitionen zu argumentieren, erreicht und keine Festlegung auf einen einzigen Einkommensbegriff begünstigt werden sollte.

Wie bereits erwähnt, müßte bei Untersuchungen unter dem Gesichtspunkt der Leistungsgerechtigkeit oder auch im Hinblick auf die Lage auf dem Faktormarkt die Verteilung der Bruttoeinkommen herangezogen werden. Interessiert dagegen die Einkommensverteilung unter dem Gesichtspunkt der Machtverteilung, so müßten Kapitalgewinne und unverteilte Gewinne zum Einkommen gezählt und letztere unter Umständen nach Haushalten zusammengefaßt werden. Etwas Entsprechendes wäre sicherlich notwendig, wenn es um Fragen der Chancengleichheit, der Bedürfnisgerechtigkeit oder der Verteilung von Kaufkraft geht. Damit stellt sich die Frage nach der Definition des Einkommensempfängers.

Hierbei sind vier verschiedene Konzepte möglich. Einmal müßte z. B. bezüglich der Leistungsgerechtigkeit das Einkommen auf den einzelnen Einkommensempfänger bezogen werden. Bei der Frage nach Macht oder sozialer Stellung sollte dann das Haushaltseinkommen zugrunde liegen, wobei diese zweite Möglichkeit auch bei Ausrichtung der Fragestellung auf die Bedürfnisgerechtigkeit Anwendung finden könnte. Hier wird allerdings oft als dritte Methode vorgeschlagen, das Haushaltseinkommen durch die Zahl der Haushaltsmitglieder zu dividieren und jedem Haushaltsmitglied dieses Durchschnittseinkommen zuzuordnen. Diese dritte Möglichkeit des Vorgehens kann auch als Sonderfall der vierten, der Umrechnung auf Erwachsenenäquivalente, verstanden werden. Mit dieser Umrechnung[10] wird versucht, den unterschiedlichen Bedürfnissen der verschiedenen Haushaltsmitglieder entsprechend der Altersstruktur Rechnung zu tragen. Es wird jedoch immer arbiträr bleiben, z. B. Kleinkinder mit 0,3 und Schüler mit 0,5 Äquivalenten zu bewerten; darüber hinaus müssen die Umrechnungsfaktoren angegeben werden, um die Reproduzierbarkeit der Statistiken zu gewährleisten. Unter Umständen wäre es sinnvoller, nicht mit Erwachsenenäquivalenten zu arbeiten, sondern Haus-

---

[9] Vgl. Lampman, R. J.: Measured Inequality of Income: What does it mean and what can it tell us. In: The Annals of the American Academy of Political and Social Science (ed. Lambert, R. D., Heston, A. W.), p. 83. Philadelphia 1973.

[10] Siehe hierzu: Stark, T.: The Distribution of Personal Income in the United Kingdom 1949–1963, p. 51 ff. Cambridge 1972.

haltstypen zu unterscheiden. Dieses würde beispielsweise die Berücksichtigung der Haushaltsgröße gestatten und damit der Tatsache Rechnung tragen, daß der Bedarf an dauerhaften Konsumgütern (Waschmaschinen, Fernsehern usw.) nicht proportional mit der Zahl der Haushaltsmitglieder wächst.

Unter Zugrundelegung der Erwachsenenäquivalente wird bei der Verteilungsstatistik das Haushaltseinkommen des jeweiligen Haushalts durch die Zahl der Erwachsenenäquivalente dividiert. Auf diese Weise ergibt sich für diesen Haushalt das Durchschnittseinkommen pro Erwachsenenäquivalent. Die Verteilungsstatistik weist dann die diesen Durchschnittseinkommen entsprechenden Häufigkeiten der Erwachsenenäquivalente aus. Da die Erwachsenenäquivalente einzelner und damit auch der Haushalte Dezimalbrüche sein können (Ehepaar mit Kleinkind und Schüler z. B.: =2,8 Erwachsenenäquivalente), müssen natürlich auch diese Häufigkeiten keine ganzen Zahlen sein. Werden allen Haushaltsmitgliedern die Äquivalente 1 zugeordnet, so ergibt sich das unter drittens besprochene Konzept als Sonderfall.

Die Probleme einer angemessenen Definition von Einkommen und Einkommensempfänger sind offensichtlich vielfältig, und die verfügbaren Statistiken werden diesen Ansprüchen kaum je genügen. Dies vor allem, zumal unter bestimmten Gesichtspunkten auch die Berücksichtigung nicht erfaßbarer Aspekte, wie die des Arbeitsleids, der Befriedigung bei der Tätigkeit oder des mit dem Einkommenserwerb verbundenen Ansehens, wünschenswert wäre. Solche Mängel bedeuten jedoch nicht, daß empirische Untersuchungen mit vorhandenen Statistiken unsinnig sind. Der Verdacht nämlich, daß nicht erfaßbare und nicht erfaßte Einkommensteile mit den erfaßten Einkommen korrelieren, liegt nahe. Höheres Einkommen verleitet bei progressiver Besteuerung dazu, Einkommen durch nicht zu versteuernde Vergünstigungen seitens der Unternehmen zu ersetzen. Schließlich resultiert höheres Einkommen zumeist auch aus Beschäftigungen in angeseheneren Berufen bei befriedigenderen Tätigkeiten.

Verteilungsmessung dürfte somit auch ihren Sinn haben, wenn Mängel in den Statistiken in Kauf genommen werden müssen, vor allem dann, wenn diesen Mängeln in den Untersuchungen Rechnung getragen wird.

1.3. Graphische Darstellungen der personellen Einkommensverteilung

Graphischen Darstellungen der personellen Einkommensverteilung kommt nicht allein erläuternde Bedeutung zu. Sie waren und sind oft Ausgangspunkt für Ansätze der Verteilungsmessung und Ursache theoretischer Forschung. Aus diesem Grunde finden sich oft verschiedene Darstellungsweisen nebeneinander.

Graphische Darstellungen der personellen Einkommensverteilung

Aus der Statistik ist die Häufigkeitsverteilung bekannt, bei der bestimmten Merkmalswerten — hier dem Einkommen — auf der Abszisse die entsprechenden Häufigkeiten als Ordinaten zugeordnet werden. Die Erklärung der meist immer auftretenden Schiefe dieser Kurven (s. Abb. 1) wurde zu einem Hauptanliegen der Theorie der personellen Einkommensverteilung.

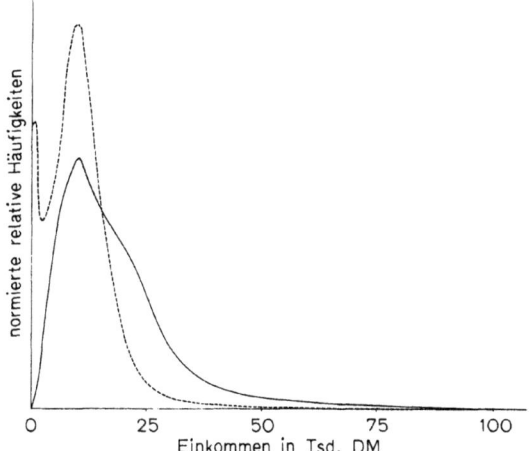

Abb. 1. Häufigkeitsverteilung der Einkommen nach Lohnsteuerstatistik (-----) und Einkommenssteuerstatistik (——) 1968

Die den folgenden Darstellungen zugrundeliegenden Einkommensverteilungen entsprechen den Bruttoeinkommen der Lohnsteuerstatistik 1968 (gestrichelte Linie) und denen der Einkommensteuerstatistik 1968 (durchgezogene Linie).

Auch die Darstellung kumulierter Häufigkeiten, bei denen bestimmten Merkmalswerten die Zahl der diesen Wert über- oder unterschreitenden Merkmalsträger zugeordnet wird, ist gebräuchlich. Tabelle 13 im Anhang stellt eine solche kumulierte Häufigkeitsverteilung dar. In der ersten Spalte sind die Einkommensintervalle angegeben, in der zweiten die Besetzung n in diesen Einkommensintervallen und in der dritten Spalte schließlich die Zahl N derer, die ein Einkommen beziehen, das der unteren Klassengrenze entspricht oder dieses übersteigt. Die letzte Spalte ergibt sich also, wenn die Werte der zweiten von unten kumuliert werden. Als Beispiel wurden die in Abb. 1[11] verwendeten Statistiken zugrunde gelegt.

---

[11] Es muß dabei bedacht werden, daß es sich für jede Verteilung um normierte Häufigkeiten handelt und man die beiden Verteilungen nicht addieren darf, um zur Gesamtverteilung zu kommen.

II. Personelle Einkommensverteilung

Die graphische Darstellung der entsprechenden relativen kumulierten Häufigkeiten findet sich in Abb. 2. Die überraschende Übereinstimmung verschiedener Einkommensverteilungen in dieser Darstellung ließ Pareto glauben, er habe ein

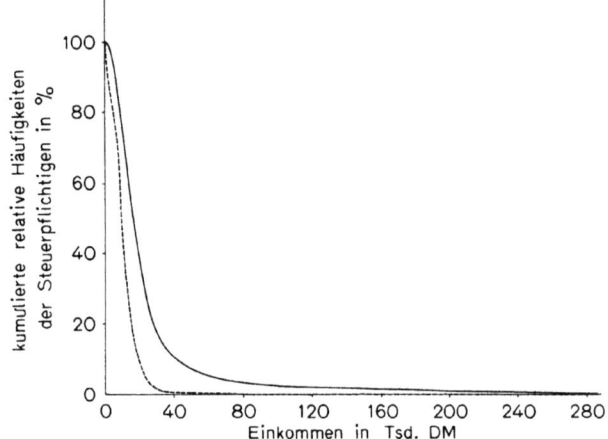

Abb. 2. Von oben kumulierte Häufigkeiten (Häufigkeit derer, die mehr verdienen als der Abszissenwert). Zugrunde liegende Statistiken wie in Abb. 1

Naturgesetz entdeckt[12]. Dieses Gesetz versuchte Pareto mathematisch mit der Formel $N = by^{-\alpha}$ darzustellen und zeichnete, da sich durch Logarithmieren daraus die Funktion $\log N = \log b - \alpha \log y$ ergibt, die linear in den logarithmierten Variablen ist, diese Kurve im zweifach logarithmischen Koordinatensystem als Gerade (s. Abb. 3).

α läßt sich aus dieser Darstellung als Tangens des Winkels der sogenannten Paretogeraden mit der negativen Richtung der Abszissenachse ablesen und wurde von Pareto als Maß für die Einkommensverteilung vorgeschlagen, das auch heute noch oft verwendet wird. Wie Abb. 3 zeigt, kann jedoch nur im jeweils oberen Bereich von einer guten Anpassung der Paretogeraden gesprochen werden.

Je steiler die Paretogerade verläuft, desto größer also α ist, desto gleichmäßiger sind die Einkommen verteilt. Im Fall der völligen Gleichverteilung, in dem folglich alle das gleiche Einkommen beziehen, wird die Paretogerade zu einem rechtwinkligen Streckenzug. Die eigentliche Paretogerade verläuft dabei senkrecht zur Abszisse in einem Abstand zur Ordinatenachse, der dem Logarithmus des Durchschnittseinkommens entspricht. Da indessen die Zahl der Einkommensempfänger nicht unendlich ist, biegt die Kurve bei dem Ordinatenwert, der dem Logarithmus der Zahl

---

[12] Vgl. Pareto, V.: a. a. O., S. 375.

Graphische Darstellungen der personellen Einkommensverteilung

der Einkommensbezieher entspricht, rechtwinklig in Richtung der negativen Abszissenachse ab. Eine entsprechende Abweichung von der Paretogeraden läßt sich bei allen Darstellungen feststellen, die auf empirischem Zahlenmaterial beruhen. Sie ist letztlich darauf zurückzuführen, daß die Klassenbesetzungen bei fallendem Einkommen nicht bis zum Einkommen von 0 hin zunehmen, wie es der Formel entspräche, sondern ab einem bestimmten positiven Einkommen $\bar{y}$ bereits abnehmen. Diesem Tatbestand versuchte Pareto gerecht zu werden, indem er zur Formel $N = b(y-\bar{y})^{-\alpha}$ überging, wobei er $\bar{y}$ als soziologisch bestimmtes Minimaleinkommen auffaßte.

Allerdings lassen sich auch für diesen Fall bei den unteren und den höchsten Einkommen meist Abweichungen der tatsächlichen Werte von der Paretogeraden in Form eines umgekehrten S beobachten. Diese allgemein übereinstimmenden Abweichungen haben zu einer großen Zahl von Ansätzen geführt, deren Zweck es war, eine bessere Anpassung zu erreichen. Da sie Paretos Darstellung an Kompliziertheit weit übertreffen[13] und zudem kaum signifikante, sondern nur scheinbar bessere Anpassungen darstellen[14], soll darauf nicht weiter eingegangen werden.

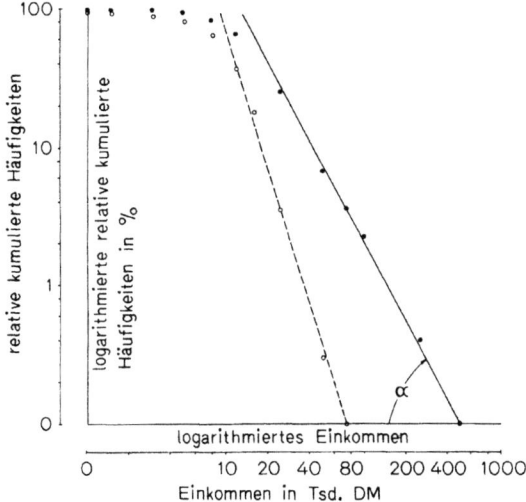

Abb. 3. Paretogerade. Zugrunde liegende Statistiken wie in Abb. 1

---

[13] Vgl. Peter, A.: Die Messung der personellen Einkommensverteilung. Bern 1969.
[14] Hierzu erscheint demnächst ein Beitrag des Verfasserns mit dem Titel ‚Zur Messung der personellen Einkommensverteilung'. Schweizerische Zeitschrift für Volkswirtschaft und Statistik, Jg. 112, H. 1 (1976).

II. Personelle Einkommensverteilung

Bereits Pareto hatte sich Gedanken darüber gemacht, ob sich die personelle Einkommensverteilung nicht als Normalverteilung beschreiben ließe.

Eine solche Darstellung hat schließlich Gibrat[15] versucht, indem er bei der Häufigkeitsverteilung nicht die absoluten, sondern die logarithmierten Einkommen als Merkmalswerte auf der Abszisse abtrug. Tatsächlich sehen die entsprechenden Häufigkeitsverteilungen symmetrischer aus und ähneln oft einer Normalverteilung (s. Abb. 4). Gibrat nahm daher an, die personelle Einkommensverteilung könne durch eine sogenannte Lognormalverteilung dargestellt werden und suchte nach einer Erklärung für dieses Phänomen.

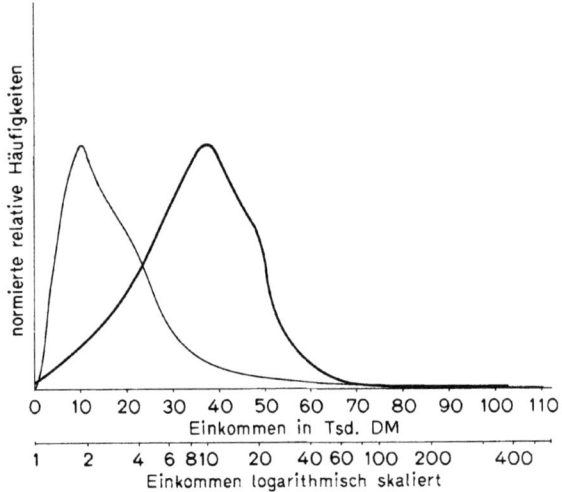

Abb. 4. Häufigkeitsverteilung der Einkommen und der logarithmierten Einkommen (stark ausgezogen) gemäß Einkommenssteuerstatistik 1968

Die gebräuchlichste Darstellung der personellen Einkommensverteilung erfolgt in Form des Lorenzdiagramms. Hierbei werden sowohl auf der Abszisse als auch auf der Ordinate Prozentwerte bis zu 100 abgetragen (s. Abb. 5). Durch Parallelen zu den Achsen im Endpunkt der Skalen werden Punkte eingezeichnet, deren Koordinaten x und y wie folgt definiert sind: x_i gibt in Prozent den Anteil der Einkommensempfänger am Total der Einkommensempfänger wieder, deren Einkommen zwischen 0 und einem bestimmten Wert liegt; y_i stellt als Ordinatenwert den Anteil am Gesamteinkommen dar, der einer bestimmten Gruppe dieser Einkommensempfänger zukommt.

---

[15] Vgl. Gibrat, R.: a.a.O., S. 124.

Graphische Darstellungen der personellen Einkommensverteilung

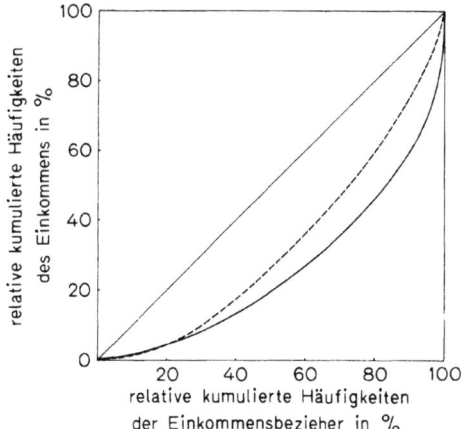

Abb. 5. Zugrundeliegende Statistiken wie Abb. 1

Ein Punkt mit den Koordinaten 12/5 bzw. 80/60 gibt demnach an, daß die 12% bzw. 80% schlechter verdienenden Einkommensempfänger 5% bzw. 60% des gesamten Einkommens beziehen. Da die Individuen von den niedrigeren zu den höheren Einkommen hin kumuliert werden, ist die x-Koordinate immer größer als die y-Koordinate, liegen die Kurvenverläufe folglich immer unter der Winkelhalbierenden. Lediglich im Falle der völligen Gleichverteilung, indem also 1, 2, 3 usw. % der Einkommensempfänger auch 1, 2, 3 usw. % des Einkommens erhalten, wird die Winkelhalbierende bzw. Diagonale selbst zur Kurve der Verteilung. Der Fall der vollständigen Konzentration, der ungleichmäßigsten Verteilung, ist dann erreicht, wenn ein einzelner 100% des Einkommens bezieht, die entsprechende Kurve besteht dann aus der Abszisse und der Senkrechten darauf am Skalenende.

Die Fläche zwischen der Kurve der Gleichverteilung und der einer empirischen Verteilung entsprechenden, dividiert durch die Fläche bei vollständiger Konzentration (das Dreieck unter der Diagonalen), wird als weitverbreitetes Konzentrationsmaß unter dem Namen Gini-Koeffizient verwendet.

Pen[16] vertritt zu den bisher vorgestellten Darstellungsmethoden die Ansicht, daß ihre Wahl insofern problematisch ist, als durch sie die Aufmerksamkeit auf ganz bestimmte Aspekte der Verteilung gelenkt wird. Nach seiner Meinung sugge-

---

[16] Vgl. Pen, J.: Das politische Element in unseren graphischen Darstellungen. In: Neue Aspekte der Verteilungstheorie (Hrsg. Bombach, G., Frey, B. S., Gahlen, B.), S. 3. Tübingen 1974.

riert die Darstellung von Häufigkeitsverteilungen (wie Abb. 1, 2 und 4), „das Häufige sei wichtig, das Unhäufige sei uninteressant"[17]. Dieser ‚Verschwindetrick' führe dazu, daß die extremen Einkommen weder hinsichtlich ihrer Entstehung noch hinsichtlich ihrer Folgen in der Volkswirtschaftslehre genügend beachtet würden.

Der Darstellung in der Lorenzkurve macht Pen nun umgekehrt den Vorwurf, sie lenke die Aufmerksamkeit allein auf die extremen Einkommen, obwohl die Darstellung gerade in diesen Bereichen problematisch sei. So spielen im unteren Einkommensbereich Teilzeitbeschäftigungen und Arbeitslosenunterstützung — konjunkturell schwankende Größen also — eine entscheidende Rolle und lassen kaum Schlüsse bezüglich einer langfristigen Entwicklung zu. Im Bereich hoher Einkommen dagegen führt die definitionsgemäß erfolgende asymptotische Annäherung jeder Lorenzkurve an die Vertikale dazu, daß Unterschiede zwischen verschiedenen Verteilungen kaum mehr feststellbar sind.

Pen selbst schlägt aus diesen Gründen vor, die Einkommensbezieher in der Reihenfolge ihres Einkommens auf der Abszisse anzuordnen, und ihnen als Ordinate das jeweilige Einkommen zuzuordnen. Die entsprechende Kurve (hierzu Abb. 6) würde dann beim Wert des höchsten Verlustes an die negative Koordinatenachse anschließen (oder, wenn keine Verluste ausgewiesen sind, bei positivem Achsenabschnitt beginnen), mit zunehmender Zahl der Einkommensempfänger rasch ansteigen und positive Einkommenswerte (Schnitt mit der Abszisse) erreichen. Danach würde sie schwach ansteigend zwischen der x-Achse und einer dem Durchschnittseinkommen entsprechenden Parallelen zur Abszisse verlaufen. Diese Parallele würde sie, gemäß der Schiefe der Verteilung, bei einem hohen Einkommen schneiden und danach steil ansteigen.

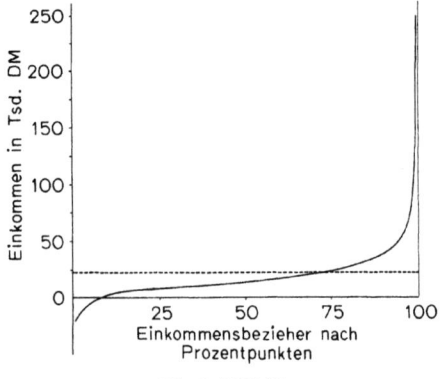

Abb. 6. PEN-Diagramm

---

[17] Ebenda, S. 6.

Pens Art der Darstellung muß sicher als sehr anschaulich bezeichnet werden, sie weist indessen ähnliche Nachteile wie die Lorenzkurve auf und ist im Unterschied zu letzterer, deren Verlauf durch Prozentierung normiert wird, für den Vergleich verschiedener Verteilungen weniger geeignet. Soll der Nachteil der Nichtvergleichbarkeit in Kauf genommen werden, so existiert mit der Einkommenspyramide (Abb. 7) bereits eine gebräuchliche und anschauliche Darstellung, die ebenso wie Pens Graphik durch eine nach oben weisende Linie auf die höchsten Einkommen hinweist und damit denselben Anforderungen genügt.

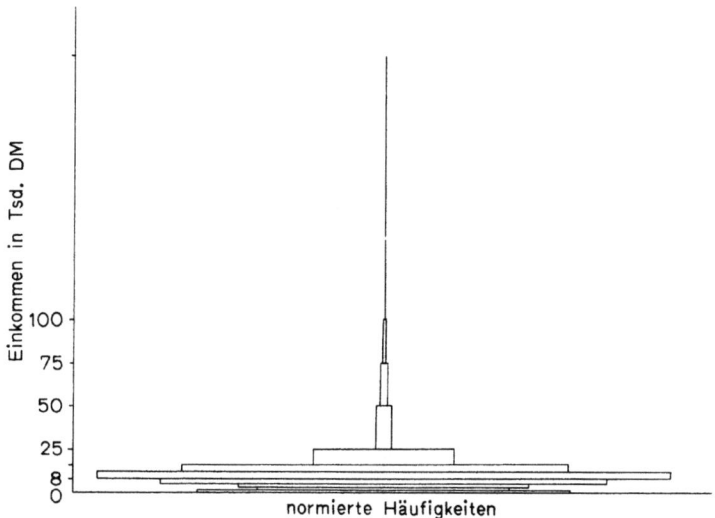

Abb. 7. Einkommenspyramide für die aggregierte Einkommensverteilung 1968

1.4. Maße der personellen Einkommensverteilung

Viele Maße der personellen Einkommensverteilung sind im Anschluß an Pareto bei Versuchen entstanden, unterschiedlichste graphische Darstellungen der Verteilung durch Formeln zu beschreiben. In diesem Zusammenhang wurden sehr oft äußerst komplizierte Funktionen abgeleitet, deren Parameter dann im Hinblick auf die Verteilungskurve interpretiert und dabei auch als Maße für die Einkommensverteilung verwandt wurden. Bei komplizierteren Ansätzen konnten gute Anpassungen durch eine Mehrzahl von Parametern und unterschiedlichste Transformationen der Variablen (Kumulieren, Logarithmieren) erreicht werden. Da indessen die Formeln theoretisch kaum begründet werden und die mangelnde Anschaulichkeit nicht verdeutlicht, was eigentlich gemessen wird, haben sich nur zwei der Maße, die auf diese Weise entstanden sind, behauptet. Das eine Maß ist das α Paretos und das andere die Standardabweichung der logarithmierten Einkommen, die einen der Parameter in Gibrats Lognormalverteilung darstellt.

Paretos Maß (α)

Pareto hat den Einkommen Y die Zahl der N zugeordnet, die dieses oder ein höheres Einkommen beziehen. Dabei kam er zu dem Ergebnis, daß sich die entsprechenden Werte der Verteilungsstatistiken durch die Formel $N = c \cdot Y^{-\alpha}$ gut beschreiben lassen. Sie wird logarithmiert als Gerade geschätzt,

$$\log N = \log c - \alpha \log Y,$$

wobei durch α die Verteilung gemessen werden soll.

Dieser Ansatz weist einen entscheidenden Mangel auf. Durch das Kumulieren einer und das Logarithmieren beider Variablen spricht dieses zwar sehr empfindlich auf Verteilungsänderungen im Bereich der oberen Einkommen an, bleibt aber zu unempfindlich für Änderungen im unteren Einkommensbereich.

Ein beachtenswertes Zahlenbeispiel für die unterschiedliche Empfindlichkeit von Paretos Maß in verschiedenen Einkommensklassen bringt Boot[18]. Für eine beobachtete Einkommensverteilung erhielt er ein α von 2,02. Eine Erhöhung in der Besetzung der Einkommensklassen um rund 75 % in der untersten und rund 50 % in der zweituntersten erhöhte das Maß lediglich auf 2,06. Absolut war dabei die Zahl der Einkommensbezieher um 966 000 vergrößert worden. Wenn dagegen die Besetzung der beiden obersten Einkommensklassen um insgesamt 3 987 zunahm, und zwar um 70 % in der obersten und 35 % in der nächst niederen, so fiel das Maß auf 1,81. Diese unerwünschte Gewichtung ließe sich durch Wahl anderer komplizierterer Schätzverfahren zwar vermeiden, der dabei auftretende zusätzliche Rechenaufwand bedeutet zugleich, daß das Zustandekommen von Änderungen des Maßes nur schwer verfolgt und entsprechend kaum interpretiert werden kann. Das α Paretos behält indessen eine gewisse Bedeutung insofern, als es verschiedene ökonomische Begründungen für die überraschend gute Anpassung der Pareto-Kurve im Bereich höherer Einkommen gibt[19]. Obwohl sich das Zustandekommen einer Paretoverteilung ökonomisch begründen läßt, kann das entsprechende Maß anschaulich kaum erläutert werden.

---

[18] Vgl. Boot, J. C. G.: Mathematical Reasoning in Economics and Management Science: Twelve Topics, p. 130f. Englewood-Cliffs 1967.
[19] Siehe hierzu Abschnitt 2 dieses Kapitels.

Quantile als Verteilungsmaß

Das Kriterium **Anschaulichkeit** stellt eine wichtige Forderung an die Verteilungsmessung dar, wenn mit zunehmender Bedeutung der Verteilungsgerechtigkeit Zielsetzung und Zielerreichung im Rahmen der Wirtschaftspolitik begründet und kontrolliert werden sollen, wie das derzeit für die Ziele der Vollbeschäftigung, Preisniveaustabilität und Wirtschaftswachstum geschieht.

Dieser Anforderung genügen sicher die Quantile. Die Einkommensverteilung wird dabei dadurch charakterisiert, daß man angibt, welcher Anteil im Gesamteinkommen den 1%, 2%, 5% oder 20% der besten Verdiener zukommt. Im Falle der Gleichverteilung würden diese 1%, 2%, 5% oder 20% auch 1%, 2%, 5% bzw. 20% des Gesamteinkommens beziehen, während in jedem anderen Fall die das Einkommen charakterisierenden Zahlen größer sind, wenn sich die Quantile auf die höheren Einkommen beziehen.

Im folgenden sollen die Maße anhand von Verteilungen charakterisiert werden, bei denen sich ein Gesamteinkommen von 100 auf 10 Einkommensempfänger verteilt. Im Falle der Gleichverteilung bezieht jeder ein Einkommen von 10, und die 20% am ‚besten' Verdienenden erhalten entsprechend auch 20% des Einkommens. Wenn die Einkommen von 6, 8, 10, 12 und 14 je zweimal auftreten, so erhalten die 20% am besten Verdienenden 28% des Einkommens, die Verteilung ist also verglichen mit der Gleichverteilung ungleichmäßiger. Allerdings ergibt sich derselbe Wert von 28% für das besser verdienende Fünftel (20%) der Einkommensbezieher, wenn je zweimal die Einkommen von 5, 6, 12, 13 und 14 auftreten, obwohl diese Verteilung als stärker streuend, als ungleichmäßiger anzusehen ist.

Die Quantile weisen also den Nachteil auf, daß sie nicht alle Verteilungsänderungen berücksichtigen, wenn eine Beschränkung auf ein Quantil erfolgt und nur ein Teil der Einkommensempfänger erfaßt wird. Wird die Verteilung als Ganzes durch Quantile zu beschreiben versucht, so zwingt dies der Überschaubarkeit wegen zu Vereinfachung. Die Verteilung wird also durch die Angabe der Quartile oder Quintile charakterisiert werden, bei welchen den nach Höhe des Einkommens zu vier bzw. fünf Gruppen zusammengefaßten Einkommensbeziehern der jeweilige Anteil am Gesamteinkommen zugeordnet wird. In der zuletzt erwähnten Verteilung, bei der die Einkommen von 5, 6, 12, 13 und 14 je zweimal auftreten, wäre diese also durch die Quintile:
1. Quintil = 10%;
2. Quintil = 12%;
3. Quintil = 24%;
4. Quintil = 26%;
5. Quintil = 28% charakterisiert und von der zuvor erwähnten zu unterscheiden, bei welcher das 5. Quintil auch 28% beträgt.

Die Charakterisierung der ganzen Verteilung durch einige Quantile bringt aber den Nachteil mit sich, daß Umverteilungen innerhalb der Quantile nicht

II. Personelle Einkommensverteilung

zum Ausdruck kommen. So ergibt sich für das 1. Quintil des Beispiels derselbe Wert, ob ein Einkommen von 6 zweimal auftritt, innerhalb des Quintils somit Gleichverteilung herrscht, oder aber Einkommen von 5 und 7 je einmal vorkommen. Die Streuung innerhalb der Quantile bleibt folglich unberücksichtigt. An Stelle der Quantile werden oft auch die entsprechenden Durchschnittseinkommen angegeben. Da diese den Quantilswerten proportional sind, charakterisieren sie die Verteilung in gleicher Weise, geben aber zusätzlich noch Auskunft über das Einkommensniveau.

Soll die Einkommensverteilung durch eine oder wenige Maßzahlen gekennzeichnet werden, so sind die Quintile ungeeignet, da sie die Information zugrundeliegender Statistiken nicht vollständig wiedergeben. Beim Versuch, die ganze Verteilung durch einige umfassende Quantile darzustellen, bleibt nämlich die Streuung innerhalb der Aggregate unberücksichtigt. Erfolgt dagegen eine Beschränkung auf wenige kleinere Quantile (z. B. Percentile), so wird die Einkommensstreuung für den ganzen Rest der Verteilung völlig unberücksichtigt gelassen. Desungeachtet werden die Quantile wegen ihrer Anschaulichkeit und wohl auch gerade wegen ihrer Mängel ihren Platz als Verteilungsmaße in der politischen Auseinandersetzung behalten[20].

Die Schwierigkeiten, die sich bei der Darstellung der Verteilung mittels Quintilen ergeben, wurden oben anhand von Verteilungen erörtert, bei denen bei Kenntnis der vollständigen Verteilung ohne weiteres festzustellen war, welches die gleichmäßigere ist. Hinsichtlich der beiden folgenden Verteilungen, bei denen wieder das Gesamteinkommen 100 auf 10 Einkommensempfänger aufteilen soll, wird diese Entscheidung ungleich schwerer. Die Verteilung sieht so aus, daß achtmal das Einkommen von 4 und zweimal das Einkommen von 34 auftreten, während in Verteilung II sechsmal das Einkommen von 2, zweimal das Einkommen von 14 und zweimal das Einkommen von 30 vorkommen. Da das 1. Quintil bei I 8 % und bei II 4 % beträgt, wäre demnach die Verteilung I die gleichmäßigere, da die schlechter Verdienenden einen größeren Anteil erhalten. Bei Argumentation mit dem 5. Quintil wird indessen Verteilung I als die ungleichere erscheinen, da bei ihr das Fünftel der Bestverdienenden 68 % des Einkommens gegenüber 60 % im Falle II erhält. Soll also versucht werden, die Verteilung als ganzes durch eine einzige Maßzahl zu beschreiben, und verschiedene Verteilungen damit

---

[20] Mit der Angabe in der Lohnsteuerstatistik für das Jahr 1965, daß 1 % der am besten Verdienenden 5 % des Gesamteinkommens beziehen, kann zum einen für eine Umverteilung des Einkommens plädiert werden. Es wird dabei jedoch gleichzeitig suggeriert, daß innerhalb der Gruppe der restlichen 99 % Gleichverteilung herrscht und jeder von einer solchen Umverteilung profitiert. Umgekehrt kann durch die derselben Statistik entsprechende Angabe, daß die 40 % der besser Verdienenden lediglich 53 % des Gesamteinkommens auf sich vereinen, eine Solidarisierung gegen eine Umverteilung gefördert werden. Ohne weitere Information wird ein Großteil der Leser stillschweigend Gleichverteilung innerhalb der Gruppen annehmen, je nach Information für dieselbe Verteilung einmal Umverteilung für dringlich, das andere Mal für unnötig ansehen.

eindeutig vergleichbar zu machen, so sind die Quantile ungeeignet, da sie der Forderung nach **Vollständigkeit** der Datenerfassung nicht genügen.

Durchschnittliche Abweichung

Als **anschauliches** und zugleich **vollständiges**, d. h. alle Daten berücksichtigendes Verteilungsmaß käme die durchschnittliche Abweichung in Frage. Bei ihrer Berechnung werden die Beträge der Abweichung (die Abweichungen ohne Berücksichtigung des Vorzeichens) vom arithmetischen Mittel addiert und durch die Zahl der Fälle dividiert. Bei beiden zuvor angeführten Verteilungen beträgt die Summe der Abweichungen 96, die durchschnittliche Abweichung damit 9,6; sie werden hierdurch somit als im selben Grad gleichmäßig bezeichnet. Die Problematik dieses Maßes wird jedoch deutlich, wenn man bedenkt, daß alle Verteilungsänderungen, bei denen sich die Summe der Abweichungen nach oben und unten nicht ändert, ohne Einfluß bleiben. Bei beiden obigen Verteilungen ist die Summe der Abweichungen nach oben und unten jeweils 48. Ändert sich die Verteilung I so, daß die Abweichung nach oben 48 bleibt und z. b. nicht beide Einkommensempfänger 34, sondern einer 10 (Abweichung 0) und der andere 58 (Abweichung 48) erhalten, so ändert sich das Maß nicht, obwohl diese neue Verteilung ungleichmäßiger ist. Allgemein kann festgestellt werden, daß dieses Verteilungsmaß seinen Wert nicht ändert, wenn Umverteilungen zwischen Einkommensbeziehern erfolgen, deren Einkommen auf derselben Seite des Durchschnittseinkommens liegen. Es mangelt diesem Maß demzufolge an **Aussagefähigkeit**, was in bezug auf ein Verteilungsmaß die Erfüllung der sogenannten **Pigou-Dalton-Bedingung** bedeutet [21]. Diese Bedingung verlangt, daß ein Maß bei einer Umverteilung von einem Reicheren zu einem Ärmeren ein Gleichmäßigerwerden der Verteilung zum Ausdruck bringt.

Standardabweichung

Unter diesem Gesichtspunkt wäre die Standardabweichung der Einkommen, die Quadratwurzel aus der mittleren quadratischen Abweichung [22], als gebräuchliches Streuungsmaß der Statistik geeignet. Es werden dabei durch das Quadrieren der Abweichung größerer Abweichungen stärker gewichtet, und die oben angeführte Umverteilung führt zu einem Ansteigen der Standardabweichung von $S_I = 12$ auf $S_I = 16$. Beim Vergleich der Verteilungen I und II wird die Verteilung II durch die Standardabweichung von $S_{II} = 11$ als gleichmäßiger bezeichnet. Die große

---

[21] Vgl. Sen, A.: On Economic Inequality, S. 27f. Oxford 1973.

[22] $S = \sqrt{\dfrac{\sum_{i=1}^{n}(y_i - \bar{y})^2}{n}}.$

Abweichung der hohen Einkommen in Verteilung I (2 × 24) überwiegt also die häufigere, aber doch geringere Abweichung von 8 der unteren Einkommen in Verteilung II.

Variationskoeffizient (V)

Indessen scheint auch die Standardabweichung als Verteilungsmaß wenig geeignet. Werden nämlich alle Einkommen verdoppelt, so verdoppelt sich auch die Standardabweichung. Bei der Messung der Einkommensverteilung hat es sich jedoch eingebürgert, Verteilungen, bei welchen die Einkommensverhältnisse übereinstimmen, als in gleichem Maße gleich bzw. ungleich anzusehen, was auch als ‚Gesetz von Bresciani-Turroni' bezeichnet wird. Die Forderung nach Erfüllung der **Bresciani-Turroni-Bedingung**, die bedeutet, daß ein Verteilungsmaß unempfindlich gegenüber proportionalen Transformationen sein soll, schließt die Berücksichtigung des Einkommensniveaus bei der Verteilungsmessung aus. Dies ist nicht unbedenklich, soll das Verteilungsmaß zur Wohlstandsmessung herangezogen werden. In der Tat wird bei internationalen Vergleichen immer wieder bedauert, daß mit der Tatsache eines niedrigen Prokopfeinkommens auch der Zustand einer äußerst ungleichmäßigen Verteilung zusammentrifft. Ferner wird angeführt, daß in wachsenden Volkswirtschaften mit steigendem Prokopfeinkommen bei gleicher Verteilung der relativen Einkommen die absoluten Einkommensunterschiede zunehmen[23]. Diese absoluten Einkommensunterschiede fallen den Einkommensempfängern im Vergleich eher auf als die Relationen, so daß bei gleichen Relationen in wachsenden Wirtschaften mit steigenden absoluten Einkommensunterschieden die Unzufriedenheit mit der Verteilung zunimmt. Da einerseits dieser Mangel durch ergänzende Angabe eines Durchschnittseinkommens behoben werden kann, andererseits Verteilungsmaße, die nur die Einkommensrelationen berücksichtigen, im intertemporalen und internationalen Vergleich keine Umrechnung auf vergleichbare Absolutwerte erfordern, scheint die obige Forderung nach Erfüllung der Bresciani-Turroni-Bedingung sinnvoll.

Der Übergang von der Standardabweichung der absoluten Differenzen zur Standardabweichung der relativen Differenzen führt zum Variationskoeffizienten V als Verteilungsmaß[24]. Er ergibt sich auch, wenn die Standardabweichung durch das arithmetische Mittel der Verteilung dividiert wird. Er weist, abgesehen von seiner Unempfindlichkeit bei proportionalen Änderungen, dieselben Eigenschaften

---

[23] Vgl. Bombach, G.: Neue Dimensionen der Lehre von der Einkommensverteilung, a.a.O., S. 18ff.

[24] $\sqrt{\dfrac{\sum\limits_{i=1}^{n}(y_i-\bar{y})^2}{n}} = \sqrt{\dfrac{\sum\limits_{i=1}^{n}(y_i-\bar{y})^2}{\dfrac{\bar{y}^2}{n}}} = \dfrac{\sqrt{\dfrac{\sum\limits_{i=1}^{n}(y_i-\bar{y})^2}{n}}}{\bar{y}} = \dfrac{S}{\bar{y}} = V.$

wie die Varianz auf, klassifiziert somit die Verteilungen I und II mit den Variationskoeffizienten $V_I = 1,2$ und $V_{II} = 1,1$ in derselben Weise.

Bereits weiter oben wurde darauf hingewiesen, daß Verteilung I von der Standardabweichung und damit auch vom Variationskoeffizienten deshalb als ungleichmäßiger bezeichnet wird, weil die große Abweichung zweier Einkommen von 24 nach oben durch das Quadrieren die sechsmal auftretenden Abweichungen von 8 nach unten in Verteilung II überkompensiert. Es ist jedoch bei einem Verteilungsmaß nicht unbedingt wünschenswert, wenn gleiche absolute Umverteilungen unabhängig von der Einkommenshöhe der Betroffenen gleich gewichtet werden[25]. Die Tatsache, daß der Variationskoeffizient eine Einkommensübertragung von einer Person mit Einkommen y zu einer mit Einkommen $y - b$ unabhängig von der Einkommenshöhe in gleicher Weise berücksichtigt, scheint allgemeinen Nutzenvorstellungen zu widersprechen[26].

Standardabweichung der logarithmierten Einkommen (L)

Hier tritt nun deutlich in Erscheinung, daß bei der Verteilungsmessung der Nutzen des Einkommens zwischen Personen verglichen werden muß. Die Einsicht von Wissenschaftlern, Nutzen sei interpersonell nicht vergleichbar, täuscht nicht darüber hinweg, daß Einkommen und deren Nutzen tatsächlich dauernd verglichen werden, daß es in gewissen Grenzen allgemeine Vorstellungen von Nutzenfunktio-

---

[25] Beim Vergleich der Verteilungen I und II scheint die größere Ungleichheit der Verteilung I bei den höheren Einkommen, bei denen zwei Einkommensbezieher das 3,4fache des Durchschnittseinkommens beziehen statt des 3fachen bei Verteilung II, gering. Hingegen erhalten bei Verteilung II 60% der untersten Einkommensbezieher jeweils nur ⅓ des Durchschnittseinkommens, während sie in Verteilung I ⅔ beziehen.

[26] In Anlehnung an das obige Beispiel mit einem arithmetischen Mittel von 10 würde somit eine Umverteilung von einer Einkommenseinheit von einem Einkommensempfänger mit Einkommen 4 zu einem mit Einkommen 2 die Summe der quadrierten Abweichungen genauso abnehmen lassen, wie wenn ein Einkommensbezieher mit Einkommen 32 eine Einheit an einen mit Einkommen 30 abgibt. Im ersteren Fall tragen die Einkommen von 2 und 4 vor der Umverteilung $64 + 36 = 100$ zur Summe der quadrierten Abweichungen bei und nach der Umverteilung die Einkommen von 3 und 3, $49 + 49 = 98$, also zwei Einheiten weniger. Für die Umverteilung bei den höheren Einkommen ergibt sich für die Einkommen 32 und 30 vor Umverteilung ein Beitrag von 400 bzw. 484, insgesamt also 884 und nach der Umverteilung für das bei beiden gleiche Einkommen von 31 ein Beitrag von $441 + 441 = 882$. Auch hier verringert sich die Summe der quadrierten Abweichungen um 2 Einheiten.

Da im ersten Fall jedoch das Einkommen eines schlechter gestellten um 50%, im zweiten Fall nur um rund 3% zunimmt, wird der Beitrag der Umverteilung bei den niedrigeren Einkommen zur Angleichung höher eingeschätzt, müßte demzufolge diese Umverteilung das Maß stärker abnehmen lassen als die zweite.

nen gibt und daß die Einkommensverteilung eine entscheidende Äußerung sozialer Gerechtigkeit darstellt und entsprechend vom Politiker zu beurteilen ist. Für die Berechnung von Verteilungsmaßen genügt allerdings nicht allein die Möglichkeit des interpersonellen Nutzenvergleichs, sondern es müssen darüber hinaus bestimmte Nutzenfunktionen angenommen werden. Fast immer wird auch die noch weitergehende Annahme einer gleichen Nutzenfunktion für alle Individuen getroffen, was jedoch für die Verteilungsmessung nicht notwendig ist.

Unmerklich wurde also bei der Berechnung des Variationskoeffizienten eine für alle Individuen gleiche Nutzenfunktion unterstellt, welche allgemeinen Vorstellungen widerspricht. Diese von der Einkommenshöhe unabhängige gleiche Gewichtung gleicher Umverteilungsbeträge bedeutet, daß von einem konstanten Grenznutzen des Einkommens ausgegangen wird. Mit anderen Worten: Eine Einkommenssteigerung um eine Einheit, die bei einem Einkommen von 1 eine Verdoppelung und bei einem Einkommen von 100 eine Zunahme um 1% bedeutet, wird in beiden Fällen als gleiche Nutzenzunahme dargestellt. Im allgemeinen wird indessen angenommen, daß mit zunehmender Sättigung durch ein Gut — hier das Einkommen — die durch die zusätzliche Einheit des Gutes bedingte Nutzenzunahme abnimmt. Diese weit verbreitete Vorstellung von einer Nutzenfunktion abnehmenden Grenznutzens wurde von Gossen als erstem formuliert und seither als 1. Gossensches Gesetz bezeichnet.

Für die Berechnung eines Verteilungsmaßes genügt eine dermaßen allgemeine Aussage über die Krümmung der Nutzenfunktion (abnehmender Grenznutzen bedeutet negative erste Ableitung und damit Rechtskrümmung der Nutzenfunktion) nicht, sondern es muß eine Festlegung auf einen bestimmten Funktionstyp erfolgen. Der gebräuchlichste Verlauf der Nutzenfunktion ist der dem Weber-Fechnerschen Gesetz entsprechende. Hierbei geht man davon aus, daß gleiche relative Zunahmen beispielsweise des Einkommens gleiche absolute Nutzenzunahmen darstellen. Angewandt auf das obige Beispiel müßten sich somit beide Einkommen verdoppeln, im einen Fall von 1 auf 2, im anderen von 100 auf 200 steigen, sollen diesen Änderungen gleiche Nutzenzunahmen entsprechen. Gleiche relative Zunahmen bei Variablen äußern sich als gleiche absolute Zunahmen ihrer Logarithmen, weshalb eine solche Nutzenfunktion in der Form

$$U = a \ln y$$

geschrieben werden kann, d. h. der Nutzen ist direkt proportional dem Logarithmus des Einkommens. Das Streuungsmaß, das diesen Nutzenvorstellungen entsprechend die Einkommensverteilung als Nutzenstreuung mißt, ist mit der Standardabweichung der logarithmierten Einkommen L zugleich einer der Parameter von Gibrats Lognormalverteilung. Darin besteht nun ein weiterer Vorteil dieses Maßes. Werden nämlich die Standardabweichung S oder der Variationskoeffizient V mit den entsprechenden Verteilungen in Zusammenhang gebracht, so entspricht ihnen die symmetrische Normalverteilung. Der Standardabweichung L hingegen wäre die Lognormalverteilung zuzuordnen, die der Schiefe der tatsächlichen Häufigkeitsverteilung gerecht wird und zur Darstellung letzterer besser geeignet erscheint.

Das Maß L kann mit **unterschiedlichen Mittelwerten** berechnet werden. Entsprechend der Formel müßte ihm das **arithmetische Mittel** der logarithmierten Einkommen zugrunde liegen, was leicht als arithmetisches Mittel der Nutzen gedeutet werden könnte. Dieser Logarithmus entspricht dem des **geometrischen Mittels**, das jedoch als unanschaulich gilt. Daher wird diese Standardabweichung im folgenden auf den Logarithmus des arithmetischen Mittels bezogen. Die Bezeichnung ‚Standardabweichung der logarithmierten Einkommen' wird genau genommen durch diese Umdeutung unzutreffend.

Das Zurückgreifen auf das arithmetische Mittel bei der Berechnung von L macht dieses Maß zwar anschaulicher, es muß jedoch bedacht werden, daß das arithmetische Mittel zur Beschreibung der Einkommensverteilung ungeeignet ist. Bei der typischen Gestalt der Verteilungskurve stellt es sich meist so dar, daß 70 % der Einkommensempfänger weniger als das arithmetische Mittel verdienen[27], so daß zur Charakterisierung aus diesem Grunde der Modus, der häufigste Wert, geeignet wäre. Dieser Mittelwert wird eher dem Bild von einem durchschnittlich verdienenden Einkommensempfänger entsprechen als z. B. das arithmetische Mittel. Da der **Modus** im allgemeinen geschätzt werden muß und stark von der Klassenbreite der jeweiligen Statistik abhängt, würde ein auf ihm beruhendes Maß L zu empfindlich auf Änderungen der Klassenbreite reagieren. Da weiterhin das geometrische Mittel bei der typischen Schiefe näher beim Modus liegt als das arithmetische, wäre die Standardabweichung der logarithmierten Einkommen streng definiert das sinnvollere Maß.

Um nun auf das Maß L zurückzukommen, das im weiteren dem üblichen Gebrauch entsprechend als Streuung um den Logarithmus des arithmetischen Mittels berechnet wird, zeigt sich, daß nunmehr beim Vergleich der Verteilungen I und II Verteilung I mit $L_I=0{,}99$ gegenüber Verteilung II mit $L_{II}=1{,}35$ als die gleichmäßigere eingestuft wird. Dies erklärt sich daraus, daß die niedrigsten Einkommen in Verteilung II mit der Differenz $(\ln 2 - \ln 10) = -1{,}609$ sehr stark berücksichtigt werden, zumal diese Differenz sechsmal auftritt. Die stärkere Einkommensungleichheit der Verteilung I bei den höheren Einkommen schlägt mit $(\ln 34 - \ln 10) = 1{,}223$ weniger zu Buche, vor allem weil diese Differenz nur zweimal auftritt. Die Tatsache, daß im Fall II sechs Einkommensbezieher $\frac{1}{5}$ des Durchschnittseinkommens beziehen, fällt also stärker ins Gewicht als das zweimalige Auftreten des 3,4fachen des Durchschnittseinkommens in Verteilung I.

Diese stärkere Gewichtung von Verteilungsänderungen im unteren Einkommensbereich und die entsprechende Nutzenfunktion scheinen zwar sinnvoll, sind aber in mehrfacher Hinsicht nicht unproblematisch.

---

[27] Im Lorenzdiagramm läßt sich die Lage des arithmetischen Mittels als der Punkt erkennen, an dem die Lorenzkurve parallel zur Diagonalen verläuft.

Da Logarithmen von 0 und negativen Zahlen nicht definiert sind, gestattet L nicht die Erfassung von Verlusten. Ferner kann die extreme Empfindlichkeit auf Einkommensänderungen im unteren Bereich unerwünscht sein, da diese Einkommen oft stark schwankende Nebenverdienste von Rentnern oder Haushalten sein dürften.

Des weiteren muß bedacht werden, daß L weder sonderlich anschaulich noch unbedingt der Pigou-Dalton-Bedingung genügt. Wenn nämlich eine Umverteilung eines gleich großen Betrages von einem etwas über dem Durchschnitt Verdienenden zu einem sehr Reichen erfolgt, so kann das Quadrieren der Logarithmen die Erfüllung der erwähnten Bedingung nicht garantieren. Die Umverteilung desselben Betrages bewirkt nämlich bei dem weniger Reichen eine verhältnismäßig große relative Änderung und damit eine stärkere Vergleichmäßigung der Einkommensverteilung, während derselbe Betrag das Einkommen des sehr Reichen anteilmäßig nur wenig ändert und demzufolge das so verstandene Ungleichmäßigerwerden der Verteilung kaum zu Buche schlägt.

Dieses läßt sich anhand von Verteilung I wie folgt erläutern. Vor der Umverteilung treten die Einkommen 34 zweimal auf und tragen zur Summe der Abweichungsquadrate der logarithmierten Einkommen gemäß

$$2X(\ln 34 - \ln 10)^2 = 2X(3{,}526 - 2{,}302)^2 = 2X(1{,}223)^2 = 2{,}995$$

bei. Eine Umverteilung von 4 Einheiten zwischen diesen Verdienern führt je einmal zu den Einkommen von 30 und 38, die Verteilung ist ungleicher geworden. L nimmt jedoch ab, da

$$(\ln 30 - \ln 10)^2 + (\ln 38 - \ln 10)^2 = (3{,}401 - 2{,}302)^2 + (3{,}637 - 2{,}302)^2$$
$$= (1{,}099)^2 + (1{,}335)^2 = 2{,}989$$

kleiner als der entsprechende Wert oben ist. Während oben beide Einkommen durch die Differenz der logarithmierten Einkommen von 1,223 gekennzeichnet waren, bedingt die Abnahme um 4 beim ersten eine mit 1,099 stärker zum Ausdruck kommende Vergleichmäßigung als die Zunahme auf 1,335 beim Reicherwerdenden, was selbst durch das Quadrieren nicht vermieden werden kann. Auch eine weitere Umverteilung vom nunmehr Ärmeren zum Reicheren um 13 Einheiten, so daß diese danach 17 und 41 als Einkommen erhalten, wird von L als Vergleichmäßigung angegeben. Dennoch hat sich L bei der Verteilungsmessung häufiger durchsetzen können als der Variationskoeffizient.

Gini-Koeffizient (G)

Das gebräuchlichste Maß stellt der bereits im Zusammenhang mit der Lorenzkurve auf S. 31 besprochene Konzentrationsindex von Gini dar. Entsprechend dieser Definition liegt keine Einkommenskonzentration vor, wenn alle Einkommensbezie-

Maße der personellen Einkommensverteilung

her das gleiche Einkommen beziehen. Im Falle der Darstellung der Häufigkeitsverteilung erfolgt bei Gleichverteilung eine Konzentration der Häufigkeiten auf einen einzigen Merkmalswert. Konzentration, bezogen auf die Darstellung in der Häufigkeitsverteilung, bedeutet folglich geringe Streuung, meint somit etwas anderes als Konzentration definiert nach der Lorenzkurve.

Die Lorenzkurve und der ihr entsprechende Gini-Koeffizient genügen den oben erwähnten Forderungen weitestgehend. Die Daten werden vollständig erfaßt, und die Darstellung ist anschaulich. Ferner reagiert das Maß nicht auf proportionale Änderungen, weil es nur auf %-Anteilen aufbaut, und weiterhin läßt sich zeigen, daß es der Pigou-Dalton-Bedingung genügt. Schwierigkeiten ergeben sich dann,

Verteilung I

Verteilung	kumulierte Verteilung	kumulierte Gleichvert.	Differenz	Koeffizient
4	4	10	6	
4	8	20	12	
4	12	30	18	
4	16	40	24	
4	20	50	30	$G_I = \frac{240}{550} = 0{,}436$
4	24	60	36	
4	28	70	42	
4	32	80	48	
34	66	90	24	
34	100	100	0	
∑ 100	310	550	240	

Verteilung II

Verteilung	kumulierte Verteilung	kumulierte Gleichvert.	Differenz	Koeffizient
2	2	10	8	
2	4	20	16	
2	6	30	24	
2	8	40	32	
2	10	50	40	$G_{II} = \frac{272}{550} = 0{,}494$
2	12	60	48	
14	26	70	44	
14	40	80	40	
30	70	90	20	
30	100	100	0	
∑ 100	278	550	272	

wenn die bei diesem Maß dem interpersonellen Nutzenvergleich zugrundeliegende Nutzenfunktion hinsichtlich ihrer Plausibilität untersucht werden soll. Bevor jedoch hierauf weiter eingegangen wird, soll zunächst G für die Verteilung I und II berechnet und erläutert werden[28].

Die Berechnung des Gini-Koeffizienten erfolgt gemäß der obigen Tabelle, indem die Differenzen zwischen der vorliegenden kumulierten Verteilung und der entsprechenden kumulierten Gleichverteilung (Gleichverteilung bei gleichem Gesamteinkommen) addiert und durch die Summe der kumulierten Gleichverteilung dividiert werden[29]. G ergibt sich folglich als Quotient der Spaltensumme der 4. Spalte dividiert durch die der 3. Spalte. Es läßt sich hieraus erkennen, daß die Position der entsprechenden Einkommensbezieher für die Gewichtung einer Umverteilung entscheidend ist. Überträgt der Zweitreichste von Verteilung II 4 Einkommenseinheiten an den Drittreichsten, so ändern sich die letzten drei Zeilen und die Spaltensummen der Tabelle wie folgt:

18	44	80	36
26	70	90	20
30	100	100	0
$\sum$ 100	282	550	268

Der neue Gini-Koeffizient beträgt nunmehr $\frac{268}{550}=0{,}487$.

Erfolgt hingegen eine Umverteilung vom Zweitreichsten auf den Fünftreichsten, so sehen die letzten fünf Verteilung II entsprechenden Zeilen und die Spaltensummen folgendermaßen aus:

6	16	60	44
14	30	70	40
14	44	80	36
26	70	90	20
30	100	100	0
$\sum$ 100	290	550	260

Als Gini-Koeffizient ergibt sich folglich $\frac{260}{550}=0{,}472$.

Es wird deutlich, daß der umverteilte Betrag der Differenz in der Rangfolge der Betroffenen entsprechend bei der Umverteilung vom Zweit- zum Drittreichsten

---

[28] Darstellung in Anlehnung an: Boulding, K. E.: Equality and Conflict. In: The Annals of the American Academy of Political and Social Science (ed. Lambert, R. D., Heston, A. W.), p. 3. Philadelphia 1973.

[29] Dieses Rechenverfahren ist nicht das in der Praxis übliche. Siehe hierzu die statistischen Formelsammlungen.

nur einmal, bei der vom Zweit- zum Fünfreichsten hingegen dreimal bei der Kumulation berücksichtigt und demgemäß gewichtet wurde. Zunächst scheint diese Gewichtung kaum plausibel. Sie kann indessen dann als sinnvoll angesehen werden, wenn unterstellt wird, daß die durch Umverteilungen bewirkten Wohlfahrtsänderungen durch den paarweisen Vergleich aller Einkommen zustande gekommen sind. Das muß in der Weise geschehen sein, daß bei jedem Vergleich eines weniger Verdienenden mit den Einkommen aller besser Verdienenden dessen Wohlfahrtsminderung proportional zu den jeweiligen Differenzen mit den Einkommen aller besser Verdienenden ist. Im Falle der Umverteilung vom Zweit- zum Drittreichsten hat der Abstand des letzteren zu den beiden Reicheren um je 4, insgesamt also um 8 Einheiten abgenommen, der des Zweitreichsten dagegen um 4 zugenommen. Das Maß ändert sich entsprechend dem Saldo von 4. Bei der Umverteilung vom Zweit- zum Fünftreichsten dagegen verbesserte sich die Position des letzteren gegenüber vier Reicheren um je 4, insgesamt also um 16 Einheiten, und bei Abzug der Verschlechterung beim Zweitreichsten ergibt sich ein Saldo von 12. Diese Überlegungen sollten zum besseren Verständnis nochmals an der obigen Erläuterung des Rechenganges nachvollzogen werden.

Vergleich der Maße V, L und G

Für die Beurteilung der Lage zwischen zwei Individuen wird demzufolge wie beim Variationskoeffizienten eine Nutzenfunktion konstanten Grenznutzens unterstellt, denn die jeweiligen Differenzen behalten ihr Gewicht unabhängig von der Einkommenshöhe der von der Umverteilung Betroffenen. Durch den einseitigen Vergleich mit den besser Verdienenden und die entscheidende Bedeutung der Rangfolge werden jedoch die Verteilungsänderungen in den unteren Einkommensklassen, der größeren Zahl der besser Verdienenden entsprechend, stärker gewichtet. Das Maß G liegt so hinsichtlich seiner Empfindlichkeit auf Umverteilung in verschiedenen Bereichen zwischen den Maßen L und V. Bei der Schiefe der Häufigkeitsverteilung der Einkommen beurteilen G und L Verteilungsänderungen meist gleich, wie sich auch in bezug auf die Beurteilung der Verteilungen I und II zeigt, wo G wie auch L die Verteilung I als gleichmäßigere bezeichnen.

G hat hingegen bei allen Vorzügen im Vergleich zu V und L den Nachteil, daß bei der Aggregation von Teilverteilungen zu einer Gesamtverteilung das Maß neu berechnet werden muß, da sich eine völlig andere Rangfolge ergibt. Für die V und L hingegen existieren einfache Rechenverfahren, um aus den Maßen für Teilverteilungen das Maß für die gesamte Verteilung zu bekommen. Aus diesem Grunde empfiehlt es sich, bei der Erklärung der Einkommensstreuung durch die Streuung der Bestimmungsgründe die Maße V oder L zu verwenden.

Außer den Typen V, L und G beziehen sich in jüngster Zeit Veröffentlichungen auch auf das informationstheoretisch begründete **Theilsche Entropie-Maß**[30]. Die

---

[30] Vgl. Pedau, K. D.: Informationstheoretisch begründete Messungen von Einkommensdisparitäten. Statistische Hefte, Vol. 13, S. 270 ff (1972).

Herleitung dieses Maßes ist nicht einfach, die entsprechende Formel kaum anschaulich zu deuten[31].

Normative Ansätze

Die bislang skizzierten Maße sollen die Einkommensverteilung nur beschreiben helfen und werden aus diesem Grund meist als positive Maße bezeichnet, obwohl ihnen mit der notwendigen Annahme einer Nutzenfunktion für den interpersonellen Nutzenvergleich immer ein Werturteil zugrunde liegt. Als normative Maße werden demgegenüber solche verstanden, die eine gegebene Einkommensverteilung im Hinblick auf eine als optimal bezeichnete Verteilung beurteilen.

Als optimale Verteilung wird dabei meist die Gleichverteilung verstanden, was sich dann logisch ergibt, wenn davon ausgegangen wird, daß:

1. sich die gesamte Wohlfahrt als Summe des individuellen Nutzens ergibt und dieser nur vom eigenen Einkommen abhängt,

2. alle individuellen Nutzenfunktionen übereinstimmen,

3. diese Nutzenfunktionen solche abnehmenden Grenznutzens sind.

Werden von einem besser Verdienenden zu einem schlechter Verdienenden gleiche Beträge umverteilt, so ist die Nutzenzunahme beim letzteren immer größer als die Nutzenabnahme beim besser Verdienenden. Da der Gesamtnutzen sich als Summe dieser Nutzen ergibt, steigt die auf Verteilungsänderungen zurückzuführende Wohlfahrt so lange, bis im Falle der Gleichverteilung deren Umverteilungen nicht mehr möglich sind.

Problematisch an diesem Konzept ist indessen nicht nur die Annahme sozial unabhängiger individueller Nutzen, sondern auch die, daß unterstellt wird, das Einkommensniveau sei entweder unabhängig von der Einkommensverteilung oder aber es sei ohne Einfluß auf die so definierte Wohlfahrt.

Entsprechend dem Konzept der normativen Verteilungsmaße schlägt Dalton[32] vor, die Summe der individuellen Nutzen durch den maximalen Nutzen bei Gleichverteilung zu dividieren. Bei einer bestimmten Nutzenfunktion (z. B.: $U = a \ln y$) steht somit im Zähler die Summe der individuellen Nutzen gemäß der Nutzenfunktion ($\sum a \ln y_i$) und im Nenner das der Zahl der Einkommensempfänger gemäße n-fache des dem arithmetischen Mittel der Einkommen entsprechenden Nutzens ($n \ln \bar{y}$). Für den Fall der oben in Klammer angeführten Nutzenfunktion vom Weber-Fechner-Typ gleicht dieses Maß sehr dem von Champernowne[33]. Während

---

[31] Vgl. Sen, A.: a. a. O., S. 35 ff.
[32] Vgl. Sen, A.: On Economic Inequality, a.a.O., S. 37ff.
[33] Vgl. Champernowne, D. G.: The Distribution of Income between Persons, S. 28 ff. London 1973.

Daltons Konzept für solche Nutzenfunktionen das Verhältnis der Logarithmen von geometrischem und arithmetischem Mittel ergibt, kommt Champernowne auf anderem Wege zu einem Maß, bei dem die Differenz zwischen arithmetischem und geometrischem Mittel durch das arithmetische dividiert wird. Dieses Maß nimmt wie V, L und G im Falle der völligen Gleichverteilung den Wert 0 an, während Dalton diesen Fall mit der Zahl 1 charakterisiert. Champernownes Maß läßt sich als relative Abweichung des Mittelwertes der Nutzen (dargestellt durch das geometrische Mittel) vom Mittelwert der Einkommen deuten. Es klassifiziert in der Praxis Verteilungen ähnlich wie die Maße L und G und hat den Vorteil der wesentlich einfacheren Berechnung. Da es jedoch ausschließlich auf Mittelwerten aufbaut, dürfte es recht empfindlich auf das Auftreten extremer Werte (sogenannter Ausreißer) reagieren.

Von Daltons Ansatz ausgehend wurden weitere normative Verteilungsmaße entwickelt, die hier jedoch keine Berücksichtigung mehr finden können[34].

2. Ansätze zur Erklärung der Häufigkeitsverteilung

Im folgenden Abschnitt werden die Ansätze zur Theorie der personellen Einkommensverteilung dargestellt, denen es entsprechend der ursprünglichen Fragestellung Paretos um eine Erklärung der Häufigkeitsverteilung der Einkommen geht[35]. Ein Teil dieser Arbeiten geht dabei davon aus, daß die Ursachen für das spezielle Bild der Häufigkeitsverteilung so mannigfaltig sind, daß letztere nicht auf ökonomische Einzelursachen zurückgeführt werden kann. Die typische Gestalt der Verteilungskurve kommt nach dieser Auffassung durch das zufällige Zusammenwirken unterschiedlichster Ursachen zustande und muß dementsprechend durch einen Zufallsprozeß erklärt werden. Diese Ansätze werden daher im folgenden als streng stochastische bezeichnet.

2.1. Streng stochastische Theorien der personellen Einkommensverteilung

Gibrat glaubte, wie schon Pareto vor ihm, daß sich jedes Streuungsphänomen auf eine Normalverteilung zurückführen lasse[36]. Anhand der Voraussetzungen

---

[34] Siehe hierzu Sen, A.: a. a. O., S. 37 ff.
[35] Vgl. Blümle, G.: Theoretische Ansätze zur Erklärung der personellen Einkommensverteilung, a. a. O., S. 63 ff.
[36] Vgl. Gibrat, R.: a. a. O.

für eine Normalverteilung suchte er zu ergründen, durch welche Abweichung von diesen Bedingungen die zu beobachtenden Verzerrungen zustande kommen.

Gibrat-Verteilung

Drei Bedingungen, mit denen sich Gibrat beschäftigte, sind für die Entstehung einer Normalverteilung notwendig, nämlich daß:

1. die Zahl der verursachenden Größen hoch,
2. deren Wirkung unabhängig voneinander,
3. das Ausmaß der Einzelwirkung im Vergleich zur Summe der Einflüsse klein ist.

Gibrat kam zu dem Ergebnis, daß zwar die 1. und 3. Bedingung beim Zustandekommen der Einkommensverteilung erfüllt sind, jedoch nicht Bedingung 2. Aus Überlegungen über die Lohnbildung folgerte er, daß nicht die absoluten, sondern die relativen Änderungen die stochastischen Komponenten bei der Entstehung der fraglichen Häufigkeitsverteilung sind und damit der stochastische Prozeß gegen eine Normalverteilung der Einkommensrelationen konvergieren müßte. Gibrat schloß daraus, daß die Einkommen einer Lognormalverteilung entsprechend verteilt sind, da sich die Einkommensrelationen in absoluten Differenzen der Logarithmen äußern. Die Empirie schien und scheint diese Theorie, zumindest was den Bereich der häufigeren Einkommen angeht, zu bestätigen. Für die weniger stark besetzten niedrigsten und höchsten Einkommensklassen hingegen stellt die Lognormalverteilung keine befriedigende Anpassung dar, was, wie schon bei Paretos Ansatz um einer besseren Anpassung willen, auch hier zu weiterer Komplizierung geführt hat.

Der Unterschied zwischen der Normal- und der Lognormalverteilung in bezug auf die personelle Einkommensverteilung läßt sich vereinfachend in der Weise formulieren, daß bei ersterer die Zufallseinflüsse additiv wirken, bei letzterer die Ausgangsgrößen durch die Wachstumsraten als Zufallsvariable multiplikativ verändert werden. Tatsächlich scheinen einkommensbestimmende Faktoren jedoch so bewertet zu werden, als ob sie multiplikativ wirkten.

Das Zustandekommen der Lognormalverteilung durch multiplikatives Zusammenwirken der Faktoren kann statisch und dynamisch betrachtet werden. Bei der statischen Betrachtungsweise wird davon ausgegangen, das Einkommen sei ein Produkt einer großen Zahl gleichzeitig simultan wirkender Faktoren (z. B.: der Fähigkeiten). In der dynamischen Betrachtung erfolgen diese Einflüsse in einer zeitlichen Reihenfolge (Begabung, Ausbildung, Training usw.). Zweifelsohne ist die dynamische Betrachtungsweise die realistischere. Dieser Tatbestand, der bei der Beobachtung von Jahrgängen bestätigt wurde, würde es aber erforderlich machen, die Gesamtverteilung als Summe von gegen die Lognormalverteilung konvergierenden Jahrgängen herzuleiten.

Stabilisierte Gibratverteilung

Einen solchen Erklärungsversuch hat Rutherford unternommen[37]. Die Konvergenz dieses stochastischen Prozesses für die verschiedenen Jahrgänge kommt dadurch zustande, daß aus den älteren Jahrgängen mit größer werdender Einkommensstreuung jährlich durch Tod ein bestimmter Anteil ausscheidet. Rutherfords Erweiterung stellt sicherlich einen Schritt zu größerer Realitätsnähe des ursprünglichen Modells dar. Die dabei sich ergebende Verteilung ist eine mit einer Funktion multiplizierte Lognormalverteilung mit insgesamt vier Parametern. Eine Beurteilung, inwieweit die bessere Anpassung zwangsläufig auf der größeren Zahl der Parameter beruht oder dieses Modell bestätigt, ist kaum möglich.

Daß sich in wachsenden Wirtschaften mit stetigen Preissteigerungen durch eine gewisse Streuung der Lohn- und Gehaltsänderungen Gibrat-Prozesse abspielen, trifft sicherlich zu. Auf diese Art das Zustandekommen der Verteilung insgesamt erklären zu wollen, scheint jedoch weit übertrieben. Insbesondere die Annahme der stochastischen Unabhängigkeit der relativen Änderungen ist äußerst problematisch. Sobald nämlich personengebundene Fähigkeiten und Eigenschaften als Ursache unterschiedlicher relativer Änderungen anerkannt werden, sind diese Änderungen für die jeweilige Person nicht mehr voneinander unabhängig. Diesem Problem wird die Herleitung der Verteilungskurve durch einen Markoff-Prozeß eher gerecht[38].

Verteilung aufgrund eines Markoff-Prozesses

Eine solche Darstellung berücksichtigt die Erfahrung, daß die Chancen, in eine höhere Klasse aufzusteigen, je nach der Klasse, in der sich ein Einkommensempfänger bereits befindet, differieren. Dieser Tatbestand wird in einer Matrix der Übergangswahrscheinlichkeiten ausgedrückt, deren einzelne Komponenten P_{ij} die Wahrscheinlichkeit angeben, mit der ein Mitglied der Einkommensklasse i nach einer Periode in Klasse j gelangt.

Bei einer vereinfachten Darstellung anhand der drei Klassen Reiche, Mittelklasse, Arme, die in dieser Reihenfolge durch die Indices 1, 2 und 3 gekennzeichnet werden, bedeutet die Übergangswahrscheinlichkeit $p_{12}=0,3$, daß Mitglieder der reichsten Klasse mit der Wahrscheinlichkeit 0,3 nach einer Periode in die Mittelklasse absteigen, und $p_{31}=0,1$ gibt an, daß die Wahrscheinlichkeit, von der ärmsten in die reichste Schicht zu kommen, 10% beträgt. Es ist offensichtlich, daß bei Zugrundelegen kurzer Zeitintervalle und realistisch differenzierter Einkommensklassen sich die Auf- und Abstiegsmöglichkeiten auf die benachbarten nächsten

---

[37] Vgl. Rutherford, R. S. G.: Income Distribution: A New Model, Econometrica 23, p. 277 ff. (1955).
[38] Die folgende Darstellung orientiert sich an der in: Bronfenbrenner, M.: Income Distribution Theory, a. a. O., p. 54 f.

oder übernächsten Klassen beschränken und die Matrix der Übergangswahrscheinlichkeiten nur in der Umgebung der Hauptdiagonalen mit von 0 verschiedenen Werten besetzt sein wird. Für die weitere Darstellung soll indessen eine vollbesetzte Matrix, wie sie Bronfenbrenner angibt, verwendet werden.

Diese Matrix habe folgendes Aussehen:

	1	2	3
1	0,6	0,3	0,1
2	0,2	0,4	0,4
3	0,1	0,2	0,7

Die größten Werte der Spalten dieser Matrix stehen dabei in der Hauptdiagonalen, was bedeutet, daß die Wahrscheinlichkeit, in der eigenen Klasse zu bleiben, jeweils am größten ist. Definitionsgemäß müssen die Zeilensummen in diesem Schema den Wert 1 ergeben, denn bezüglich der ersten Zeile läßt sich sagen, daß, wer nicht zu den 60% Reichgebliebenen gehört, entweder arm ($p_{13}=0,1=10\%$) geworden sein muß oder nach einer Periode der Mittelklasse ($p_{12}=0,3=30\%$) angehört. Die Zeilenvektoren der Matrix, die nur aus positiven Werten bestehen kann, werden wegen der obenerwähnten Eigenschaft **Wahrscheinlichkeitsvektoren** genannt.

Das Zustandekommen einer Verteilung aus einer Ausgangsverteilung kann nun wie folgt dargestelllt werden.Die Ausgangssituation sei der Fall völliger Gleichverteilung, in dem also 100% der Einkommensempfänger der Mittelklasse angehören. Diese Verteilung läßt sich durch den Wahrscheinlichkeitsvektor $v_0 = (0,0\ 1,0\ 0,0)$ beschreiben. Nach Multiplikation dieses Vektors mit der Matrix der Übergangswahrscheinlichkeiten ergibt sich nach einer Periode der Vektor $v_1 = (0,2\ 0,4\ 0,4)$ der zugleich Zeilenvektor der Mittelklasse ist, weil sich im Ausgangszustand alle Einkommensempfänger in dieser Klasse befanden. Die Berechnung des Verteilungsvektors v_2 für die zweite Periode ist bereits schwieriger, wenn sie ohne Kenntnis der Matrizenrechnung erfolgen soll. Unter Verzicht hierauf soll von Vektor v_2 lediglich die dritte Komponente, die Besetzung der Klasse der Armen, ermittelt werden. Von dem dem Vektor v_1 entsprechenden 20% Reichen befinden sich der Übergangswahrscheinlichkeit $p_{13}=0,1$ gemäß in Periode zwei 2% bei den Ärmsten. Völlig entsprechend werden von den 40% der Mittelklasse 40%, also 15% aller, arm und bleiben von den 40% Armen 70%, somit 28% von allen, arm. Als Summe ergibt sich für die dritte Komponente von v_2 $0,02 + 0,16 + 0,28 = 0,46$.

Es läßt sich nun zeigen, daß Vektoren durch nichtabbrechende Multipikation mit Übergangsmatrizen, die die obenerwähnten Eigenschaften aufweisen, gegen einen Vektor konvergieren, der unabhängig von der Ausgangssituation nur durch die Übergangsmatrix bestimmt ist[39].

Eine Aussage über die Gestalt der Verteilung nach n Perioden kann man nur machen, wenn Annahmen über die Übergangswahrscheinlichkeit der Matrix getroffen werden. Sind die Übergangswahrscheinlichkeiten von Klasse i nach Klasse j von der Differenz $j-i$ abhängig, so läßt sich bei geometrisch zunehmenden Klassenintervallen eine Paretoverteilung herleiten. Sind dagegen die Übergangswahrscheinlichkeiten durch den Quotienten j/i bestimmt, so ergibt sich schließlich eine Lognormalverteilung[40].

So anschaulich der beschriebene stochastische Prozeß auch das Zustandekommen einer bestimmten Verteilung beschreiben mag, so stellt er dennoch keine befriedigende ökonomische Theorie dar. Der Ansatz formuliert letztlich nur eine Aufgabe für den Ökonomen, nämlich die, zu erklären, wie die Übergangswahrscheinlichkeiten zustande kommen, ob bzw. weshalb sie konstant sind und wie sie sich gegebenenfalls beeinflussen lassen. Empirische Untersuchungen in dieser Richtung setzen allerdings Querschnittszeitreihen voraus, in denen die Einkommensentwicklung einzelner Einkommensempfänger im Zeitablauf verfolgt werden kann[41]. Aber selbst wenn solche Übergansmatrizen ermittelt und als im Zeitablauf konstant angesehen werden können, ist damit zwar die Begründung einer bestimmten Verteilungskurve möglich, die eigentlichen Determinanten der personellen Einkommensverteilung offenbaren sich damit jedoch noch nicht. Problematisch an diesem Ansatz scheint ferner, daß er suggeriert, die Aufstiegschancen innerhalb einer Einkommensklasse seien für alle gleich, während in Wirklichkeit nicht allein das Glück, sondern an die Person gebundene Möglichkeiten des Einkommenserwerbs, wie Vermögen, Ausbildung und Begabung, innerhalb der Einkommensklassen streuen und für ihre Besitzer besondere Einkommensentwicklungen ermöglichen.

2.2. *Erklärung der personellen Einkommensverteilung durch die Verteilung von Fähigkeiten und Eigenschaften*

Für die Verteilung der Fähigkeiten und Eigenschaften wird im allgemeinen stillschweigend Normalverteilung angenommen. Dies ist vor allem dann problematisch,

---

[39] Der entsprechende Beweis findet sich anschaulich dargestellt in: Kemeny, J. G., Schleifer, A., Snell, J. L., Thompson, G. L.: Mathematik für die Wirtschaftspraxis, S. 281. Berlin 1966. Die Konvergenz dieses Beispiels wird anhand von Zahlen erläutert in: Bronfenbrenner, M.: Income Distribution Theory, a. a. O., p. 55.

[40] Vgl. Bronfenbrenner, M.: Income Distribution Theory, a. a. O. und die dort angegebene Literatur.

[41] Eine solche Übergangsmatrix für England und Wales vom Jahr 1951 auf 1952 ist dargestellt in: Champernowne, D. G.: a.a.O., p. 251.

wenn, wie beispielsweise im Falle der Intelligenzmessung, das Meßverfahren so angelegt ist, daß sich eine Normalverteilung ergibt, und andererseits bei problemlos meßbaren Eigenschaften, wie dem Körpergewicht, schiefe Verteilungen festgestellt werden[42]. Der Ansatz von Roy erklärt die Schiefe der Verteilung dadurch, daß das Körpergewicht dem Körpervolumen proportional sei und sich letzteres als Produkt dreier normalverteilter Größen, nämlich Größe, Breite und Tiefe, ergebe.

Multiplikatives Zusammenwirken von Fähigkeiten

Die Entstehung einer schiefen Verteilung durch die Multiplikation symmetrischer Verteilungen wurde von Roy auf den Output von Arbeitern übertragen. Er erläutert dieses multiplikative Zusammenwirken von Fähigkeiten an einem einfachen Beispiel. Die Eigenschaften Schnelligkeit — gemessen nach Zahl gefertigter Stücke pro Stunde —, Sorgfalt — gemessen am Anteil gelungener Stücke — und Ausdauer — gemessen als effektive Arbeitszeit — seien symmetrisch verteilt. Die Hälfte von 1000 Arbeitern fertigen 3 Stücke pro Stunde, während von den übrigen jeweils 25% es nur auf 2 oder aber sogar auf 4 Stücke bringen. Unabhängig von der Verteilung der Schnelligkeit sei auch die Sorgfalt symmetrisch verteilt, so daß 25% der Arbeiter nur die Hälfte der Stücke gelingt (0,50), wohingegen 50% der Arbeiter in drei Viertel der Fälle und 25% bei allen Stücken zum geforderten Ergebnis kommen. Die effektive Arbeitszeit betrage bei der Hälfte der Arbeiter 6 Stunden und je bei einem Viertel 4 bzw. 8 Stunden pro Tag. Berechnet werden soll nun die Verteilung der gelungenen Produktion pro Tag auf die Arbeiter. Diese ergibt sich gezwungenermaßen durch Multiplikation der Maßzahlen, die die obenerwähnten Eigenschaften charakterisieren: Tagesleistung in gelungenen Stücken = Zahl der pro Stunde gefertigten Stücke × Anteil der gelungenen Stücke × effektiver Arbeitszeit.

Beispielsweise gelingen einem Viertel der 50% Arbeitnehmer, die 3 Stück pro Stunde fertigstellen, alle Stücke, diese 12,5% bzw. 125 Beschäftigten produzieren folglich 3 gute Stücke pro Stunde. Von diesen arbeiten beispielsweise nur 25% effektiv 8 Stunden, kommen somit rund 31 auf einen Tagesoutput von 24 Stück[43]. An diesem Beispiel wird die problematischste Annahme solcher Berechnungen deutlich, nämlich die der **stochatischen Unabhängigkeit** der Eigenschaften in ihrer Verteilung. So wird unterstellt, daß sowohl von den schnellen als auch von den langsamen Arbeitern jeweils ein Viertel sehr sorgfältig arbeitet, die Hälfte 25% und das restliche Viertel 50% Ausschuß produziert. Hier läge es nahe, eine negative Korrelation anzunehmen, daß nämlich die Langsameren sorgfältiger

---

[42] Vgl. Roy, A. D.: The Distribution of Earnings and Individual Output. Economic Journal, Vol. 60, p. 489 ff. (1950).

[43] Die höchstmögliche Tagesleistung ist entsprechend $4 \times 1{,}00 \times 8 = 32$ Std. und wird von $\frac{1}{4} \times \frac{1}{4} \times \frac{1}{4} = \frac{1}{64}$, also beinahe 16 Arbeitern erreicht.

arbeiten. Zumindest sollte man davon ausgehen, daß die sehr Schnellen und sehr Sorgfältigen kaum 8 Stunden durchhalten.

Werden nun unter der Annahme unabhängig verteilter Fähigkeiten alle möglichen Tagesleistungen und ihre Häufigkeiten berechnet, so ergibt sich die der folgenden Tabelle zu entnehmende Häufigkeitsverteilung.

Produktion an gelungenen Stücken	Anzahl der Arbeiter in dieser Klasse
0 bis 5	15
5 bis 10	328
10 bis 15	313
15 bis 20	234
20 bis 25	94
25 und mehr	15

Diese aus symmetrischen Fähigkeitsverteilungen hergeleitete Outputverteilung zeigt nun überraschende Ähnlichkeit mit der Häufigkeitsverteilung der Einkommen. Das multiplikative Zusammenwirken von Fähigkeiten bedeutet ja eine Addition der Logarithmen und kann, wenn die früher aufgeführten Bedingungen[44] für das Zustandekommen einer Normalverteilung erfüllt sind, eine Lognormalverteilung für die Leistungen und bei demgemäßer Entlohnung auch für die Einkommen erklären.

Korrelation von Fähigkeiten

Roy ist sich darüber im klaren, daß die Multiplikation von Determinanten der Arbeitsleistung nicht immer so zwingend zu begründen ist wie im obigen Beispiel. Er führt indessen an, daß bei Arbeitern unterschiedlicher Leistung im Falle gleicher Invalidität eine Leistungsminderung um einen bestimmten Prozentsatz plausibler erscheint als eine um absolut gleiche Beträge[45]. Ferner ist zu betonen, daß bereits durch multiplikatives Zusammenwirken weniger Bestimmungsgründe eine Tendenz zur Schiefe erzeugt würde, während eine Addition der Variablen eine symmetrische Verteilung bedingen müßte. Auch auf die Problematik der unterstellten stochastischen Unabhängigkeit geht Roy ein, wobei er, wie dies meist geschieht, positive Korrelation zwischen den Fähigkeiten für wahrscheinlich hält. Auf das obige Beispiel bezogen hieße dies, daß die schnelleren Arbeiter zugleich eher sorgfältiger und eher ausdauernder arbeiten. Eine solche positive Korrelation kann durch den entscheidenden Einfluß personengebundener Merkmale wie Alter, Gesundheitszustand und Ausbildung auf die verschiedenen Eigenschaften begründet wer-

---

[44] Siehe hierzu S. 48.
[45] Dieses kommt auch in der BRD durch die Klassifikation der Kriegsbeschädigten nach dem Prozentsatz der Kriegsbeschädigung zum Ausdruck.

den. Bei positiver Korrelation konnte jedoch gezeigt werden, daß bei Übereinstimmung der Fähigkeitsverteilungen im Variationskoeffizienten die Unterschiede, die sich bei der Multiplikation der Verteilungen ergeben, im Vergleich zum Fall der stochastischen Unabhängigkeit nicht gravierend sind[46]. Wirkt sich dagegen diese positive Korrelation derart aus, daß die obige Bedingung stark verletzt wird, so äußert sich dies in einer im Vergleich zur Lognormalverteilung größeren Häufigkeit der höheren Einkommen. Bei den freiberuflich Tätigen, bei denen der Berufserfolg durch die wohl positiv korrelierten Bestimmungsgründe Bekanntheitsgrad, Durchsetzungsvermögen, Begabung, Ausbildung und Vermögen wesentlich bestimmt sein dürfte, läßt sich tatsächlich eine solche Abweichung von der Lognormalverteilung feststellen[47].

Problem der Meßbarkeit

Die Schwächen des Royschen Ansatzes sind allerdings nicht so sehr in der Voraussetzung der stochastischen Unabhängigkeit der verschiedenen Fähigkeiten zu sehen. Problematischer sind für eine Übertragung dieser Theorie auf alle Einkommen Unselbständiger die Voraussetzungen der Meßbarkeit des Outputs, die für eine Bezahlung nach dem Output lediglich bei einem geringen Teil der Arbeitnehmer gegeben ist. Sie erfolgt praktisch nur bei Akkordarbeit, und schließlich bleibt auch die Annahme symmetrisch verteilter Fähigkeiten für eine beachtliche Zahl von Fällen nicht überprüfbar. Letztendlich sind von Roy selbst durchgeführte Tests, die diesen Anforderungen entsprachen, nicht sehr überzeugend ausgefallen[48].

Zufall und multiplikatives Zusammenwirken

Aitchison und Brown halten eine Kombination des Royschen und des Gibratschen Ansatzes für eine gute Erklärungsmöglichkeit der Verteilung insgesamt[49]. Im Gegensatz zu Roy soll dabei nicht von Individuen ausgegangen, sondern die Streuung der durchschnittlichen Leistungseinkommen zwischen homogenen Gruppen erklärt werden. Innerhalb dieser Gruppen ergibt sich dann gemäß dem dynamischen Gibrat-Prozeß ebenfalls eine Lognormalverteilung. Bei lognormalverteilten Durchschnittseinkommen und gleichen Varianzen lassen sich die Einkommen homogener Gruppen zu einer Lognormalverteilung aggregieren. Tatsächlich wird

---

[46] Vgl. Haldane, J. B. S.: Moments of the Distribution of Powers and Products of Normal Variates, Biometrica, p. 226 ff.(1942).

[47] Hierzu Roy, A. D.: The Distribution of Earnings and Individual Output, a. a. O., p. 493, sowie Haldane, J. B. S.: a. a. O., p. 226 ff.

[48] Vgl. Roy, A. D.: A Further Statistical Note on the Distribution of Individual Output, Economic Journal, Vol. 60, p. 831 ff.(1950).

[49] Vgl. Aitchison, J. and Brown, J. A. C.: The Lognormal Distribution, p. 110. Cambridge 1963.

immer wieder festgestellt, daß die Verteilung innerhalb homogener Gruppen schief ist und weitgehend einer Lognormalverteilung entspricht.

Demgegenüber hatte Rhodes innerhalb homogener Gruppen normalverteiltes Einkommen angenommen und dennoch eine der Paretoverteilung entsprechende schiefe Verteilungskurve begründet[50]. Er ging davon aus, daß sich die Erwerbstätigen nach der Zahl der ‚Talente' in homogene Gruppen einteilen ließen, deren Besetzung dabei mit zunehmender Zahl der Talente geometrisch abnimmt. Diese Annahme erscheint als sehr problematisch, zumal der Begriff ‚Talent' nicht näher umrissen wird. Da Rhodes ferner ohne stichhaltige Begründung unterstellt, daß die Entlohnung dieser homogenen Gruppe mit zunehmender Zahl der Talente geometrisch zunehme, gelingt es ihm, eine Paretoverteilung herzuleiten.

Auch wenn die Rechtfertigung der einzelnen Annahmen sehr dürftig ist, so muß doch betont werden, daß Rhodes als erster eine mögliche mathematische Begründung für die Paretoverteilung gesehen hat. Immer dann nämlich, wenn Gruppen gebildet werden können, deren Besetzung mit zunehmendem Gruppenindex geometrisch ab-, deren Durchschnittseinkommen jedoch in derselben Richtung geometrisch zunehmen, kann für das Aggregat dieser Gruppen eine Paretoverteilung hergeleitet werden.

Fähigkeiten und Entfaltungsmöglichkeiten

Wohl durch die Arbeiten Roys angeregt, hat Mayer versucht, dessen Theorie zu verallgemeinern[51]. Im wesentlichen geht es ihm nicht darum, eine bestimmte Gestalt der Verteilungskurve zu entwickeln, sondern lediglich zu zeigen, daß die Einkommensverteilung im Vergleich zur Fähigkeitsverteilung immer die Tendenz zu einer stärkeren Rechtsschiefe aufweist. So besteht seine wesentliche These darin, daß er eine positive Korrelation zwischen der Fähigkeit eines Menschen und seinen Möglichkeiten, diese erfolgreich auszuwerten (Mayer gebraucht den Ausdruck ‚scale of operations'), behauptet. Er erläutert dies am Beispiel zweier Pianisten. Der Bessere verdient dabei mehr, weil mehr Hörer kommen, sein Konzert also in einem größeren Saal stattfindet, und weil außerdem diese auch bereit sind, mehr zu bezahlen.

Formal läßt sich der Zusammenhang wie folgt darstellen. DK seien die durchschnittlichen Stückkosten, die ebenso als konstant gegeben betrachtet werden wie der Stückpreis P des gelungenen Produkts. Die Fähigkeit drückt Mayer mit der Wahrscheinlichkeit W aus, mit der ein Produkt glückt. Das Einkommen pro Einheit ergibt sich als Differenz $P \cdot W - DK$. Das Einkommen pro Periode beträgt dann $Y = N(P \cdot W - DK)$, wenn N die Zahl der pro Periode gefertigten Stücke ist. Die Verteilung des Ausdrucks $(P \cdot W - DK)$ ist bei konstantem P und

---

[50] Vgl. Rhodes, E. C.: The Pareto Distribution of Income, Economica 11, p. 1 (1944).
[51] Vgl. Mayer, T.: The Distribution of Ability and Earnings, Review of Economics and Statistics, Vol. 42, p. 190 ff. (1960).

DK normal, falls W normal verteilt ist (lediglich in der Skala unterscheiden sich die Verteilungen). Ist nun die Stückzahl N mit W positiv korreliert, so weist die Verteilung von Y immer eine stärkere Rechtsschiefe als die Fähigkeitsverteilung auf, sogar unabhängig von deren spezieller Gestalt.

Bedeutung der Einkommenselastizität und der Präferenzen

Ähnlich argumentiert Reder, der zur Erklärung der unterschiedlichen Einkommensstreuung verschiedener Berufsgruppen Angebot und Nachfrage in die Betrachung einbezieht[52]. Er betont, daß Fähigkeiten, die mit der Produktion superiorer Güter verbunden sind, zu um so größerer Einkommensdifferenzierung führen, je höher das Durchschnittseinkommen sowie seine Streuung und je einheitlicher die Präferenzen sind. Superior sind solche Güter, nach denen die Nachfrage bei Einkommenssteigerungen wächst, wobei Reder insbesondere an Dienstleistungen freiberuflicher Tätiger (Künstler, Rechtsanwälte) denkt. Es ist offensichtlich, daß die Nachfrage nach solchen Gütern definitionsgemäß mit steigendem Einkommen besonders zunimmt, was aber auch bei stärkerer Einkommensstreuung, größerer Häufigkeit der höheren Einkommen also, eintritt. In Berufen nun, in denen es durch den Ruf eines Rechtsanwalts oder den Bekanntheitsgrad eines Künstlers zur Vereinheitlichung der Präferenzen, d. h. zu besonderer Nachfrage nach dessen Leistungen kommt, tritt der von Mayer beschriebene ‚scale of operations'-Effekt ein. Die Begünstigten haben nicht nur höhere Preise, sondern zugleich mehr und bessere Kunden und arbeiten oft länger.

Entsprechend führt Reder an, daß beim Fehlen besonderer Maßstäbe für die Leistungsfähigkeit, die entweder direkt meßbar sind oder sich in besonderer Nachfrage ausdrücken, eine Tendenz zur Vereinheitlichung der Einkommen besteht (z. B. im Schuldienst). Klassifikationen des Einkommens nach Hierarchiestufen oder Dienstalter ersetzen dann die erwähnten Kriterien.

Empfindlichkeit auf Qualitätsunterschiede

Als weiteren Maßstab führt Reder die unterschiedliche Empfindlichkeit der Nachfrage auf verschiedene Fähigkeitsausprägungen an. Während diese Sensibilität beim Bankkassier trotz seiner hohen Verantwortung gering ist und in dem Beruf eine geringe Einkommensdifferenzierung besteht, treten diese Unterschiede bei Rechtsanwälten und Ärzten besonders stark auf. Die hohe Einkommensstreuung

---

[52] Vgl. Reder, M. W.: A Partial Survey of the Theory of Income Size Distribution. In: Six Papers on the Size Distribution of Wealth and Income (ed. Soltow, L.), p. 216ff. New York and London 1969.

z. B. bei Ärzten findet hierin ihre Begründung. Fähigkeiten, die die oben aufgeführten Tätigkeiten bzw. Güter charakterisieren, kennzeichnen zugleich das Betätigungsfeld der sogenannten freien Berufe.

Tatsächlich unterscheidet sich die Einkommensverteilung der Selbständigen, die auch die freiberuflich Tätigen einschließt, von der der Unselbständigen dadurch, daß sie stärker streut und die durchschnittlichen Einkommen höher sind.

Mayer erweitert seinen Ansatz in einer Weise, die in diesem Zusammenhang von Interesse ist. Er nimmt an, daß sich die Fähigkeiten einer Person als Vorgesetzter auf eine bestimmte Anzahl Untergebener übertragen lasse, unabhängig von deren Begabung. Ferner geht er davon aus, daß die Fähigkeit einer Person unabhängig von ihrer Stellung in der Hierarchie ist, daß ein Vorgesetzter seine ganze Arbeitszeit auf Kontrolle der Untergebenen verwendet und schließlich, daß keine ‚Nichtarbeitinputs' (speziell also Kapital) auftreten.

Ein Arbeiter der Fähigkeit W_2 hat nun die Möglichkeit, selbst seiner Veranlagung entsprechend zu arbeiten und zu verdienen oder aber (s) Leute mit dem Wert W_1 zu beschäftigen. Stellt er Arbeitskräfte ein, auf die er seine Begabung überträgt, so erhält er als Erlös $s \times W_2$, während sein Aufwand aus seinem entgangenen Einkommen W_2 (er beaufsichtigt ja nur noch) sowie den Lohnkosten $s \times W_1$ besteht. Übersteigt dieser Erlös die Kosten, so wird sich der betreffende Arbeiter selbständig machen.

Die Einkommensverteilung als Ganzes ergibt sich nun nach Mayer durch die Überlagerung zweier Verteilungen. Eine, und zwar die der Unselbständigen, wird dabei entsprechend deren Fähigkeitsverteilung als normalverteilt angenommen, was die Empirie nicht bestätigt. Die Einkommen der Selbständigen hingegen werden der früheren Ableitung gemäß als schief verteilt und ferner durch ein größeres arithmetisches Mittel charakterisiert. Letzteres wird dadurch begründet, daß beim unfähigsten Unternehmer noch die Kosten mindestens dem Ertrag entsprechen müssen, wenn dieser seine Tätigkeit nicht aufgeben soll. Da dieser dem Modell entsprechend bereits fähiger und demgemäß besser verdienend sein muß als seine Beschäftigten und erst bei dessen Einkommen der beschriebene multiplikative Effekt einsetzt, ist für die Einkommen der Selbständigen ein höheres arithmetisches Mittel zu erwarten. Im Gegensatz zur Normalverteilung der Unselbständigeneinkommen werden jedoch die Aussagen, das arithmetische Mittel der Einkommen Selbständiger sei höher und deren Verteilung schiefer, von der Wirklichkeit bestätigt.

Mayers Ansatz enthält trotz der Problematik seiner Annahmen etwas Einleuchtendes, vor allem dann, wenn seine Annahme, Kapital spiele keine Rolle, aufgegeben wird. In Wirklichkeit nämlich stellt ein gewisser Kapitalbestand eine Voraussetzung für die Möglichkeit des Selbständigwerdens dar, den sich allerdings der Fähigere und besser Verdienende eher ersparen kann. Die Möglichkeit der Vermögensbildung bedeutet folglich, unabhängig von der Rolle der Vermögenseinkommen, auf die später noch eingegangen wird, eine Ursache größerer Schiefe.

Einfluß unterschiedlicher Risikopräferenz

Eine ähnliche Herleitung, die Begründung der Schiefe der gesamten Einkommensverteilung durch das Addieren der Verteilungen der Einkommen Selbständiger und Unselbständiger, gibt Friedman[53]. Er unterscheidet die Individuen nach ihrer Risikobereitschaft und bildet eine Klasse der Risikoscheuen, die den unselbständig Tätigen entspricht, und eine der risikofreudigeren Selbständigen. Das Zustandekommen der Verteilung wird als Teilnahme oder Nichtteilnahme an einem Lotteriespiel erläutert. Die größere Zahl der Risikoscheuen erwirbt keine Lose, ihre Einkommen sind gemäß ihren Fähigkeiten symmetrisch verteilt mit einer relativ geringen Streuung. Ein kleinerer Teil kauft Lose, und für diesen ergibt sich durch Erfolg und Mißerfolg eine stärkere Einkommensstreuung. Zwar dürfte sich bei vollständiger Ausschüttung der Einnahmen aus dem Losverkauf das Gesamteinkommen dieser Gruppe anteilsmäßig nicht von dem der anderen unterscheiden, Friedman geht jedoch davon aus, daß die Risikofreudigkeit mit einer Risikoprämie entschädigt wird und somit das arithmetische Mittel der Einkommen in dieser Gruppe höher liegt. Durch Addition dieser beiden symmetrischen Verteilungen, nämlich der einen mit niedrigem arithmetischem Mittel und geringer Streuung und der anderen mit höherem Mittel und größerer Streuung, kann dann die Schiefe der Einkommensverteilung insgesamt veranschaulicht werden. Auch hier ist festzuhalten, daß, um bei Friedmans Beispiel zu bleiben, zum Losverkauf zunächst einmal Startkapital erforderlich ist, dem Vermögen somit die bereits oben geschilderte Rolle, zusätzliche Möglichkeiten zu eröffnen, zukommt. Symmetrische Verteilungen lassen sich, wie bereits erwähnt, für diese beiden Gruppen nicht belegen. Die Tendenzaussage über den Unterschied beider Gruppen hinsichtlich der Einkommensverteilung, was Streuung und arithmetisches Mittel angeht, trifft indessen zu.

Problem der Fähigkeitsmessung

In früheren Beiträgen, in denen die Schiefe der Einkommensverteilungskurve Gegenstand der Untersuchung war, wurde meist unter der Voraussetzung normalverteilter Fähigkeiten auf eine ebensolche Verteilung der entsprechenden Einkommen geschlossen und die Abweichung von der Normalverteilung allein auf die Vermögenseinkommen zurückgeführt[54]. Die Annahme der Normalverteilung für die Fähigkeiten ist allerdings äußerst problematisch, da sie sich häufig der kardina-

---

[53] Vgl. Friedman, M.: Choice, Chance and the Personal Distribution of Income, Journal of Political Economy, Vol. 61, p. 288ff. (1953).

[54] Vgl. Pigou, A. C.: The Economics of Welfare, p. 650ff. London 1920, sowie der Hinweis Pens bezüglich Wicksell in: Pen, J.: Income Distribution, a.a.O., Anmerkung p. 242.

len Meßbarkeit entziehen. So stellt beispielsweise der Intelligenztest lediglich eine Ordinalskala dar, die so geeicht wurde, daß sie für Testzwecke geeignet normalverteilt ist. Wird demzufolge von der Normalverteilung des Intelligenzquotienten (IQ) gesprochen, ist dies eine Aussage über die Intelligenzmessung und nicht über die Intelligenzverteilung.

Der Begriff der Fähigkeit wurde in den angeführten Theorien nicht ausschließlich im Sinne angeborener Fähigkeiten definiert, sondern als Eigenschaft verstanden, die sich bei der Berufsausübung äußert. Folglich können die so verstandenen Fähigkeiten und die Möglichkeit ihrer Verwertung nicht als von Geburt an exogen Gegebenes angesehen werden, sondern müssen als Ergebnis von Erziehung, Ernährung, Ausbildung und finanzieller Ausstattung betrachtet werden. Die für das berufliche Vorankommen entscheidenden Fähigkeiten werden also nicht nur biologisch, sondern auch nach der Geburt durch Familie und Gesellschaftsschicht vererbt. Bei der offenkundigen positiven Korrelation der verschiedenen, die Fähigkeitsentwicklung begünstigenden Faktoren muß die Annahme normalverteilter Fähigkeiten als äußerst problematisch angesehen werden. Die positive Korrelation zwischen IQ und sozialer Schicht für Erwachsene und Kinder unterscheidet sich, wie den beiden Übersichten in Tabelle 9 zu entnehmen ist, wenig. Die definitionsgemäße Normalverteilung des IQ kommt in den letzten Zeilen beider Übersichten zum Ausdruck.

Bei positiver Korrelation der Bestimmungsgründe für das Berufsleben wichtiger Fähigkeiten dürften diese somit ebenfalls eher rechtsschief verteilt sein.

Ausmaß ‚biologischer' Einflüsse

Für den Wirtschaftspolitiker bleibt in diesem Zusammenhang natürlich von ausschlaggebender Bedeutung, wie groß der Einfluß biologisch vererbter, sich dem direkten Einfluß entziehender Fähigkeiten auf die Einkommensstreuung ist. Jencks Schätzung, daß nämlich 45% der Einkommensstreuung der biologischen Vererbung, 35% den Umwelteinflüssen und die übrigen 20% dem Umstand zuzuschreiben sind, daß Familien mit günstigen Umweltbedingungen auch genetisch begünstigte Kinder haben, scheint die Möglichkeit der Politiker zu pessimistisch zu sehen[55]. Es gilt allerdings auch zu bedenken, daß der Einfluß des ‚Familienhintergrundes', den Jencks auf 15% der Einkommensvarianz schätzt, ebenfalls nur schwer zu verringern sein dürfte, ohne in einen Konflikt mit den Zielvorstellungen hinsichtlich der Familie selbst zu kommen[56]. Auf den Einfluß der Ausbildung soll nun im folgenden eingegangen werden.

---

[55] Vgl. Jencks, C.: a.a.O., S. 104.
[56] Vgl. ebenda, S. 116ff. sowie S. 241ff.

2.3. Bildungstheoretische Ansätze der personellen Einkommensverteilung[57]

Mincer[58] geht in einem einfachen Modell davon aus, daß sich die Kosten der Ausbildung im wesentlichen durch das entgangene Einkommen während der Ausbildungszeit (s) ergeben und sich folglich auch durch letztere ausdrücken lassen. Nach abgeschlossener Ausbildung soll keine Weiterbildung mehr erfolgen, und das Einkommen (y) bleibt während des Berufslebens konstant. Beträgt die Dauer der Berufstätigkeit n Jahre und der kalkulatorische Zinsfuß für alle $r\%$, so läßt sich der Kapitalwert V — die Summe aller auf einen Zeitpunkt diskontierten Erträge einer Investition, hier der Bildungsinvestition — in kontinuierlicher Schreibweise durch folgende Formel darstellen[59]:

$$V = y \int_s^{s+n} e^{-rt} dt = \frac{1}{r} y e^{-rs}(1 - e^{-rn}).$$

Für das Verhältnis zweier Einkommen mit verschiedener Ausbildungsdauer und unterschiedlicher Dauer der Berufstätigkeit ergibt sich demnach:

$$\frac{y_2}{y_1} = \frac{e^{-rs_1}(1 - e^{-rn_1})}{e^{-rs_2}(1 - e^{-rn_2})}.$$

Bildungsausgaben und Einkommensstreuung

Wird das Einkommen, das ohne jede Ausbildung möglich ist, als Basis verwendet und mit y_0 bezeichnet, ergibt sich aus der obigen Formel der Ausdruck

$$y = y_0 e^{rs} \quad \text{bzw.} \quad \log y = \log y_0 + rs,$$

wenn davon ausgegangen wird, daß die Dauer beruflicher Tätigkeiten n_i im Vergleich zu den Ausbildungszeiten s_i groß ist oder die n_i für verschiedene Individuen annähernd gleich sind.

---

[57] In diesem Zusammenhang sei auf den ausgezeichneten Überblicksartikel von Mincer hingewiesen: Mincer, J.: The Distribution of Labor Incomes: A Survey. With Special Reference to the Human Capital Approach. The Journal of Economic Literature, Vol. 8, p. 1f. (1970).

[58] Vgl. Mincer, J.: Investment in Human Capital and Personal Income Distribution. The Journal of Political Economy, Vol. 66, p. 281f. (1958).

[59] Vgl. Hax, H.: Investititionstheorie. S. 10ff. Würzburg - Wien 1970.

Dieser einfachen Formel entsprechend kann bei konstantem Zins die Einkommensstreuung als Ergebnis der Streuung der Ausbildungsdauer bestimmt werden. Weist deren Verteilung keine extreme Linksschiefe auf, so ist es möglich, auf diese Weise die Rechtsschiefe der Einkommensverteilung zu erklären. Im Falle einer Normalverteilung der Ausbildungszeit wäre so eine Lognormalverteilung der Einkommen zu begründen. In Wirklichkeit dürfte bereits die Verteilung der Ausbildungszeiten rechtsschief sein. Bei alternativem Zinsniveau wirken sich höhere Zinsen entsprechend dem multiplikativen Zusammenhang in obiger Formel verstärkend auf die Einkommensstreuung aus.

Empirische Untersuchungen zu diesem Ansatz kamen zu unterschiedlichen Ergebnissen, wobei für Gruppen, die hinsichtlich der Berufserfahrung homogen waren, realistische Schätzungsergebnisse erzielt werden konnten[60].

Wird auch die Streuung des Zinssatzes in die Betrachtung einbezogen, so läßt die Formel $\log y = \log y_0 + rs$ noch weitere Schlußfolgerungen zu. Führt man gemäß dieser Formel die Streuung der logarithmierten Einkommen auf die Streuung von Ausbildungsdauer und Zins zurück, so ergibt sich zusätzlich zu den oben erhaltenen Ergebnissen, daß die Einkommensstreuung mit dem arithmetischen Mittel der Ausbildungsdauer und der Streuung des Zinses zunimmt. Unterschiedliche Zinssätze der Bildungsinvestitionen können als Indikationen unterschiedlicher Fähigkeiten gedeutet werden, wonach der oben lediglich formal festgelegte Zusammenhang interpretiert werden kann. Mit gleicher Ausbildungsdauer bedingen danach Unterschiede bei den Fähigkeiten größere relative Einkommensunterschiede bei höherem Ausbildungsniveau (größerem arithmetischem Mittel der Ausbildungsdauer), und bei gleichen Fähigkeiten verursachen Ausbildungsunterschiede entsprechend dem multiplikativen Zusammenwirken gemäß der Formel größere relative Einkommensunterschiede für die höheren Begabungsklassen[61].

Auch Reder vertritt die Ansicht[62], daß ein Ansteigen des Bildungsniveaus entgegen allgemeiner Ansicht zu einem Ungleicherwerden der Einkommensverteilung führt. Die Nivellierungswirkung höherer Bildungsausgaben werde dadurch kompensiert, daß die im Vergleich zur Ausbildung relativ verknappten angeborenen Fähigkeiten zu besonderen Einkommensvorteilen der Begabteren führen und die Verteilung insgesamt ungleicher wird. Eine „Meritokratie", so betont er, mag zwar gerechter als eine Aristokratie sein, was aber nicht heißt, daß ihre Einkommensverteilung auch gleichmäßiger sein müsse. Auch bedeutet eine Verlängerung der allgemeinen Ausbildungsdauer, daß die Möglichkeiten der Sachvermögensbildung eingeschränkt werden. Davon dürften insbesondere die unteren Einkommensklassen betroffen sein, bei denen die Dauer des Berufslebens ohne eine entsprechende Verbesserung in der Einkommensrelation verkürzt wird, was wiederum die Tendenz

---

[60] Vgl. Mincer, J.: The Distribution of Labor Incomes, a.a.O., p. 8.
[61] Vgl. ebenda, S. 8.
[62] Vgl. Reder, M. W.: a.a.O., S. 225f.

zur Ungleichmäßigkeit erhöhen könnte[63]. Es bedarf allerdings des Hinweises, daß Bildungsausgaben hier sehr einseitig unter dem investiven Gesichtspunkt gesehen werden und die konsumtiven Aspekte, die oft mit dem Schlagwort Lebensqualität angesprochen werden, unberücksichtigt bleiben.

Verallgemeinerung des ‚human capital' Ansatzes

Becker erweitert den Mincer-Ansatz durch die Formulierung einer ‚General Earnings Function', wobei er die einschränkenden Annahmen aufgibt, während des Berufslebens bleibe das Einkommen gleich und es erfolge auch keine Weiterbildung mehr[64]. Er leitet dann eine Beziehung für das Nettoeinkommen ab — unter dem er das Einkommen vermindert um die laufenden Bildungsausgaben versteht —, die Mincers Formel als Spezialfall enthält. Aus dieser Gleichung können folgende Schlüsse gezogen werden[65]:

Wenn Ausbildungskosten und Zins unabhängig voneinander und symmetrisch verteilt sind, so ergibt sich durch deren multiplikatives Zusammenwirken der Erklärung Roy's folgend eine schiefe Einkommensverteilung. Bei positiver Korrelation beider Bestimmungsgründe, was mehr Ausbildung für die Begabteren bedeutet und folglich realistisch ist, nimmt diese Schiefe zu.

Je höher die Bildungsausgaben, desto schiefer die Verteilung. In Berufszweigen, die durch eine längere Ausbildung charakterisiert sind, müßte somit die Schiefe größer sein, was sich im allgemeinen bestätigen läßt.

Da in jüngeren Jahren die bei der Berechnung des ‚Nettoeinkommens' subtrahierten laufenden Bildungsausgaben relativ stärker ins Gewicht fallen, also eine Vergleichsmäßigung bewirken, müßten die Schiefe der Verteilung und die Streuung mit dem Alter zunehmen.

Die zuvor aufgeführten Schlüsse aus dem Mincer-Ansatz gelten selbstverständlich auch hier, im Unterschied dazu setzen aber die oben angeführten Ergebnisse aus dem Becker-Modell immer positive Korrelation zwischen Bildungsausgaben und Fähigkeit voraus.

---

[63] Vgl. Hollitscher, C. L.: Neuere und neueste Beiträge zur Theorie der personellen Einkommensverteilung, Unveröff. Manuskript, S. 28. Basel 1972.
[64] Vgl. Becker, G. S.: Human Capital. A Theoretical and Empirical Analysis with Special Reference to Education, New York and London 1964.
[65] Vgl. Blümle, G.: Theoretische Ansätze zur Erklärung der personellen Einkommensverteilung, a.a.O., S. 80.

Nachfrage und Angebot von Bildungsinvestitionen

Da Becker nicht erklärt, aus welchem Grunde verschiedene Individuen unterschiedliche Bildungsinvestitionen durchführen, erweitert er selbst seinen Ansatz[66]. Dabei führt er für die Nachfrage nach und das Angebot von Ausbildung Funktionen ein, deren unabhängige Variable der Zins als Ertragsrate bzw. als Kostenfaktor der Bildungsinvestitionen ist.

Bei der Angebotskurve, die mit wachsendem Zins steigt, soll zum Ausdruck kommen, daß mit zunehmender Ausbildung ihre Finanzierung teurer wird. Becker nimmt an, daß die Angebotskurve zunächst entsprechend der mit den verschiedenen Ausbildungsabschnitten sprunghaft wachsenden Kosten weiterer Ausbildung in Stufen verläuft. Im weiteren geht er jedoch von einem Anstieg aus. Gemäß der mit zunehmenden Bildungsinvestitionen als fallend unterstellten Ertragsrate kommt Becker zu einer sinkenden Kurve der individuellen Nachfrage nach Ausbildung. Dieser Fall der Ertragsrate mit zunehmender Ausbildung ist indessen eine äußerst problematische Annahme. Becker scheint menschliche Arbeitskraft als Ergebnis eines Produktionsprozesses anzusehen, dessen Input zum einen die Ausbildung ist. Bei partieller Variation dieses Faktors nimmt der Grenzertrag ab. Die Frage, welches der entsprechende konstante Faktor ist, läßt sich nicht beantworten und macht die Problematik dieses Analogieschlusses deutlich. Da teurere Ausbildung meist bei den Fähigeren durchgeführt werden dürfte, erscheint die Annahme zunehmender Erträge längerer Ausbildung und somit steigender Nachfragekurven in gleicher Weise als realistisch. Dies wäre für den nun folgenden ersten der drei von Becker unterschiedenen Fälle sehr wichtig.

1. Hier unterstellt er für alle Individuen gleiche Nachfragefunktionen. Einkommensunterschiede können folglich nur durch die unterschiedlichen Angebotskurven erklärt werden. Ihre Diskrepanzen bringen umweltbedingte Faktoren wie Startchancen, Vermögen, Herkunft usw. zum Ausdruck. Die gleichen Nachfragekurven bedeuten bei gleicher Ausbildung gleichen Ertrag, also gleiche Fähigkeiten. Die Angebots-Nachfrage-Gleichgewichte liegen somit alle auf der von Becker als fallend angenommenen Nachfragekurve. Individuen mit höheren Ausbildungsinvestitionen realisieren folglich geringere Ertragsraten. Becker nennt diesen Fall daher den ‚egalitarian approach‘, denn die Einkommensverteilung ist gleichmäßiger als wenn alle die gleiche Ertragsrate für ihre Bildungsinvestitionen erhielten (Abb. 8a).

2. Der andere Fall ist der, in dem die **Angebotsverhältnisse übereinstimmen**, alle somit gleiche Bildungschancen besitzen. Umgekehrt können hier Einkommensunterschiede nur durch Diskrepanzen der Nachfragekurven begründet werden, die unterschiedliche Fähigkeiten zum Ausdruck bringen. Demzufolge liegen alle Gleichgewichtspunkte auf der gleichen steigenden Angebotskurve, höhere Bildungs-

---

[66] Vgl. Becker, G. S.: Human Capital and the Personal Distribution of Income: An Analytical Approach, Ann Arbor 1967.

investitionen treten mit höheren Ertragsraten auf, die Einkommensverteilung ist, verglichen mit dem zuvor besprochenen Fall, ungleichmäßiger. Becker nennt diesen Fall den ‚elite approach' (Abb. 8b).

3. Im dritten Fall, in dem sich sowohl Angebots- als auch Nachfragekurven unterscheiden (Abb. 8c), beschränkt sich Becker auf Überlegungen hinsichtlich der Korrelation von Zins und Höhe der Bildungsinvestitionen.

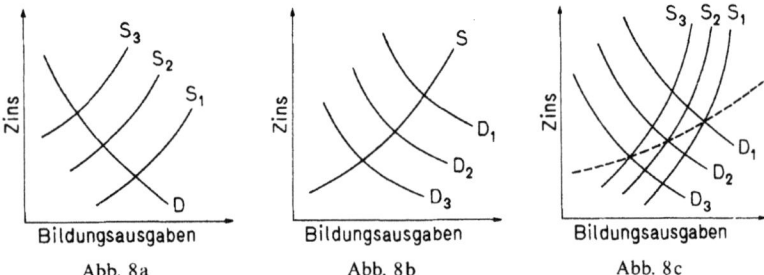

Abb. 8a   Abb. 8b   Abb. 8c

Er geht davon aus, daß diese Korrelation positiv ist. Die Begabteren nämlich, deren Nachfrage nach Ausbildung hoch ist (z. B. D_1 in Abb. 8c), werden durch Stipendien besonders gefördert, wenn sie nicht ohnehin aus besseren Verhältnissen stammend auch die günstigeren Finanzierungsmöglichkeiten haben. Die Angebotskurven der Fähigeren werden somit nach unten verschoben sein (S_1 in Abb. 8c). Die Schnittpunkte entsprechender Angebots- und Nachfragekurven gleicher Fähigkeitsklassen, in Abb. 8c durch gleiche Indices gekennzeichnet, ergeben eine Korrelation, bei der steigende Bildungsinvestitionen steigende Ertragsraten aufweisen, was somit eher dem ‚elite approach' entspricht.

Das Ergebnis gleicht dem der im vorangehenden Abschnitt besprochenen Untersuchung Mayers. Die besondere Begünstigung der Fähigeren durch Umwelt und Ausbildung als Ursache für die Schiefe der Verteilung sieht auch Lydall in seinen empirischen Untersuchungen bestätigt[67]. Jencks schreibt hierzu hinsichtlich der Möglichkeit, Chancengleichheit zu erreichen: „Man müßte also versuchen, den Individuen die günstigsten Umweltbedingungen zuzuweisen, die mit den geringsten genetischen Vorteilen ins Leben treten. Daraus geht natürlich auch hervor, daß man den Individuen, die mit genetischen Vorteilen anfangen, die ungünstigste Umwelt zuweisen muß "[68].

Becker unterstellt, daß die Nachfragefunktionen, im wesentlichen durch die Fähigkeiten bestimmt, zumindest kurzfristig kaum zu beeinflussen sind und kon-

---

[67] Vgl. Lydall, H.: The Structure of Earnings, p. 263f. London 1968.
[68] Jencks, C.: a.a.O., S. 115.

zentriert sich in seinen wirtschaftspolitischen Empfehlungen auf die Angebotsseite. Um mehr Gleichheit zu erreichen, müßten die Startchancen ausgeglichen und die Finanzierungsmöglichkeiten verbessert werden, die Angebotskurven also möglichst flach verlaufen. Ferner sollte nach einem obligatorischen Minimalschulbesuch die Zulassung zu bestimmten Laufbahnen nur auf Grund spezifischer, objektiver Tests möglich sein.

Trotz der teilweise einleuchtenden Ergebnisse muß die hier dargestellte Begründung des Ausbildungseinflusses auf die Einkommensverteilung durch eine individuelle Investitionsentscheidung dem sogenannten ‚Human Capital Approach' entsprechend als äußerst umstritten angesehen werden.

Der Verlauf der Marktfunktionen in Beckers Gleichgewichtsmodell ist einerseits sehr entscheidend für die Aussage hinsichtlich der Einkommensverteilung, zugleich aber sehr problematisch, was nicht nur die unterstellte Art der Abhängigkeit von Ertragsrate bzw. Zins, sondern darüber hinaus die Monokausalität des Ansatzes betrifft.

Die der Theorie zugrunde liegenden Investitionskriterien können sicherlich die durch Neigung intuitiv und durch Herkunft gesellschaftlich bestimmte Entscheidung der Individuen hinsichtlich ihrer Ausbildung kaum ausreichend beschreiben. Ferner kommt im Bereich der Bildung staatlichem Einfluß ganz entscheidende Bedeutung zu. Die mikroökonomische Betrachtung müßte unter Einbeziehung der staatlichen Aktivität zur makroökonomischen Totalbetrachtung hin entwickelt werden. Die völlige Konzentration auf den investiven Charakter der Bildungsinvestitionen bleibt außerordentlich zweifelhaft. Wird hingegen davon ausgegangen, daß die konsumtive Komponente der Bildungsinvestition mit der rein finanziellen korreliert, so läßt sich die Annahme einer sinkenden Ertragsrate mit zunehmenden individuellen Bildungsausgaben auf den so erweiterten Einkommensbegriff nicht übertragen. Tatsächlich sind Einkommen und konsumtive Komponenten einer Tätigkeit, wie Befriedigung bei der Arbeit, Ansehen, Selbständigkeit und dem Bildungsideal entsprechende konsumtive Bildung weitgehend komplementär. Der einfache Ansatz Mincers ließe sich demzufolge noch anwenden, nicht jedoch das Marktmodell von Becker, da der Verlauf der Marktfunktionen kaum mehr zu begründen wäre. Schließlich berücksichtigt diese Theorie nicht die institutionellen Aufstiegsmöglichkeiten und die Bedeutung der Hierarchie in der Einkommensverteilung, deren Einfluß weitgehend mit der Ausbildung zusammenhängen dürfte.

2.4. Erklärung der personellen Einkommensverteilung durch hierarchische Strukturen

Nach dem Vergleich von Häufigkeitsverteilungen der Einkommen in Ländern mit marktwirtschaftlicher und solchen mit planwirtschaftlicher Wirtschaftsordnung

II. Personelle Einkommensverteilung

wird immer wieder betont, daß die Unterschiede sich im wesentlichen auf den oberen Einkommensbereich konzentrieren. Es fällt dabei auf, daß sich die Einkommensverteilung in zentral verwalteten Wirtschaften als Gesamtes durch eine Lognormalverteilung darstellen läßt, während in Marktwirtschaften die Häufigkeitsverteilung im oberen Einkommensbereich in eine Paretoverteilung übergeht, für welche sich dort stärkere Klassenbesetzungen ergeben.

Während Lange[69] diesen Tatbestand auf die Existenz von Vermögenseinkommen in marktwirtschaftlichen Systemen zurückführt, stellt Lydall[70] den Unterschied auch für die Einkommen aus unselbständiger Tätigkeit fest. Er versucht nun, diese Diskrepanz bei der Bezahlung von Führungskräften auf die unterschiedliche Bedeutung der Verantwortung in beiden Wirtschaftssystemen zurückzuführen und erklärt so das Zustandekommen einer Paretoverteilung für die Einkommen in hierarchischen Strukturen. Unabhängig von Lydall gelingt auch Beckmann die Herleitung einer Paretoverteilung aus der Struktur bürokratischer Organisation[71]. Seine Erklärung ist zwar allgemeiner gefaßt, aber mathematisch etwas anspruchsvoller, weshalb sich die Darstellung im folgenden auf den beiden Modellen gemeinsamen, aber unterschiedlich begründeten mathematischen Ansatz beschränken soll.

In beiden Theorien wird unter der Voraussetzung, mit zunehmendem Aufstieg in der Hierarchie nehme das Einkommen geometrisch zu, während die Besetzung der Hierarchiestufen geometrisch abnehme, eine Paretoverteilung hergeleitet.

Was die Besetzung angeht, so hält Lydall die Tatsache, daß ein Vorgesetzter durchschnittlich eine gleiche Zahl direkter Untergebener beaufsichtige, die Klassenbesetzung somit geometrisch zunehme, für selbstverständlich. Beckmann, der die so aufgebaute Hierarchie als eine mit konstanter Kontrollspanne bezeichnet, erklärt letztere durch die typische Arbeitsweise in bürokratischen Strukturen, in denen neben der spezifisch eigenen Aufgabe jedem Chef noch die der Beaufsichtigung und Kontrolle zukomme.

Was nun die Gehaltsspanne angeht, so verweist Beckmann auf eine Empfehlung, die bereits im Artashastra den indischen Königen gegeben wird, nämlich die, das Einkommensverhältnis von Stufe zu Stufe konstant zu wählen[72]. Letztlich zeigt sich darin, daß eine Nutzenfunktion vom Weber-Fechter-Typ, die übrigens 1730 schon von Daniel Bernoulli entwickelt wurde, immer wieder für ‚natürlich' bzw. besonders einleuchtend gehalten wird.

---

[69] Vgl. Lange, O.: a.a.O., S. 149ff.
[70] Vgl. Lydall, H.: a.a.O., S. 127ff.
[71] Vgl. Beckmann, M. J.: Klassen, Einkommensverteilung und die Struktur bürokratischer Organisationen, Kyklos, Vol. 24, S. 660ff. (1971), die ausführlichere Weiterentwicklung findet sich in: Beckmann, M. J.: Personelle Einkommensverteilung in hierarchischen Organisationen. In: Neue Aspekte der Verteilungstheorie (Hrsg. Bombach, G., Frey, B. S., Gahlen, B.), S. 135ff. Tübingen 1974.
[72] Vgl. Beckmann, M. J.: Personelle Einkommensverteilung in hierarchischen Organisationen, a.a.O., S. 138.

Lydall hingegen unternimmt den Versuch, die hierarchische Besoldung ökonomisch zu begründen. Die Hierarchie sieht er dabei als Ausdruck unterschiedlicher Verantwortungsstufen an und folgert, mit zunehmender Verantwortung müsse auch das Einkommen entsprechend steigen. Die Verantwortlichkeit eines jeden Vorgesetzten müßte nun durch den Output gemessen werden, für den dieser zuständig ist. Lydall unterstellt, daß sich dieser Output und damit auch die Verantwortlichkeit durch das Einkommen aller Untergebenen ausdrücken lassen. Unter der zunächst gemachten Voraussetzung hinsichtlich der Klassenbesetzung gelingt es ihm dann, eine Einkommenshierarchie zu entwickeln, die sich durch eine geometrische Reihe annähern läßt. Den Unterschied zwischen den Einkommensverteilungen im oberen Einkommensbereich zwischen Ländern unterschiedlicher Wirtschaftsordnung sieht Lydall als Bestätigung seiner These an. In zentralverwalteten Wirtschaften sei nämlich die Verantwortung zentralisiert, würde folglich eine Bezahlung nach Verantwortung nicht zu solchen Einkommensunterschieden führen. Als zweite Bestätigung seines Ansatzes führt er an, daß der Zusammenhang zwischen dem Einkommen eines Direktors und der Firmengröße, den er aus seinem Modell im Anhang ableitet, weitgehend durch empirische Untersuchungen gestützt wird[73]. Zwar lasse sich durch empirische Untersuchungen der Einfluß, den Gewinn und Firmengröße auf die Bezüge der Leitenden haben, nicht einwandfrei auseinanderhalten, jedoch werde allgemein angenommen, die Firmengröße sei der ausschlaggebendere Faktor für die Höhe des Einkommens.

Wie unter der Voraussetzung einer konstanten Kontroll- und Gehaltsspanne eine Paretoverteilung hergeleitet wird, soll hier nicht gezeigt werden, da die formal gleiche Herleitung ausführlicher bei der Besprechung der Vermögensverteilung erfolgen wird.

Paretos α ergibt sich nach dieser Ableitung als Quotient aus dem Logarithmus der Kontrollspanne (s) und dem Logarithmus der Gehaltsspanne (g). Nimmt letztere und damit deren Logarithmus ab, so sinkt folglich der α bestimmende Nenner, Paretos Verteilungsmaß wird größer und zeigt eine Nivellierung der Einkommensverteilung an.

Da ein konstantes α auch möglich ist, wenn sich Zähler und Nenner des erwähnten Bruches im gleichen Verhältnis ändern, verallgemeinert Beckmann diesen Ansatz, indem er (g) als Funktion von (s) betrachtet. Tatsächlich scheint es einleuchtend, daß mit steigender Kontrollspanne auch die Gehaltsspanne zunimmt, ob indessen diese Funktion genau von der Gestalt ist, daß der Quotient aus den Logarithmen konstant bleibt, ist fraglich. Allerdings würde bereits eine positive Korrelation genügen, um zumindest die Streuung des Quotienten bei alternativen Gehalts- und Kontrollspannen nicht zu groß werden zu lassen.

Will man aus der nur für eine Firma hergeleiteten Paretoverteilung eine solche für alle Firmen durch Aggregation erhalten, so müssen sowohl die α-Werte als auch das Anfangseinkommen beim Einstieg in alle Hierarchien übereinstimmen.

---

[73] Vgl. Lydall, H.: a.a.O., S. 276.

Die Vorstellung, daß verschiedene Hierarchien hinsichtlich ihrer Beschäftigung konkurrieren, könnte nicht nur zu einem tendenziellen Ausgleich der Anfangsgehälter führen, sondern auch in einer Tendenz zum Ausgleich der Aufstiegschancen Kontroll- und Gehaltsspannen in einer Weise aneinander angleichen, daß sich die angesprochenen Bedingungen für die Aggregation als annähernd erfüllt erweisen.

Die Kritik an dieser Theorie darf allerdings nicht so ansetzen, daß sie keine Pareto-Verteilung für die Einkommen Selbständiger erklären kann[74], da sie letzteres auch gar nicht soll. Beckmann will sie ausschließlich als Versuch einer Erklärung der Einkommensverteilung bei Angestellten und Beamten verstanden wissen, wobei die Anwendung auf alle Beamtengehälter unmöglich erscheint. Im Erziehungswesen beispielsweise arbeiten viele Kollegen der gleichen Hierarchiestufe unter einem Vorgesetzten, ohne daß die Einkommensunterschiede zu diesem der großen Kontrollspanne entsprechend hoch sind.

Bevor nun der Versuch gemacht wird, die Pareto-Verteilung für die Gesamtheit der höheren Einkommen zu begründen, soll noch auf die Bedeutung des Nutzens für die personelle Einkommensverteilung eingegangen werden.

2.5. *Bedeutung des Nutzens bei der Erklärung der personellen Einkommensverteilung*

Im Abschnitt über die Messung der personellen Einkommensverteilung wurde bereits darauf hingewiesen, daß hinsichtlich des Verlaufs der Nutzenfunktion die Vorstellung abnehmender Grenznutzen weit verbreitet ist. Als speziellem Typ, der diesen Anforderungen genügt, kommt wiederum der Nutzenfunktion vom Weber-Fechner-Typ große Bedeutung zu, bei der angenommen wird, daß die Nutzenfunktion (dU) proportional der relativen Zunahme des Güterbestandes bzw. in diesem Falle des Einkommens (dy/y) ist. Diese unterstellte Beziehung läßt sich als Differentialgleichung d$U = a($d$y/y)$ formulieren, deren Lösung den Nutzen als lineare Funktion vom Logarithmus des Einkommens darstellt.

Wijk hat dementsprechend — unabhängig von Gibrat[75] — bereits eine Lognormalverteilung der Einkommen angenommen und sie als Normalverteilung des individuellen Nutzens gedeutet. Diese Interpretation mag zwar den Glauben an die Allgemeingültigkeit der Normalverteilung stützen, eine ökonomische Begründung indessen ist sie nicht.

Werden in die Erklärungen über das Zustandekommen der Häufigkeitsverteilung der Einkommen Überlegungen über den Einfluß der Leistungsanreize einbezogen, so wird deutlich, daß eine Nutzenfunktion abnehmenden Grenznutzens die

---

[74] So z. B. Pen, J.: Income Distribution, a.a.O., p. 244.
[75] Vgl. Pen, J.: Income Distribution, a.a.O., p. 254.

Schiefe erläutern kann. Wenn nämlich bei symmetrischer Verteilung der Leistungsmöglichkeiten die Nutzenfunktionen allgemein übereinstimmen und solche abnehmenden Grenznutzens sind, so folgen daraus für die besser verdienenden Fähigeren absolut höhere Einkommensunterschiede, sollen die Leistungsanreize bei allen übereinstimmen.

Bei der Messung der Einkommensstreuung scheint die Annahme gleicher Nutzenfunktionen für alle Individuen durch die Einfachheit der Berechnung und durch eine dem Prinzip des unzureichenden Grundes entsprechende[76] Gleichbehandlung aller Einkommen gerechtfertigt. Problematisch wird diese Voraussetzung, daß z. B. die Eltern eines kranken Kindes dieselbe Nutzenfunktion bezüglich des Einkommens wie die eines gesunden haben, für die Erklärung der Einkommensstreuung. Allerdings muß auch hier erwähnt werden, daß die Tendenzaussage einleuchtet, Nutzenvorstellungen seien in einer durch finanzielle Leistungsanreize gesteuerten Wirtschaftsordnung mitverursachend für die Schiefe der Einkommensverteilung.

2.6. Vermögensverteilung und personelle Einkommensverteilung

Wie bereits erwähnt, wurde die Schiefe der Einkommensverteilung häufig auf die Existenz von Besitzeinkommen zurückgeführt. Auch der Unterschied der Häufigkeitsverteilung in verschiedenen Wirtschaftssystemen für die höheren Einkommen wurde durch das Fehlen bzw. Vorhandensein von Einkommen aus Eigentum begründet. Diese Einkommensart spielt im Zusammenhang mit der Frage nach der Verteilungsgerechtigkeit eine entscheidende Rolle. Insofern nämlich, als Vermögen vererbt werden kann, scheint es hinsichtlich der Rechtfertigung auf ihm beruhender Einkommen ebenso problematisch wie ein Einkommen, das seine Ursache in angeborenen Fähigkeiten hat.

Während Einkommen aus angeborenen Fähigkeiten nur mit menschlicher Arbeit erzielt werden kann und somit lediglich die Höhe dieses Einkommens umstritten ist, entstehen Einkommen aus Vermögen auch ohne menschliche Arbeit, steht folglich Einkommen aus ererbtem Vermögen keine Leistung gegenüber und wird bei solchen Einkommen nicht nur die Berechtigung ihrer Höhe, sondern die Rechtfertigung ihrer Existenz schlechthin angezweifelt.

Im Falle des vom Einkommensempfänger selbst akkumulierten Vermögens kann das Einkommen zwar durch Konsumverzicht in früheren Perioden als Opfer

---

[76] Das Prinzip des unzureichenden Grundes schlägt bei völliger Ungewißheit hinsichtlich der Eintrittswahrscheinlichkeiten bestimmter Ereignisse vor, diese als gleichwahrscheinlich zu betrachten. Im obigen Falle scheint es entsprechend sinnvoll, ohne genauere Anhaltspunkte über Unterschiede in den Nutzenfunktionen, sie als gleich anzusehen.

II. Personelle Einkommensverteilung

gerechtfertigt werden, jedoch spielen bei der Begründung auch Nutzenvorstellungen eine Rolle. Absolut gleicher Konsumverzicht heißt absolut gleiche Vermögenszunahme und damit absolut gleicher Einkommenszuwachs. Bei Unterstellung einer Nutzenfunktion abnehmenden Grenznutzens folgt, daß absolut gleicher Konsumverzicht für die Ärmeren ein größeres Opfer bedeutet als für die Reicheren. Besitzeinkommen spielen somit für die Frage der Leistungsgerechtigkeit eine entscheidende Rolle. Die Vermögensbildung einerseits und die Vermögensvererbung andererseits stellen die Ursachen für die Existenz von Besitzeinkommen dar.

Einfluß der Vermögensbildung

Der Verfasser hat für den Fall der Vermögensbildung einen Ansatz entwickelt, der eine Erklärung der Paretoverteilung für die Besitzeinkommen ermöglicht[77].

Das Einkommen Y eines Wirtschaftssubjekts aus Vermögen V bestimmt sich gemäß einem Zinssatz r als:

$$Y = V \cdot r.$$

Wenn dieser Vermögensbesitzer pro Periode den gleichen Anteil sY spart, so ergibt sich für seine Vermögensentwicklung im Zeitraum zwischen den Zeitpunkten t und $t+1$:

$$V_{t+1} - V_t = sY_t$$

und nach Einsetzen für Y_t gemäß obiger Beziehung:

$$V_{t+1} - V_t = sV_t r.$$

Diese Differenzgleichung läßt sich lösen und ergibt für ein Anfangsvermögen zum Zeitpunkt 0 für die zeitliche Entwicklung des Vermöger :

$$V_t = V_0(1+sr)^t.$$

Von Periode zu Periode wächst das Einkommen entsprechend in einer geometrischen Folge mit dem Faktor $(1+sr)$, der als ≥ 1 angenommen werden kann. Bei Unterscheidung von Klassen, die in gleicher Besetzung dasselbe Prokopfvermögen, aber vor unterschiedlichen Zeitpunkten geerbt haben, ergibt sich ein geometrisch steigendes Prokopfeinkommen. Wer vor zwei Perioden geerbt hat, verdient das $(1+sr)$-fache des Einkommens desjenigen, der vor einer Periode geerbt hat, bzw. das $(1+sr)^2$-fache des Einkommens des jetzt Erbenden.

---

[77] Vgl. Blümle, G.: Vermögensbildung, personelle Einkommensverteilung und Wirtschaftswachstum, Kyklos, Vol. 25, S. 457ff. (1972).

Vermögensverteilung und personelle Einkommensverteilung

Als ursprüngliche Anzahl derer, die V_0 erben, wird b_0 unterstellt. Vom Zeitpunkt des Ererbens an scheidet ein bestimmter Anteil aus der Gruppe dieser Erben durch Tod aus. Die Annahme ist sicherlich auch dann fragwürdig, wenn bedacht wird, daß sie sich nicht auf homogene Gruppen hinsichtlich des Alters bezieht. Die Personen x_0, die das Vermögen V_0 erhalten, können sehr wohl unterschiedlichen Alters sein, sie altern jedoch im beschriebenen Prozeß gemeinsam, und ihre Anzahl wird durch altersbedingte Todesursachen stärker abnehmen. Die Voraussetzung, daß ein bestimmter Anteil (d) pro Periode durch Tod ausscheidet, scheint jedoch brauchbar. Für die zeitliche Entwicklung der Besetzung von Klassen, die nach der seit dem Erbgang mit Vermögen V_0 verstrichenen Zeit eingeteilt werden, ergibt sich eine geometrisch abnehmende Folge, die sich in kontinuierlicher Schreibweise durch die Formel $b_t = b_0 e^{-dt}$ darstellen läßt.

Folglich beziehen $b_{t'} = b_0 e^{-dt'}$ Personen das Einkommen $Y_{t'} = rV_0(1+sr)^{t'}$. Pareto ordnete dem Einkommen Y_t bzw. hier $Y_{t'}$ die Zahl der Individuen zu, die dieses oder ein höheres Einkommen beziehen. Die entsprechende Zahl N_t bzw. $N_{t'}$ dieser Einkommensbezieher entspricht folglich der Summe aller Klassenbesetzungen der Klassen, die vor t bzw. t' und mehr Jahren geerbt haben, also dem Integral in b_t in den Grenzen von t' bis ∞. Für die Variable $N_{t'}$ ergibt sich nach Integration:

$$N_{t'} = \frac{b_0}{d} e^{-dt'}.$$

Durch Elimination des Klassenindex t' aus den Formeln für $N_{t'}$ und $Y_{t'}$ läßt sich die Beziehung zwischen diesen Variablen herleiten[78]. Es entsteht dann eine Formel, die sich in der Form

$$N = aY^{-\frac{d}{\ln(1+sr)}}$$

darstellen läßt. Da diese Beziehung für alle Klassen gilt, können die Indices entfallen. a ist dabei eine von Y unabhängige Konstante. Würde die Vermögensakkumulation in kontinuierlicher Schreibweise dargestellt oder davon ausgegangen, daß sr so klein bleibt, daß $\ln(1+sr)$ gleich sr gesetzt werden kann, so vereinfacht sich diese Formel[79]:

$$N = aY^{-\frac{d}{sr}}.$$

---

[78] Herleitung Nr. 1 im mathematischen Anhang.

[79] Auf anderem Wege kommen Wold und Whittle zu einem ähnlichen Ergebnis, daß nämlich α als Quotient von Sterblichkeit und Rate des Vermögenswachstums bestimmt ist. Eine Weiterentwicklung dieses Ansatzes findet sich bei Steindl. Wold, H. O. A. and Whittle, P.: A Model explaining the Pareto Distribution of Wealth, Econometrica 25, p. 591—595 (Oktober 1957). Steindl, J.: The Distribution of Wealth after a Model of Wold and Whittle, Review of Economic Studies 39, p. 263—280 (July 1972).

II. Personelle Einkommensverteilung

Der Quotient d/sr stellt **Paretos** α dar. Die Verteilung wird ungleicher, wenn α sinkt, wenn durch hohes s und hohes r die Möglichkeiten der Akkumulation groß sind. Umgekehrt können bei kürzerer Lebensdauer, somit höherem d, keine großen Vermögen angesammelt werden, wenn V_0 als konstant angesehen wird; folglich wird die Verteilung mit zunehmendem d gleichmäßiger.

Bislang gilt diese Ableitung nur für eine Klasse der Besetzung b_0, deren Mitglieder alle zum Zeitpunkt 0 des Erbgangs ein Vermögen V_0 erhalten. Diese Gruppe werde durch die Verteilung

$$N_1 = a_1 Y_1^{-\alpha}$$

dargestellt, und andere Gruppen mit anderer Besetzung und anderem Anfangsvermögen werden mit

$$N_2 = a_2 Y_2^{-\alpha}, \quad N_3 = a_3 Y_3^{-\alpha} \ldots$$

usw. beschrieben.

Paretoverteilungen haben nun hinsichtlich ihrer Aggregation die Eigenschaft, daß sie bei gleichen Exponenten aggregiert wieder eine Paretoverteilung mit diesem Exponenten ergeben[80]. Als Merkmale gelten bei der Zusammenfassung der Klassen gleiche Y-Werte, so daß

$$Y_1 = Y_2 = Y_3 \ldots$$

gesetzt werden kann, und es gilt:

$$N = N_1 + N_2 + N_3 + \ldots = a_1 Y^{-\alpha} + a_2 Y^{-\alpha} + a_3 Y^{-\alpha} + \ldots = (a_1 + a_2 + a_3 + \ldots) Y^{-\alpha}.$$

Die strenge Annahme gleichen Alphas für die verschiedenen Gruppen ist in diesem Modell unproblematischer als in den Hierarchiemodellen, denn Zins, Sterblichkeit, aber wohl auch die Sparquote s dürften für die relativ homogene Gruppe der von Vermögenseinkommen Lebenden nicht stark differenzieren. Ferner muß nicht unbedingt vorausgesetzt werden, daß d, s und r konstant sind. Ebenso wie bei Beckmanns Ansatz besteht nämlich die Möglichkeit, solche Abhängigkeiten oder zumindest Tendenzen zwischen diesen Parametern zu begründen, daß nämlich α konstant bleibt oder sich kaum ändert[81]. Selbst die Abhängigkeit der Parameter vom Einkommen Y läßt, wenn die Art der Abhängigkeit in allen Gruppen übereinstimmt, diese Aggregation zu. α ist dann allerdings nicht mehr konstant, und auf diese Weise kann die oft festgestellte Abweichung der empirischen Verteilungen von der Paretogeraden sogar begründet werden[82].

---

[80] Vgl. Beckmann, M. J.: Personelle Einkommensverteilung in hierarchischen Organisationen, a. a. O., S. 140–141.

[81] Vgl. Blümle, G.: Vermögensbildung, personelle Einkommensverteilung und Wirtschaftswachstum, a. a. O., S. 463.

[82] Ebenda, S. 463.

Die Annahme einer konstanten Vererbungsstruktur, daß nämlich in jeder Periode gleich viele Gruppen mit jeweils gleicher Besetzung und gleichem ererbten Vermögen in diesen Prozeß eintreten, kann so erweitert werden, daß bei dem Wachstum der Bevölkerung und des Prokopfvermögens lediglich eine in den Relationen konstante relative Vermögensstruktur vorausgesetzt werden muß[83].

Schließlich kann Paretos Maß als eine durch Sterblichkeit und Bevölkerungswachstum allein bestimmte Größe begründet und auf diese Weise die intertemporal und international weitgehende Übereinstimmung dieses Maßes erklärt werden; ein Tatbestand, der ja Pareto zu dem Glauben an ein Naturgesetz veranlaßt hatte[84]. Die Kritik an dieser letzterwähnten Interpretation als von ökonomischen Bestimmungsgründen unbeeinflußtes Naturgesetz[85] ist insofern berechtigt, als der beschriebene Akkumulationsprozeß sich nur langsam an die beschriebene Gleichgewichtslösung nähert. Es sind sicher ökonomische Zusammenhänge im Vordergrund, die bei diesem durch Störungen verursachten Anpassungsprozeß stehen. Zusätzlich zu dem eben beschriebenen Prozeß sorgt der Vorgang der Vermögensvererbung selbst für eine entsprechende und damit raschere Anpassung der Verteilung.

Bedeutung der Vermögensvererbung

Der Einfluß der Vererbung auf die Distribution soll zunächst an einem durch die notwendigen Voraussetzungen zur mathematischen Behandlung unrealistischen Modell aufgezeigt und anschließend an einem wirklichkeitsnäheren Beispiel erläutert werden.

Voraussetzung sei, daß zu einem Zeitpunkt t alle Ehepaare das gleiche Vermögen an die Gesamtzahl ihrer Kinder vererben. Vor dem Erbgang liegt somit der Idealfall der völligen Gleichverteilung vor. Die Ehepaare seien nach der Zahl ihrer Kinder klassifiziert, diese liege zwischen 0 und n und sei beliebig teilbar. Die verschiedenen Kinderzahlen seien gleich häufig. Das bei allen Ehepaaren gleiche Vermögen V wird zu gleichen Teilen auf die Kinder jedes Haushalts vererbt. Bei zwei Kindern erbt jedes einen Erbteil von $E_2 = V/2$, bei drei Kindern jedes $E_3 = V/3$ und bei z Kindern jedes $E_z = V/z$, wobei aus rein mathematischen Gründen (z) alle Werte $0 < z \leqslant n$ annehmen soll. Zwischen dem Erbteil (E) eines Kindes und der Kinderzahl (z) des Haushalts, dem es entstammt, besteht bei für alle Haushalte gleichem Vermögen vor der Vererbung die Beziehung: $E = V/z$ und entsprechend $z = V/E$.

---

[83] Ebenda, S. 464f.
[84] Ebenda, S. 469.
[85] Vgl. Lüdecke, R.: Paretoverteilung und Human-Capital Approach, Kyklos, Vol. 26, S. 402f (1973).

II. Personelle Einkommensverteilung

Unter der Voraussetzung, alle Einkommen ergäben sich aus dieser Vermögensteilung mittels eines für alle gleichen Zinses, entspricht diese der Distribution völlig, und wenn im folgenden eine Paretoverteilung für die ererbten Vermögen hergeleitet wird, so beschreibt sie zugleich die entsprechende Einkommensverteilung.

Die Zahl N in Paretos Formel stellt die Summe aller vom höchsten bis zum jeweiligen Einkommen bzw. Vermögen kumulierten Einkommensbezieher dar. Die Kinderzahl (z) sei gleichverteilt und trete immer mit der Häufigkeit h auf (d. h. (h) Ehepaare haben 1; ... 1,5; ... 2 usw. Kinder, wobei die Kinderzahl kontinuierlich alle Werte zwischen 0 und n annehmen soll).

Danach ergibt sich N als Integralfunktion

$$N = \int_0^z h z \, dz = h \int_0^z z \, dz = \frac{h}{2} z^2,$$

wobei die untere Grenze 0 dem höchsten Erbteil ∞ und die obere Grenze dem Erbteil $E = V/z$ gemäß $z = V/E$ entsprechen. Wird in die so ermittelte Integralfunktion der angegebene Wert für z eingesetzt, so ergibt sich:

$$N = \frac{hV^2}{2E^2} \quad \text{bzw.} \quad N = aE^{-2}, \quad \text{wobei} \quad a = \frac{h}{2} V^2.$$

Die Beziehung ist nun genau von der Art, wie sie Pareto formuliert hat, lediglich mit dem Unterschied, daß seine α-Werte zwischen 1 und 2 lagen. Dies läßt sich begründen, wenn die problematische Annahme der kontinuierlich variierenden Kinderzahl aufgegeben und von ganzzahligen Werten ausgegangen wird.

An die Stelle der obigen Integralfunktion tritt dann die Summe der arithmetischen Reihe, und N ergibt sich als:

$$N_z = \sum_{z=1}^{z} z = (z+1)\frac{z}{2} = \frac{z^2}{2} + \frac{z}{2}.$$

Das Einsetzen für z wie oben ergibt:

$$N_z = N = \frac{v^2}{2E^2} + \frac{V}{E}.$$

Dies ist nun zwar nicht mehr genau ein der Formel Paretos entsprechender Zusammenhang, aber es ist ebenfalls eine gebrochen rationale Funktion, die im einzig relevanten Bereich positiver Werte weder ein Maximum noch einen Wendepunkt besitzt sowie fallend und konvex zum Ursprung verläuft. Dementsprechend läßt sie sich durch eine Funktion vom Paretotyp gut approximieren und zugleich kann sie auch begründen, daß die empirischen α-Werte zwischen 1 und 2 liegen.

Vermögensverteilung und personelle Einkommensverteilung 75

Die zweite unrealistische Annahme, die oben vorausgesetzt wurde, war die Gleichverteilung der Kinderzahlen in den verschiedenen Haushalten. Dazu muß allerdings gesagt werden, daß für eine gleichbleibende Bevölkerungszahl der Erwartungswert für die Kinderzahl bei 2 liegen muß. Gibt es nun Ein-, Zwei- und Dreikinderhaushalte, so muß die Häufigkeit der Ein- und Dreikinderhaushalte gleich sein, und die Wirklichkeit rechtfertigt die Annahme, daß die Ein- und Zweikinderhaushalte gleich häufig sind. Werden dagegen auch Haushalte mit vier und mehr Kindern einbezogen, so sinkt die relative Häufigkeit der Dreikinderfälle. Das folgende Beispiel soll das Zustandekommen der Vermögensverteilung durch Vererbung anhand realistischer Häufigkeiten darstellen, wobei nur Ein-, Zwei-, Drei- und Vierkinderhaushalte betrachtet werden.

Als wirklichkeitsnahe Werte dürften in der obigen Reihenfolge 0,35; 0,38; 0,19 und 0,08 anzusehen sein[86]. Vererbt jedes Ehepaar ein Vermögen von zwölf Einheiten, so ergibt sich die folgende Verteilung, wenn von einer Zahl von 1000 Ehepaaren ausgegangen wird. 350 Kinder erben als Einzelkinder ein Vermögen von zwölf. In 380 Fällen wird die Hälfte jeweils auf zwei Kinder vererbt, demzufolge

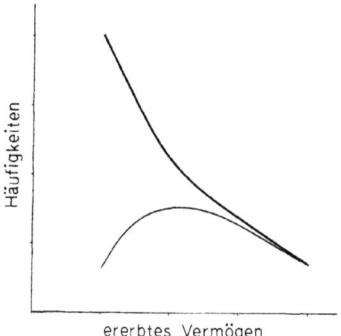

Abb. 9. Vermögensverteilung durch Vererbung

erhalten 760 Kinder ein Vermögen von sechs. 570 Kinder aus Dreikinderfamilien erben vier, und 320 Kinder, die zu viert sind, erben drei. Die Verteilung sieht also wie in Abb. 9 ersichtlich aus, und die Kurve der entsprechend Pareto kumulier-

---

[86] Statistiken geben Werte an, die nicht die Kinderzahl für eine ganze Generation darstellen, sondern meist nur die Kinder lebender Personen bis zu einer bestimmten Altersgrenze. Kinder über 18 Jahre werden z. B. nicht erfaßt, so daß ein Haushalt mit drei Kindern im Alter von 16; 19 und 20 Jahren als Einkinderhaushalt ausgewiesen wird! Die obigen Häufigkeiten sind somit für den Einkinderfall niedriger, für die anderen Fälle höher als die entsprechenden Werte in Statistiken und so konzipiert, daß sie mit den Kinderzahlen multipliziert den Erwartungswert zwei ergeben.

ten Einkommensbezieher die in der Darstellung verstärkt gezeichnet wurde, weist große Ähnlichkeit mit einer Paretokurve auf. Wird die Paretogerade als Kleinst-Quadrat-Gerade der logarithmierten Beziehung $N = aY^{-\alpha}$ ermittelt, so zeigt sich ein α von knapp 1,3 bei einem sehr hohen Korrelationskoeffizienten ($-0,98$), der jedoch, wie bereits erwähnt, sehr vorsichtig interpretiert werden muß, da die Daten ex definitione autokorreliert sind[87].

Es ergeben sich somit die folgenden Feststellungen:

1. Auch bei realistischer Verteilung der Kinderzahlen zeigt sich eine Verteilung, die angenähert durch eine Paretokurve darstellbar ist.

2. Ausgehend von einer Gleichverteilung aller Vermögen ergibt sich nach einem einzigen Erbgang aller Vermögen bereits annähernd eine Paretoverteilung.

3. Da in diesem Modell, wie die obige Ableitung deutlich macht, α ausschließlich durch die Streuung der Kinderzahl bestimmt ist, kann es als konstant angenommen werden, wenn die Zahl der Kinder vermögensunabhängig ist und sich im Zeitablauf nicht ändert. Da α dann für alle Gruppen unterschiedlichen Vermögens übereinstimmt, können, wie oben dargestellt, Gruppen unterschiedlichen Vermögens aggregiert werden und ergeben wieder eine Paretoverteilung[88].

4. Ist die Kinderzahl bei höherem Vermögen kleiner und bei niedrigerem höher, so läßt sich auf diese Weise die systematische Abweichung der empirischen Werte von der Paretogeraden erklären, bei welcher höhere Einkommen seltener und niedrigere Einkommen häufiger sind, als es der Paretogeraden entspricht.

5. Da sich auch für die durch den Kumulationsprozeß allein zustandekommende Vermögens- bzw. Einkommensverteilung eine Paretoverteilung mit einem Parameter ähnlicher Größenordnung begründen läßt und die Paretoverteilung hinsichtlich der Aggregation die obenerwähnten besonderen Eigenschaften aufweist, können sowohl Vermögensakkumulation als auch Vermögensvererbung zusammen eine Paretoverteilung erklären.

6. Das Zusammenwirken beider Prozesse führt bei Abweichungen von der Gleichgewichtsverteilung zu rascherer Anpassung, als dies durch einen der Prozesse allein erfolgen würde.

7. Wenn Kinder nur innerhalb ihrer Vermögensklasse heiraten, kommt es zu einer Verteilung auf Ehepaare, die, verglichen mit der auf Einzelpersonen, die

---

[87] Autokorrelation liegt vor, wenn nachfolgende Werte einer Zahlenreihe durch vorhergehende Werte derselben Reihe beeinflußt werden, wie es wegen der Kumulation für N der Fall ist.

[88] Bei dieser Aggregation muß beachtet werden, daß die zu aggregierenden Funktionen weder stetig noch im ganzen Einkommensbereich definiert sind. Damit sich eine der Paretoverteilung ähnelnde Verteilung ergibt, müssen sich die Definitionsbereiche der zu aggregierenden Einzelverteilungen ausreichend überschneiden.

Häufigkeiten halbiert und die Einkommen verdoppelt. Maße, welche auf solche proportionale Änderungen nicht ansprechen, werden beide Verteilungen als gleich messen, obwohl durch solches Heiraten eine Einkommenskonzentration erfolgt ist. (Vorher verfügten 350 Entscheidungseinheiten über je 12 Vermögenseinheiten, nachher 175 Einheiten über 24 Vermögenseinheiten.) Selbst wenn, was allerdings ebenfalls unrealistisch ist, Eheschließungen stochastisch unabhängig von der Vermögenslage des Partners erfolgen, kommt es zu einer zwar gleichmäßigeren Verteilung, die sich aber ebenfalls gut durch Paretos Funktion approximieren läßt[89].

Abschließend bleibt zu bemerken, daß der oft festgestellte Unterschied zwischen Einkommensverteilung in markt- und planwirtschaftlich organisierten Volkswirtschaften in einer Paretoverteilung für die höheren Einkommen in den Marktwirtschaften besteht. Dagegen liegt in zentralverwalteten Volkswirtschaften eher eine Lognormalverteilung vor, was sicher ganz wesentlich durch die unterschiedliche Eigentumsverfassung und die daraus resultierenden Vermögenseinkommen bedingt ist.

All diese Bestimmungsgründe für die Streuung der personellen Einkommen können nicht isoliert betrachtet werden. Die Verteilung als Ganzes ergibt sich aus diesen unterschiedlichen Determinanten, und es soll daher abschließend auf die Gleichgewichtsverteilung eingegangen werden.

2.7. Personelle Einkommensverteilung als Verteilungsgleichgewicht

Bereits Pareto hatte hinsichtlich des nach ihm benannten Gesetzes angenommen, ein bestimmter α-Wert charakterisiere die soziologische Stabilität einer Gesellschaft. Extreme Werte dieses Maßes kündigten seiner Ansicht nach soziale Auseinandersetzungen an. In der Tat ist es überraschend, daß sich die Häufigkeitsverteilung der personellen Einkommen im Zeitablauf langfristig kaum ändert und auch bei internationalen Vergleichen große Ähnlichkeiten aufweist.

Stabilität der Einkommensverteilung

Kuznets machte sich Gedanken darüber, weshalb der sich unter der Voraussetzung einer bei höheren Einkommen größeren durchschnittlichen Sparneigung ableitbare

---

[89] Für das angeführte Beispiel läßt sich die Verteilung bei stochastischer Unabhängigkeit durch ein α von 2,25 und einen Korrelationskoeffizienten von $-0,92$ kennzeichnen.

78   II. Personelle Einkommensverteilung

Konzentrationsprozeß in Wirklichkeit nicht bestätige[90]. Er kam zu dem Ergebnis, daß diesem Prozeß starke Kräfte entgegenwirken, die zu sehen sind in:

1. staatlichen Eingriffen in die Primärverteilung.
2. Entsparen in den obersten Vermögensklassen.
3. mangelnder Anpassung der Kapitalanlage an die sich ändernden Verhältnisse.
4. Änderungen durch die Fähigkeitsverteilung, die nach der Vermögensübertragung auf die Erben zur Wirkung kommt.

Hinsichtlich des letzten Gesichtspunkts schreibt er: „The successful entrepreneurs of today are rarely sons of the great and successful entrepreneurs of yesterday."[91] In diesem Zitat klingen Gedankengänge an, die Pareto bereits früher mit dem Ausdruck vom ‚Kreislauf der Eliten' angesprochen hatte. Hier kann allerdings darauf hingewiesen werden, daß, wie schon erwähnt, entsprechend der Ableitung einer Paretoverteilung für die Vermögensdistribution durch Akkumulation, auch bei einkommensabhängiger Sparneigung eine gleichbleibende Konzentration begründet werden kann. Weitere Ansätze, die die Entwicklung der Einkommenskonzentration durch die Landflucht[92] oder zusätzlich durch Bildungs- und Rassenunterschiede erklären[93], können auf diese Weise keinen Beitrag zur Erklärung der langfristigen Änderungen der Einkommensverteilung leisten.

Gleiches gilt auch für Ansätze, die die Einkommenskonzentration durch die Entwicklung bestimmter Einkommensanteile erklären und damit den Zusammenhang zwischen Wirtschafts- und Einkommensstruktur untersuchen[94].

Lydall kommt zu dem Ergebnis, daß die Einkommensverteilung, die er anhand von Quantilen untersucht, im Zeitablauf geringfügig gleichmäßiger wird[95]. Weiterhin stellt er fest, daß in entwickelteren Volkswirtschaften die Einkommensungleichheit geringer als in den weniger entwickelten ist. Abgesehen davon, daß er selbst einige Ausnahmen anführen muß und die Frage offen bleibt, ob die Qualität des statistischen Materials solche Schlüsse zuläßt, bleibt die Feststellung, daß die fraglichen Änderungen im Vergleich zur bestehenden Ungleichheit kaum erwähnenswert sind und von einer relativen Stabilität der Häufigkeitsverteilung gesprochen werden kann. Was er für die Einkommen Unselbständiger ausführlich beschrieben hat, trifft meist auch für die Einkommen insgesamt zu. Die Häufigkeitsverteilung läßt sich im mittleren Bereich gut durch eine Lognormalverteilung darstellen, während darunter die Häufigkeiten etwas höher liegen. In marktwirtschaftlichen Ländern läßt sich die ebenfalls größere Häufigkeit bei den höheren Einkommen durch eine Paretoverteilung zutreffend kennzeichnen (s. auch Abb. 3).

---

[90] Vgl. Kuznets, S.: Economic Growth and Income Inequality, The American Economic Review, Vol. XLV, S. 1 ff. (1955).

[91] Kuznets, S.: a. a. O., S. 10.

[92] Vgl. Smolensky, E.: Industrialization and Income Inequality: Recent United States, Experience, Papers & Proceedings of the Regional Science Association, Vol. 7, p. 67 ff. (1961).

Gibt es also ein Naturgesetz? Der Zufall als Ursache dieses ökonomischen Phänomens mag zwar wenig überzeugen, es ist jedoch evident, daß stochastische Änderungen der Einkommen in relativen Anteilen erfolgen, in wachsenden Volkswirtschaften sogar gezwungenermaßen. Auch absolute Zuschläge, die auf eine Vergleichmäßigung abzielen, sind branchenspezifisch und langfristig mit dem Einkommen korreliert, führen also zwischen Branchen und Altersgruppen nicht zu einer Vergleichmäßigung. Ein Gibratprozeß findet folglich statt, wobei die Annahme stochastischer Unabhängigkeit der relativen Änderungen sicherlich nur bedingt gilt. Mit zunehmendem Alter und damit steigendem Einkommen nimmt die positive Korrelation zwischen den Ursachen der relativen Änderungen und damit zwischen diesen selbst zu. Es ergibt sich somit eine engere Bindung der Einkommensänderung an Personen, die einzelne stärker bevorzugt, andere mehr benachteiligt. Vermögensbildung und Aufstieg in der Hierarchie bedingen eine Paretoverteilung im oberen Einkommensbereich, personengebundene unglückliche Entwicklungen führen zu einer stärkeren Besetzung der unteren Einkommensklassen, als dies der Lognormalverteilung entspricht. Der Zufall, selbst wenn er nicht als eigentliche Ursache, sondern nur als Ergebnis vielfältiger letzter Ursachen aufgefaßt wird, bleibt als alleiniger Bestimmungsgrund unbefriedigend.

Tinbergens normativer Ansatz

Ein Gleichgewichtsmodell der optimalen Einkommensverteilung hat Tinbergen entwickelt[96]. Angebot und Nachfrage nach Fähigkeiten sowie individuelle Nutzenvorstellungen sind die Determinanten des Verteilungsgleichgewichts. Ausgangspunkt ist eine Normalverteilung der Fähigkeiten. Entspricht deren Angebot der Nachfrage, so wird jede Beschäftigung von einem für sie genau geeigneten Arbeiter wahrgenommen. Trifft dies jedoch nicht zu, so kommt es zu Spannungen, und zwar in der Weise, daß Individuen mit geringeren Eignungsgraden Beschäftigungen nachgehen, die eigentlich höhere Befähigung voraussetzen. Diese Spannungen gehen in die Nutzenfunktionen der Individuen ein. Als weitere Variable tritt dem Weber-Fechnerschen Gesetz entsprechend das logarithmierte Einkommen als Variable in den Nutzenfunktionen auf. Die Nachfrage nach Fähigkeitsgraden wird ohne weitere Begründung so dargestellt, daß der Logarithmus des Einkom-

---

[93] Vgl. Al-Samarie, A. and Miller, H. P.: State Differentials in Income Concentration, The American Economic Review, Vol. LVII, S. 59ff. (1967).

[94] Vgl. Müller, J.-H. und Geisenberger, S.: Die Einkommensstruktur in verschiedenen deutschen Ländern 1874–1913, Schriften zu Regional- und Verkehrsproblemen in Industrie- und Entwicklungsländern, Bd. 10, Berlin 1972.

[95] Vgl. Lydall, H.: a. a. O.

[96] Vgl. Tinbergen, J.: On the Theory of Income Distribution, Weltwirtschaftliches Archiv, Bd. 77, S. 155ff. (1956).

mens eine lineare Funktion der nachgefragten Fähigkeitsgrade ist. Diese Einkommensbestimmungsgleichung ermöglicht es, das Einkommen aus den Nutzenfunktionen zu eliminieren, so daß in letzteren nur die angebotenen und nachgefragten Fähigkeitsgrade als Variable auftreten. Bei exogen vorgegebener Nachfrage maximieren die Individuen ihren Nutzen durch Wahl ihres Fähigkeitseinsatzes in Beschäftigungen mit unterschiedlichen Fähigkeitsansprüchen. Dieses Modell ist in seinen Annahmen so gestaltet, daß Tinbergen sein Ziel, eine Lognormalverteilung der Einkommen in einem Nachfrage-Angebots-Ansatz zu erklären, erreicht. Er baut im einzelnen auf problematischen Voraussetzungen auf, die ohne ausführlichere Darstellung des Ansatzes nicht besprochen werden können.

Wichtig ist, daß Angebot und Nachfrage nicht exogen sind, sondern ersteres im wesentlichen durch das Bildungssystem und nicht allein durch angeborene Fähigkeiten determiniert ist. Für diese ‚Fähigkeiten' ist jedoch die Annahme der Normalverteilung äußerst bedenklich und die einer schiefen Verteilung weitaus eher gerechtfertigt[97].

Tinbergen hat seinen Ansatz verschiedentlich weiterentwickelt[98] und dabei die Fähigkeiten durch unterschiedliche Ausbildungsgrade ersetzt. Deren Nachfrage leitet er in seinem neuesten Ansatz[99] aus einer Produktionsfunktion bei kostenminimierendem Verhalten der Nachfrage nach Arbeit ab. Das Angebot kommt wiederum durch Nutzenmaximierung der Individuen zustande. In den Nutzenfunktionen treten die Differenzen zwischen den Ausbildungsansprüchen der Beschäftigung und der Ausbildung des Beschäftigten auf, und durch Nutzenmaximierung ergibt sich wie oben eine optimale, d. h. die Summe der individuellen Nutzen maximierende Einkommensverteilung.

Tinbergen interessiert sich im weiteren nicht für die Häufigkeitsverteilung, sondern hauptsächlich für die Frage, wie der Wirtschaftspolitiker durch Steuer- und Bildungssysteme das Zustandekommen dieser optimalen Verteilung begünstigen kann. Hinsichtlich des Steuersystems kommt er dabei zu dem Schluß, daß eine von Einkommen und Beschäftigungsart unabhängige, sich nur an der Ausbildung der einzelnen ausrichtende Pauschalsteuer das geeignetste Instrument sei, da es den Leistungswillen nicht dämpfend beeinflusse.

Die Tinbergsche Argumentation überzeugt wenig. Die Art der Beschäftigung ist im allgemeinen durch die Ausbildung bereits festgelegt, so daß die oben erwähnten Diskrepanzen zwischen beschäftigungs- und personenbezogener Ausbildungsqualifikation gering sein dürften. Innerhalb eines Bereichs der Ausbildungshierarchie allerdings können diese Leistungsanreize eine Rolle spielen und begründen

---

[97] So auch Bohnet, A.: Zur Theorie der personellen Einkommensverteilung. S. 20 ff. Stuttgart 1967.
[98] Siehe hierzu Literaturangaben in: Tinbergen, J.: Actual, Feasible and Optimal Income Inequality in a Three-Level Education Model. In: The Annals of the American Academy of Political and Social Science (eds. Lambert, R. D., Heston, A. W.). p. 156. Philadelphia 1973.
[99] Vgl. ebenda, S. 156.

bei den allgemein unterstellten Nutzenvorstellung entsprechende Einkommensdifferentiale und eine schiefe Einkommensverteilung. Insgesamt jedoch läßt sich die Einkommensgleichheit sicherlich nicht als Kompensation für unterschiedliches Arbeitsleid erklären. Insofern ist Tinbergens zuletzt erwähnter Ansatz nicht als erklärender Ansatz im Sinne positiver Ökonomie, sondern eher als normatives Konzept zu verstehen, das darzutun versucht, wie eine optimale Einkommensverteilung zustande kommen sollte.

Einkommen und Arbeitsleid

Einkommenshöhe und Befriedigung bei der Arbeit scheinen tatsächlich eher positiv (hohes Einkommen für befriedigendere Tätigkeiten) als negativ (niedriges Einkommen für befriedigendere Tätigkeit; bzw. hohes Einkommen für weniger befriedigende Tätigkeit) korreliert zu sein[100]. Der schlechtverdienende, freischaffende Künstler (geringes Einkommen bei befriedigender Tätigkeit) und der relativ besser verdienende Bergarbeiter (höheres Einkommen wegen höheren Arbeitsleides) sind eher Ausnahmen in einer Umwelt, in der Einkommen, Ansehen, Einfluß und Erfüllung bei der Beschäftigung positiv korreliert sind.

Ursachen der Ungleichheit

Wenn somit die Ungleichheit des Einkommens nicht durch die unterschiedliche Anstrenung bei Tätigkeiten gerechtfertigt werden kann, so muß ihr Fortbestehen in demokratischen Systemen andere letzte Ursachen haben.

1. Privateigentum

Die Ansicht, Privateigentum sei der eigentliche Grund jeglicher sozialer Ungleichheit, wurde nicht nur von Marx verfochten[101]. Tatsächlich ließ sich zeigen, daß Vermögenseinkommen und die Vererbbarkeit von Vermögen ein Bestimmungsgrund der Einkommensungleichheit sind und eine Paretoverteilung für den Bereich der hohen Einkommen bewirken. Mit diesem direkten Einfluß des Privateigentums auf die Einkommensverteilung ist dessen Rolle jedoch sicherlich nicht völlig erschöpft.

Champernowne, der die Determinanten der personellen Einkommensverteilung nach verschiedenen Kriterien unterscheidet, führt als ein Kriterium die Verkäuflich-

---

[100] Vgl. Scitovsky, T.: Inequalities: Open and Hidden. Measured and Immeasurable. In: The Annals of the American Academy of Political and Social Science, (eds. Lambert, R. D., Heston, A. W.), S. 112ff., insbesondere S. 116ff. Philadelphia 1973.

[101] Siehe hierzu den Überblick von Dahrendorf, R.: Über den Ursprung der Ungleichheit unter den Menschen. Recht und Staat, 232, S. 3ff. (1961).

keit bzw. Unverkäuflichkeit von Qualifikationen an und unterstellt, daß die käuflichen ungleichmäßiger verteilt wären[102]. Daß Besitz seinem Eigentümer ermöglicht, zeitweise auf Einkommen zu verzichten und ihn somit bei einkommensbestimmenden Verhandlungen mit auf laufendes Einkommen Angewiesenen in eine günstigere Position bringt und damit auch die Höhe von Nichtbesitzeinkommen mitbestimmt, ist offensichtlich. Zugleich erlaubt die Verkäuflichkeit von Vermögen eine raschere Substitution und damit Anpassung an Änderungen.

Bei gleich Begabten unterschiedlichen Vermögens wird einsichtig, daß der Vermögendere, sowohl was Dauer als auch Art der Ausbildung betrifft, die größeren Möglichkeiten hat. Die Einkommensdifferentiale der Vermögensverteilung konkurrieren somit mit denen käuflicher Qualifikationen, und während der Vermögensbesitzer eher die Möglichkeit hat, durch Erwerb entsprechender beruflicher Qualifikation eine erstrebenswerte andere Beschäftigung zu finden, ist der Weg des Besitzlosen zum Vermögen sehr beschwerlich.

Zugleich bedingt die gesellschaftliche Verflechtung von Personen, die sowohl Eigentümer- als auch Unternehmerfunktion ausüben, daß die an sich unselbständig Tätigen in Unternehmenshierarchien dem Besitzenden eher zugänglich sind, ohne daß letzterer als Eigentümer direkten Einfluß haben muß. Eine solche starke personelle Verwobenheit von Eigentümer- und Unternehmerfunktion kann schließlich auch begründen, daß die Einkommensverteilung in Unternehmerhierarchien denen der Vermögensverteilung gleicht, deren Aggregation ermöglicht und somit eine Paretoverteilung für die Höchsteinkommen zu erklären vermag.

Die Existenz von Besitzeinkommen kann jedoch lediglich den Unterschied in der Verteilung beim Vergleich mit Ländern ohne Privateigentum erklären. Die auch in solchen Ländern vorhandene Ungleichheit widerlegt indessen eindrücklich die Behauptung, Privateigentum sei die einzige Ursache sozialer Diskrepanz.

2. Arbeitsteilung

Zweifellos kommt auch den unterschiedlichen natürlichen Veranlagungen eine gewisse Bedeutung als Ursache zu, entscheidend für die Verstärkung dieser Unterschiede wirkt sicherlich die Arbeitsteilung[103]. In ihr kann jedoch nicht die alleinige Ursache der Ungleichheit gesehen werden. Die Arbeitsteilung bedingt nicht nur Spezialisierung, sondern führt auch zu einer ‚funktionalen Organisation'[104], zu Hierarchien also, sei es nun zu solchen unterschiedlichen Ausbildungsniveaus oder solchen, die sich durch Koordinations- und Kontrollaufgaben rechtfertigen.

3. Asymmetrie der Konkurrenz

Bezüglich Hierarchien unterschiedlichen Ausbildungsniveaus ist unumstritten, daß der Qualifiziertere zwar mit dem weniger Qualifizierten konkurrieren kann (z.

---

[102] Vgl. Champernowne, D. G.: a. a. O., S. 70f.
[103] Vgl. Dahrendorf, R.: a. a. O., S. 13f.
[104] Ebenda, S. 15.

B.: der Arzt mit dem Krankenpfleger, der Maurer mit dem Handlanger), dieses umgekehrt jedoch nicht möglich ist. Selbst wenn, was meist zutrifft, die Tätigkeit des Qualifizierteren befriedigender ist, wird er nicht weniger als der schlechter Qualifizierte verdienen, wenn ihm der Wechsel der Beschäftigung möglich wäre. Diese Asymmetrie der Konkurrenz bedeutet, daß Tätigkeiten, die mit höherem Ansehen und größerer Befriedigung verbunden sind, zumindest nicht schlechter entlohnt werden. Da zudem höhere Qualifikationen stärker gefragt sind, eröffnet sich für deren Eigentümer die Möglichkeit höheren Einkommens. Selbst wenn er beim Einschlagen einer bestimmten Laufbahn nicht primär auf den Einkommenserwerb, sondern auf die Aufgabe des Berufs abzielt, wird er die Möglichkeit höheren Einkommens kaum ablehnen. Aus diesem Grunde werden auch die teilweise guten empirischen Ergebnisse bei Tests des Human-Capital-Approach verständlich, der die Wahl der Ausbildung ausschließlich durch einen, einer Investitionsentscheidung vergleichbaren Entscheidungsprozeß erklärt und jegliche nichtfinanziellen Gesichtspunkte außer acht läßt. Diese Tatsache ist häufig Gegenstand heftiger Kritik.

4. Normen

Der Qualifizierte tritt sehr oft als Vorgesetzter auf, und daß der Vorgesetzte auch dort, wo er lediglich Koordinations- und Kontrollaufgaben wahrnimmt und nicht unbedingt qualifiziert sein muß, besser entlohnt wird als die ihm Untergebenen, ist selbstverständlich. Hier offenbart sich nun eine weitere Ursache der Ungleichheit.

Wesentliches Merkmal aller Gesellschaften sind Verhaltensnormen, und insofern als deren Existenz Sanktionen bzw. Anreize erfordert, stellen sie eine entscheidende Ursache der Ungleichheit dar[105]. Die Annahme gleicher Anreize, d. h. gleicher Nutzenzunahmen bei Individuen unterschiedlicher Position und unterschiedlichen Einkommens, bedeutet im Zusammenhang mit der Norm einer Nutzenfunktion abnehmenden Grenznutzens des Einkommens eine nach oben zunehmende Einkommensdifferenzierung, was eine schiefe Häufigkeitsverteilung der Einkommen zur Folge hat.

(a) *Asymmetrie der Normgestaltung.* Es ist in diesem Zusammenhang wichtig, daß die Normen selbst wesentlich durch die Mächtigen, Einflußreichen, Qualifizierteren und besser Verdienenden bestimmt sind und damit die Gestaltung der Normen selbst die Tendenz aufweist, die ‚Oberen' zu begünstigen.

(b) *Asymmetrie der Normanwendung.* Die Bedeutung der sogenannten ‚guten Beziehungen' für die Aufstiegsmöglichkeiten und damit für das Einkommen unterscheidet sich in Systemen unterschiedlicher Wirtschaftsordnung eher graduell als prinzipiell.

---

[105] Vgl. Dahrendorf, R.: a. a. O., S. 34.

Weiterhin zu erwähnen ist hier, daß gleiche nominelle Beträge je nach unterschiedlichem sozialem Status und Einkommen unterschiedliche reale Beträge bedeuten. Die Gewährung von Rabatten, zuvorkommendere Bedienung, aufmerksamere Beratung und besserer Kundendienst bedingen diesen Unterschied.

Schließlich hat auch der Spruch ‚quod licet iovi non licet bovi' seine Bedeutung bewahrt. Mit zunehmendem Aufstieg in der Hierarchie nimmt die Verflechtung von Geschäfts- und Privatsphäre zu. Die Möglichkeit, Betriebseigentum, ja sogar Beschäftigte für private Zwecke einzusetzen, begünstigt die Vorgesetzten ebenso wie die zahlreichen Werbegeschenke, die meist von der Konzeption her nur privat benutzt werden können. Zugleich steigen auch reale Zuwendungen des Betriebs — wie z. B. Dienstfahrzeug und Dienstwohnung — mit dem Einkommen und weisen meist den Vorteil der Steuerfreiheit auf. Bei diesen ‚fringe benefits' gilt es auch zu beachten, daß die Nutzenfunktion abnehmenden Grenznutzens die Schwelle der Normverletzung mit dem Einkommen erhöht. Die Abgrenzung zwischen Gefälligkeit und Bestechung ist einkommensabhängig.

Die unvermeidliche Existenz von Regeln in einer Gesellschaft bedingt unabhängig von deren Organisation Ungleichheit. Nutzenvorstellungen und der größere Einfluß der Begünstigten auf die Normen können die Schiefe der Häufigkeitsverteilung der Einkommen verursachen.

5. Demokratie und Einkommensgleichheit

Downs, der im Rahmen seiner ökonomischen Theorie der Demokratie auch die Verteilungspolitik von Regierungen in Staaten mit demokratischer Verfassung erklären will, betrachtet ausschließlich die Verteilungswirkung der Steuern, nicht aber die der Staatsausgaben[106]. Zielsetzung für jede Regierungspartei ist die Wahlstimmenmaximierung. Demokratische Regierungen weisen seiner Ansicht nach die Tendenz auf, Einkommensanteile von Beziehern hoher Einkommen zugunsten von Beziehern niedrigerer Einkommen umzuverteilen, und zwar deshalb, weil die solchermaßen Begünstigten diese Umverteilung mit Wahlstimmen für die Regierungspartei honorieren. Da die Bezieher hoher Einkommen in der Minderzahl sind, überwiegen bei solchen Maßnahmen die Stimmengewinne die Stimmenverluste.

Drei Gründe gibt es nach Downs dafür, weshalb es nicht zu völliger Nivellierung kommt:

1. Die Unmöglichkeit, auf Anreize zu verzichten, soll das Produktionsniveau nicht dermaßen sinken, daß dieses zum Verlust von Wahlstimmen führt.

2. Das Einverständnis Benachteiligter mit einer gewissen Ungleichheit, das auf der Hoffnung beruht, selbst vielleicht einmal zum Kreis der Bessergestellten zu gehören.

---

[106] Vgl. Downs, A.: Ökonomische Theorie der Demokratie, S. 194–197. Tübingen 1968.

3. Die Tatsache, daß die durch das Wahlrecht garantierte formale Gleichheit jedes Wählers durch die bestehende Macht- und Einkommensverteilung teilweise aufgefangen wird[107].

Diese drei Argumente von Downs für eine Tendenz zur Ungleichheit erscheinen stichhaltig, nicht jedoch seine Begründung für die Nivellierungstendenz.

Bei der Besprechung der Messung der personellen Einkommensverteilung wurde erwähnt, daß das arithmetische Mittel nur bedingt für eine Charakterisierung der Einkommensverteilung geeignet ist. Der Typ des Durchschnittsbürgers dürfte im gesellschaftlichen Bewußtsein nicht so sehr derjenige sein, der ein Einkommen in der Höhe des arithmetischen Mittels bezieht, sondern eher der am häufigsten auftretende Typ. Als Einkommen entspricht diesem Typ der Modalwert, der bei der für die Einkommen typischen Verteilung unter dem arithmetischen Mittel liegt. Somit beziehen mehr Einkommensbezieher ein Einkommen, das über dem so verstandenen Normaleinkommen liegt, und weniger ein niedrigeres. Danach wird nicht unbedingt die Mehrheit an einer allgemeinen Umverteilung interessiert sein, da ein größerer Teil den Eindruck hat, ein übernormales Einkommen zu beziehen.

Diese Argumentation bleibt auch dann stichhaltig, wenn der Vergleich innerhalb homogener Gruppen erfolgt, innerhalb derer statistische Untersuchungen ebenfalls diese Schiefe bestätigen.

Zugleich müssen sich Steuern auf einen großen Teil der Einkommensempfänger beziehen, sollen sie nicht lediglich die Einkommensverteilung nivellieren, sondern auch die beträchtlichen Staatsausgaben finanzieren helfen. Das führt zusammen mit der ebenerwähnten Vorstellung vom Normaleinkommen somit nicht zwangsläufig dazu, daß mit einer Umverteilungspolitik Stimmengewinne zu erzielen sind.

Des weiteren stößt die staatliche Umverteilungspolitik an Grenzen. Einmal ist es, wie bereits erwähnt, möglich, durch unentgeltliche reale Leistungen steuerfrei Einkommen zu übertragen. Zum anderen werden Steuern und Sozialabgaben durch Schwarzarbeit vermieden, sobald sie eine gewisse Höhe übersteigen. Letztendlich führen solchermaßen hohe Abgaben dazu, daß Tätigkeiten von außerhalb des Haushalts, die zu Einkommen und damit zu Steuern führen, vermehrt in den Haushalt zurückverlegt werden, d. h. die Arbeitsteilung nimmt ab.

Die staatliche Redistribution dient nicht ausschließlich der Einkommensnivellierung, sondern zielt zugleich darauf ab, die sich aus dem Marktgeschehen ergebende Verteilung in eine mehr den Bedürfnissen gerecht werdende zu überführen. Hiermit wird der Konflikt zwischen der leistungsgerechten und der bedürfnisgerechten Einkommensverteilung angesprochen.

---

[107] Vgl. Fleischmann, G.: Ungleichheit unter den Wählern, Hamburger Jahrbuch für Wirtschafts- und Gesellschaftspolitik, 12. Jahr, S. 124–141 (1967).

Rückblickend bleibt zu bemerken, daß Kriege, Revolutionen und ökonomische Krisen[108] sowie andere Einflüsse, die von Ökonomen als exogen betrachtet werden[109], die Einkommens- und Vermögensverteilung stark verschoben haben, während ‚friedliche' Änderungen äußerst selten sind. In Kriegs- und Krisenzeiten scheinen Verteilungsänderungen teilweise auch dadurch bedingt zu sein, daß dem Bedürfnisprinzip stärkere Bedeutung beigemessen wird. „Eine außerordentliche Beschleunigung erfuhr der Nivellierungsprozeß in den Kriegs- und unmittelbaren Nachkriegszeiten, wo der allgemeine Notstand dazu führte, daß man das Lebenserhaltungsprinzip statt dem Leistungsprinzip in den Vordergrund rückte"[110]. Dies äußerte sich hinsichtlich der Primärverteilung in Lohnerhöhungen, die eher in absoluten als in relativen Zuschlägen erfolgten, womit die Lohnverhältnisse angeglichen wurden. Rothschild glaubt im weiteren, daß die mit der Normalisierung einsetzende Entnivellierung diese Effekte der Weltkriege und Nachkriegsinflation indessen nicht wieder völlig aufgehoben hätten[111]. Insgesamt scheint es das, was hier für die Lohnstruktur angeführt wurde, auch für die Verteilung als Gesamtes zu geben: ein Gleichgewicht im Sinne einer den historisch gewachsenen Normen entsprechenden Ungleichheit.

Die verschiedenen normativen Gesichtspunkte, unter denen die Einkommensgleichheit betrachtet werden kann, hat Pen umfassend beschrieben[112]. Hinsichtlich dieser Fragestellung möchte sich der Autor auf die Bemerkung beschränken, daß Bedürfnisbefriedigung ein Ziel, Leistung dagegen im wesentlichen ein Mittel ist und demzufolge Verteilungspolitik sich wesentlich am Maßstab der Bedürfnisgerechtigkeit ausrichten sollte.

3. Ansätze zur Ermittlung der Bestimmungsgründe für die Höhe des personellen Einkommens[113]

Es ist offensichtlich, daß ein Großteil dessen, was im vorherigen Abschnitt als Ursache für die Einkommensstreuung in ihrer speziellen Gestalt angeführt wurde,

---

[108] Vgl. Thurow, L. C.: The Political Economy of Income Redistribution Policies. In: The Annals of the American Academc of Political and Social Science (eds. Lambert, R. D., Heston, A. W.), p. 146ff., insbesondere p. 155. Philadelphia 1973.

[109] So scheint beispielsweise auch der Zustrom von Arbeitskräften aus der DDR in der Nachkriegszeit die Einkommen der Unselbständigen in der BRD in Richtung auf eine größere Gleichmäßigkeit beeinflußt zu haben.

[110] Rothschild, K.: Lohntheorie, a.a.O., S. 98. Fußnote 6.

[111] Vgl. ebenda, S. 98.

[112] Vgl. Pen, J.: Income Distribution, a.a.O., S. 293—315, sowie: Bronfenbrenner, M.: Equality and Equity. In: The Annals of the American Academy of Political and Social Science (eds. Lambert, R. D., Heston, A. W.), p. 9f. Philadelphia 1973.

[113] Vgl. Hollitscher, C. L.: Die Determinanten der personellen Einkommensverteilung, Basel 1975.

nunmehr zu wiederholen wäre. Die Untersuchung der Einkommensstreuung richtete sich gezwungenermaßen auf das Aggregat der personellen Einkommen, deren Streuung auf jeweils einzelne Ursachen zurückgeführt werden mußte. Dagegen kann bei der Betrachtung der Bestimmungsgründe für die Höhe des Einzeleinkommens dem Zusammenwirken der verschiedenen Ursachen mehr Beachtung geschenkt werden.

3.1. Einfluß sozioökonomischer Konstanten

Kravis[114] kennzeichnet den bestverdienenden Typ des Haushalts in den USA folgendermaßen. Der Haushaltsvorstand wohnt im Norden oder Westen der Vereinigten Staaten, und zwar in einer Vorstadt, ist weißer Rasse, übt eine selbständige Tätigkeit aus oder ist als Fachmann oder leitender Angestellter unselbständig tätig, er hat ein Alter zwischen 35 und 54 Jahren und verfügt schließlich über eine Ausbildung über den ‚college level' hinaus. Hätte Kravis nicht auf Haushalte, sondern auf einzelne Einkommensempfänger abgestellt, so wäre sicher noch das männliche Geschlecht als Kennzeichen des Bestverdieners hinzugekommen. Die aufgeführten Merkmale beschreiben, wie erwähnt, den bestgestellten Haushaltstyp. Mit dieser Formulierung ist die Frage umgangen, ob das Wohnen in Vororten Folge oder Voraussetzung hohen Einkommens ist. Die Antwort auf die Frage nach der Verursachungsrichtung würde bei diesem Beispiel eher den Wohnsitz im Vorort als Folge anführen, während andererseits die Region Norden oder Westen sehr wohl als Voraussetzung guter Verdienstmöglichkeiten aufgefaßt werden kann. Da das Einkommen weder das Lebensalter noch die Hautfarbe zu beeinflussen vermag, scheint bei diesen Kennzeichen die Verursachungsrichtung eindeutig. Hier ergibt sich das Problem, inwieweit Alter und Hautfarbe als eigentliche Ursachen unterschiedlichen Einkommens akzeptiert werden können. Was das Alter angeht, so kann tatsächlich unterstellt werden, daß zumindest bezüglich der körperlichen Leistungsfähigkeit diese zunächst zu und danach wieder abnimmt. Hinsichtlich der Rasse wird im allgemeinen angenommen, daß sie nicht eigentliche Ursache unterschiedlichen Einkommens sein kann, sondern in der Diskriminierung und den dadurch bedingten ungünstigeren Umwelt- und Bildungsbedingungen zu suchen ist.

Der Begriff sozioökonomische Konstanten in der Überschrift dieses Abschnitts meint, daß hier Größen angesprochen werden, die das Individuum selbst nicht beeinflussen kann. Diese Determinanten sind im einzelnen das Geschlecht, die Rasse, das Alter, die angeborenen Fähigkeiten und das Elternhaus. Die Bezeichnung dieser Merkmale als Konstanten soll nicht heißen, daß deren einkommensbestimmender Einfluß insgesamt ein Datum darstellt und sich wirtschaftpolitischer Beein-

---

[114] Vgl. Kravis, I. B.: The Structure of Income, p. 300. Pennsylvania 1962.

flussung entzieht. Wie sich nämlich diese vom einzelnen nicht beeinflußbaren Größen auf dessen Einkommen auswirken, hängt selbstverständlich von der Gesellschaft ab, in der er lebt.

Geschlecht

Das Geschlecht einer Erwerbsperson ist ein dermaßen entscheidender Bestimmungsgrund für deren Einkünfte, daß bei den meisten empirischen Untersuchungen der Einkommensverteilung oft von vornherein nur hinsichtlich dieses Merkmals homogene Gruppen gebildet werden und fast ausschließlich Untersuchungen über die Einkommensverteilung männlicher Beschäftigter vorliegen.

Die Benachteiligung der Frau hinsichtlich des Einkommenserwerbs hat seinen Ursprung in der Arbeitsteilung. Die Verlegung der Tätigkeit außerhalb des familiären Bereichs mußte die innerhalb der Familie stärker gebundene Frau benachteiligen. Außerdem wurden im Zuge der Arbeitsteilung wichtige Tätigkeiten, die die Bedeutung der Frau im Haushalt gestärkt hatten, wie Kranken- und Altenversorgung, Erziehung und Nahrungsmittelzubereitung, zunehmend, ja teilweise fast ganz dem Haushalt entzogen. Die Frau, die somit im Haushalt zunehmend weniger Beschäftigung findet, tritt zwar immer mehr als Berufstätige außerhalb der Familie in Erscheinung[115], aber an ihrer Benachteiligung hat sich wenig geändert.

Die Frau ist meist schlechter ausgebildet, denn Heirat, Gebären und Aufziehen von Kindern unterbrechen die Berufstätigkeit oder beenden sie sogar, so daß Bildungsinvestitionen bei Mädchen weniger lohnend erscheinen[116]. Desgleichen spielen diese Gesichtspunkte bei der Möglichkeit von Beförderungen eine entscheidende Rolle[117]. Berufstätigkeit der Frau wird somit nur als zeitweise Beschäftigung und Nebenbeschäftigung sowohl von der Gesellschaft als meist auch von den Frauen selbst aufgefaßt. Auch ohne formale Diskriminierung der Frau wurde diese

---

[115] In der BRD sind 36,6 % der Beschäftigten Frauen. Quelle: Statistisches Jahrbuch für die Bundesrepublik Deutschland, S. 138. Stuttgart und Mainz 1973.

[116]

Wohnbevölkerung in % nach dem höchsten Schulabschluß	Volksschule	Mittlere Reife	Abitur	Berufsfach-, Fach-, Ingenieurschule	Hochschule
männlich	52,7	5,1	1,4	8,6	2,9
weiblich	61,1	7,4	0,9	5,1	1,3

Tabelle nach Angaben des Statistischen Bundesamtes, Werte von 1970.

[117] Vgl. Rothschild, K.: Lohntheorie, a.a.O., S. 97.

solchermaßen in Berufstätigkeiten geleitet, die geringere Qualifikationen voraussetzen und damit geringeres Einkommen rechtfertigen.

Diese Merkmale wurden mit Frauenbeschäftigungen schlechthin verknüpft und somit auch auf die typischen Frauenberufe übertragen. Die Kindergärtnerin und die Handarbeitslehrerin, die Krankenschwester und die Sekretärin verdienen weniger und haben geringere Aufstiegschancen als Männer in Beschäftigungen entsprechender Anforderungen, wobei zu bedenken bleibt, daß die weniger aufwendige Ausbildung in diesen Berufen diese selbst diskriminiert und den Vorwand für geringere Entlohnung liefert.

Wo jedoch die Frau als Konkurrentin ihrer männlichen Kollegen in Erscheinung tritt, bleiben ihre Aufstiegschancen gering. Bei einem Anteil von 40% der Beschäftigten in den USA gehören nur 11 Frauen zum Top Management, was einem Anteil von $\frac{1}{600}$ entspricht[118].

Rasse

Ähnlich wie bei dem Geschlecht äußert sich Rassendiskriminierung in geringeren Aufstiegschancen bei gleicher Ausbildung. Bei 8% Collegeabsolventen jüdischer Abstammung in den USA machen diese lediglich 0,5% der Spitzenmanager aus[119]. Rassendiskriminierung kommt jedoch nicht allein hierin, sondern vor allem auch in höherer Arbeitslosigkeit zum Ausdruck. In diesem Zusammenhang sind besonders die ausländischen Arbeitnehmer in der BRD und die Farbigen in den USA zu erwähnen.

Alter

Das Alter als Bestimmungsgrund der Einkommenshöhe ist zum großen Teil nur Begleiterscheinung in der Zeit ablaufender Einkommensentwicklungen. Wer mit der Zeit reicher wird, altert zugleich. Vermögen und Vermögenseinkommen sind mit dem Alter positiv korreliert (siehe hierzu Tabelle 10). Wo Leistungsunterschiede schwer festzustellen sind und damit als Rechtfertigung für Einkommenserhöhungen entfallen, erfolgt die Beförderung meist nach dem Dienstalter, ohne daß sich dies durch eine entsprechende Leistungs- oder Bedürfnisentwicklung rechtfertigen läßt. Berufe, deren höheres Einkommen erst durch eine längere Ausbildung zugänglich wird, bedingen, daß diese höheren Einkommen erst bei einem der Ausbildungsdauer entsprechenden höheren Alter auftreten.

Zunächst läßt sich feststellen, daß das Einkommen bis zu einem gewissen Alter zunimmt und diese Zunahme andauert, wenn das Einkommen auf Vermögensakkumulation beruht oder in Beschäftigungen mit ausschließlicher Einkommenssteigerung nach dem Dienstalter erworben wird.

---

[118] Vgl. Hollitscher, C. L.: Die Determinanten der personellen Einkommensverteilung, a.a.O., S. 29.
[119] Vgl. ebenda, S. 33.

In Berufen, in denen sich die Entlohnung in einer leistungsorientierten Konkurrenz ergibt, ist dagegen ab einem gewissen Alter ein Abflachen der Einkommensentwicklung zu beobachten. Sieht man vom Fall der Pensionierung ab, so sinken die Einkommen zwar nicht, es erfolgt aber keine Steigerung mehr. Sollte dies darauf zurückzuführen sein, daß der Höhepunkt körperlicher und wohl auch geistiger Leistungsfähigkeit in einem Alter vor der Pensionierungsgrenze erreicht wird, so müßten die Leistungseinkommen danach sinken. Mit zunehmender Mechanisierung der Arbeitswelt dürfte indessen für einen großen Teil der Beschäftigten die altersbedingte Abnahme der Leistungsfähigkeit ohne Einfluß auf die berufliche Leistung sein. Entscheidender dafür, daß die Einkommenszunahmen bei einem gewissen Alter aufhören, wird jedoch die mit dem Alter zunehmende Immobilität sein. Sie äußert sich einerseits in einer sinkenden Bereitschaft, sich nach einem Stellenwechsel an einem neuen Arbeitsplatz mit höherem Einkommen einzuarbeiten und zugleich auf der Nachfrageseite nach Arbeitskraft in der Tendenz, sich im Zweifelsfalle für den Jüngeren zu entscheiden, der für gesünder und leistungsfähiger gehalten wird. Die Konkurrenzfähigkeit des älteren Arbeitnehmers und damit seine Möglichkeit zu weiteren Einkommenssteigerungen werden demzufolge eingeschränkt.

Angeborene Fähigkeiten

Als nächste sozioökonomische Konstanten wären nunmehr die angeborenen Fähigkeiten zu besprechen. Es soll hier nicht der Versuch unternommen werden, diese im engeren Sinne von den unmittelbaren nachgeburtlichen Einflüssen der Umwelt zu trennen. Untersuchungen existieren im wesentlichen nur im Bereich der Intelligenzforschung. Es läßt sich zeigen, daß die Rangfolge der Intelligenzquotienten, wie sie sich bei Tests an 18jährigen ergibt, mit der im Säuglingsalter kaum korreliert ist und sich erst mit zunehmendem Alter über einen Rangkorrelationskoeffizienten[120] von 0,6 für 6jährige und einem von 0,9 für 15jährige die Rangfolge der 18jährigen ergibt[121]. Ganz entscheidende Bedeutung kommt somit der sozioökonomischen Konstanten ‚Elternhaus' zu[122].

Lydall unterscheidet sechs Determinanten für die Einkommenshöhe[123]:

1. die geerbte Intelligenz und andere Charaktermerkmale,

---

[120] Der Rangkorrelationskoeffizient gibt in diesem Zusammenhang an, wie stark die nach dem Intelligenzquotienten festgelegte Rangfolge der 18jährigen der Rangfolge dieser in anderem Alter gleicht. Bei völliger Übereinstimmung der Anordnung erreicht er den Höchstwert Eins.
[121] Vgl. Ernst, C.: Intelligenz: Erbbedingtheit und Beeinflußbarkeit. Methoden und vorläufige Ergebnisse der Intelligenzforschung, Neue Züricher Zeitung, Nr. 466, S. 37f. 8. Oktober 1973.
[123] Vgl. Lydall, H.: The Structure of Earnings, a.a.O., p. 135.

2. die sozioökonomische Klasse, in die das Individuum geboren und in der es aufgezogen wird,

3. die Art der besuchten Schulen und die Dauer der formalen Bildung,

4. die Veränderungen der Fähigkeiten, der Gesundheit, der körperlichen Kräfte und des Charakterbildes während der ersten zwanzig bis dreißig Jahre beruflicher Tätigkeit,

5. die Bereitschaft und Gelegenheit, eine leitende Stellung anzutreten, um an Stelle der Beurteilung anhand der Fähigkeiten in einen Bereich zu wechseln, in dem, Lydalls Hierarchiemodell entsprechend, die Verantwortung die Bezahlung bestimmt,

6. das Glück.

Elternhaus

Bei der Durchsicht dieser sechs Punkte wird deutlich, wie stark, sieht man vom Einfluß des Glücks ab, all diese Komponenten positiv mit dem Elternhaus korreliert sind, und es verwundert folglich nicht, wenn Lydall anhand seiner empirischen Untersuchungen zu dem Schluß kommt, daß Umwelt und Ausbildung die entscheidenden Determinanten der Einkommenshöhe ausmachen. Die sozioökonomische Konstante Umwelt bzw. Elternhaus läßt sich dabei nach drei Maßstäben erfassen[124], und zwar nach dem Einkommen, der Ausbildung und dem elterlichen Berufsstatus[125]. Hinsichtlich der Vermögenslage der Eltern kommt Kruk zum Ergebnis, daß nur 9.8 % der Eltern von Aufsichtsräten und Vorständen Vermögen haben, während 13.3 % der Eltern ihr Vermögen teilweise, 35,9 % ganz verloren und 41 % nie solches besessen hatten[126]. Andererseits hat bei 34,1 % dieser Manager mindestens ein Elternteil studiert, wobei zugleich bei diesen 34,1 % ein größerer Teil zugleich vermögend ist[127]. Hierbei zeigt sich, daß tatsächlich eine Bedeutungsverlagerung vom Kapital zum ‚Human Capital‘ erfolgt ist, die oft auch als Bildung einer Meritokratie bezeichnet wird.

Was den Berufsstatus der Eltern angeht, so fällt ins Auge, daß 33.7 % der Manager-Väter Beamte, 26,1 % Selbständige und nur 5,8 % der Väter Arbeiter, Berufsunfähige oder früh Verstorbene sind[128].

---

[124] Vgl. Hollitscher, C. L.: Die Determinanten der personellen Einkommensverteilung, a.a.O., S. 11.
[125] Vgl. dazu Tabelle 11.
[126] Vgl. Kruk, M.: Die großen Unternehmer, S. 15f. sowie Tabellen 1 und 2. Frankfurt 1972.
[127] Vgl. Kruk, M.: a.a.O., Tabellen 8 und 9, S. 51f.
[128] Vgl. ebenda, Tabelle 7, S. 16.

Kruk bildet nun nach diesen Kriterien vier soziale Schichten, und zwar die der Manager selbst, des Besitz- und Bildungsbürgertums, des Kleinbürgertums und der sozialen Unterschicht, und zeigt, daß die Aufstiegschancen der beiden letzten Klassen gering sind. Jencks, der die Einkommensungleichheit durch die Standardabweichung der Einkommen mißt, betont jedoch, daß eine Beseitigung der Einkommensunterschiede zwischen den Berufen die Einkommensgleichheit nur halb so stark reduzieren würde wie eine Beseitigung der Ungleichheit innerhalb der Berufsgruppen selbst[129].

Die Aufstiegsmöglichkeiten sind hingegen auch von der wirtschaftsgeschichtlichen Situation einer Gesellschaft abhängig. Sogenannte gesellschaftliche Umwälzungen sind geradezu definiert als Zustände höherer Schichtenmobilität. Entsprechend begründet auch Kruk die in der BRD im Vergleich zu den USA günstigeren Aufstiegsmöglichkeiten an sich benachteiligter Schichten, wobei die Geschwindigkeit wirtschaftlicher Änderungen und damit die verhältnismäßig starke Nachfrage nach qualifizierten Kräften diese Mobilität erhöht[130].

Hinsichtlich der Bedeutung des Familienhintergrundes für das Einkommen schließt Jencks, „daß der Familienhintergrund rund 15 % der Einkommensvarianz erklärt", was besagt, daß, wenn „die USA die allgemeine Chancengleichheit auch nur soweit verringern, daß sie nicht mehr größer wäre als die heute zwischen zwei Brüdern bestehende Chancengleichheit, würde das am besten bezahlte Fünftel aller männlichen Erwerbstätigen immer noch 500 Prozent mehr verdienen als das am schlechtesten bezahlte Fünftel"[131].

Wichtig zu erwähnen ist in diesem Zusammenhang die unterschiedliche Gewichtung der verschiedenen sozioökonomischen Konstanten, je nachdem, in welcher Kombination sie auftreten. So hat Krupp die große Bedeutung beobachtet, die dem Alter des Haushaltsvorstandes besonders dann für die Einkommenshöhe zukommt, wenn dieser männlichen Geschlechts ist, was nach dem zuvor über diese beiden Konstanten Gesagten durchaus einleuchtet[132].

3.2. *Einfluß sozioökonomischer Variablen*

Unter sozioökonomischen Variablen sollen solche Rahmenbedingungen des Wirtschaftsgeschehens verstanden werden, denen sich das Individuum in gewissen Grenzen anpassen kann. Hierunter sind insbesondere die Region und die Branche der beruflichen Tätigkeit, die berufliche und schulische Ausbildung sowie die

---

[129] Vgl. Jencks, C.: a.a.O., S. 258.
[130] Vgl. Kruk, M.: a.a.O., S. 59 ff.
[131] Jencks, C.: a.a.O., S. 249 f.
[132] Vgl. Krupp, H. J.: Empirische Ansätze zur Erklärung der personellen Einkommensverteilung, a.a.O., S. 116.

Haushaltsstruktur zu verstehen[133]. Es muß nochmals darauf hingewiesen werden, daß die meisten Untersuchungen in diesem Zusammenhang auf Querschnittsuntersuchungen beruhen und keine kausalen Interpretationen erlauben.

Region

Hinsichtlich des Einflusses der Region auf das Einkommen ist die Abhängigkeit von der Gemeindegröße durch die Bildung von Ortsklassen in Tarifverträgen und bei der Beamtenbesoldung institutionell geregelt. Diese Tatsache soll wohl dadurch gerechtfertigt werden, daß es zwischen Gemeinden unterschiedlicher Größe systematische Differenzen im Preisniveau gibt und daß durch diese Ortsklasseneinteilung ein gleiches Realeinkommen unabhängig vom Ort gewährleistet werden soll. Die Annahme erscheint in Anbetracht der hohen Mobilität äußerst fragwürdig.

Bei der Wahl der Region spielen Nichtlohnkomponenten, wie z. B. die Umwelt, eine entscheidende Rolle. Der größere Einfluß von solchen Nichtlohnfaktoren bei älteren Menschen und die damit verbundene größere geographische Immobilität stellen einen Aspekt der im vorhergegangenen Kapitel erwähnten geringeren Anpassungsfähigkeit der Älteren dar. Ähnliches gilt auch für die Frau, bei der oft überhaupt die Möglichkeit beruflicher Tätigkeit von bestimmten regionalen Gegebenheiten (Kindergärten, Schulen und Einkaufsmöglichkeiten) abhängt.

Auch was die Region angeht, so ist der Einfluß dieser Ursache auf das Einkommen schwer von dem der Branchenzugehörigkeit bzw. Branchenabhängigkeit zu trennen. Letzteres zeigt sich deutlich am Beispiel der Landflucht, die eine Reaktion auf sowohl branchenspezifische als auch regionale Einkommensunterschiede darstellt.

Die internationale Einkommensverteilung ist ebenso ein Aspekt des Bestimmungsgrundes Region. Einkommensunterschiede zwischen Nationen werden im Vergleich zu denen innerhalb eines Landes eher Bestand haben, da die internationale Mobilität gering ist. Die eigentlichen Ursachen der Differenzen werden dabei durch den Begriff der Nation gewissermaßen zusammengefaßt und bestehen nicht nur in den unterschiedlichen natürlichen Bedingungen, sondern sind wesentlich auch historisch und weltanschaulich determiniert[134].

Schulische Ausbildung

Die schulische Ausbildung stellt Jencks zwar als einen wichtigen Grund für den späteren beruflichen Status heraus, zugleich betont er, wie bereits erwähnt, daß

---

[133] Vgl. Hollitscher, C. L.: Die Determinanten der personellen Einkommensverteilung, a.a.O., S. 42.

[134] Vgl. Kravis, I. B.: A World of Unequal Incomes. In: The Annals of the American Academy of Political and Social Science (eds. Lambert, R. D., Heston, A. W.), p. 61 ff. Philadelphia 1973.

der größte Teil der Einkommensungleichheit auf Differenzen innerhalb der gleichen Berufe beruht[135].

Schulische Ausbildung dürfte in den meisten Bildungssystemen im wesentlichen durch die sozioökonomische Konstante Elternhaus bestimmt sein. Inwieweit die schulische Bildung der Kinder durch die der Eltern bedingt wird, zeigt Tabelle 12. Der Einfluß des einzelnen auf seine eigene Ausbildung ist lediglich dort von entscheidender Bedeutung, wo die Ausbildungsgänge lang sind und damit vom älteren Auszubildenden stärker beeinflußt werden können.

Interessant ist in diesem Zusammenhang, daß in der BRD 73,9 % der Aufsichtsräte und Vorstandsmitglieder ein abgeschlossenes Hochschulstudium aufweisen, während bei den Erbeigentümern der Eigentümer-Unternehmer der entsprechende Prozentsatz lediglich 50,9 beträgt[136]. Ausbildung und Familienhintergrund sind demzufolge sowohl komplementäre als auch substitutive Qualifikationen, d. h. sie treten meist gemeinsam auf, können sich aber auch in gewissem Umfange ersetzen.

Zahl der Erwerbstätigen

Daß das Haushaltseinkommen mit der Zahl der berufstätigen Haushaltsmitglieder zunimmt, scheint selbstverständlich. Der Einfluß ist indessen relativ gering[137], was zum Teil sicherlich darauf beruht, daß zusätzliche Verdienste ihre Ursache oft im niedrigeren Einkommen des Haushaltsvorstandes haben und andererseits bei höherem Einkommen des Mannes die Ehefrau keine ‚standesgemäße' Beschäftigung findet, wenn sie nicht entsprechend qualifiziert ist. Bei der Verteilung auf Einkommensempfänger äußern sich die Zusatzverdienste größerer Haushalte in einer größeren Häufigkeit der niedrigsten Einkommen, wodurch die Häufigkeitsverteilung bei den Unselbständigen oft zweigipflig (bimodel) wird, wie dies in Abb. 1 zum Ausdruck kommt. Bei den selbständig Tätigen ist es aus steuerlichen Gründen oft vorteilhaft, Familienangehörige als Mithelfende zu entlohnen. Das führt dann dazu, daß die Verteilung auf Einkommensbezieher gleichmäßiger und das Einkommen der Selbständigen niedriger in Erscheinung tritt als bei Anwendung des Haushaltskonzepts.

Art der Beschäftigung

Die sozioökonomischen Konstanten Alter und Geschlecht sowie die Variablen Wohnort, Ausbildung und Beschäftigungsart (Arbeiter, Angestellter, Landwirt, Gewerbetreibender, freiberuflich Tätiger, Rentner, Pensionär, Beamter) sind in

---

[135] Vgl. Jencks, C.: a.a.O., S. 209.
[136] Vgl. Kruk, M.: a.a.O., S. 69ff., sowie Tabellen 16, 22 und 50.
[137] Vgl. Krupp, H. J.: Empirische Ansätze zur Erklärung der personellen Einkommensverteilung, a.a.O., S. 116.

den meisten empirischen Untersuchungen als entscheidende sozioökonomische Determinanten der Einkommenshöhe gefunden worden, die insgesamt mehr als die Hälfte der Einkommensstreuung erklären[138]. Es ist offensichtlich, daß die angeführten sozioökonomischen Variablen weitgehend auch durch die Konstanten Elternhaus bzw. Umwelt bedingt sind und somit Theorien, die diesen Bestimmungsgrund als entscheidend erachten, nicht widersprechen.

Soll demzufolge untersucht werden, wie Faktorpreise, Faktorverteilung und Einkommensverwendung, ökonomische Variable im engeren Sinne also, die Höhe des personellen Einkommens bestimmen, so müssen hinsichtlich dieser sozioökonomischen Determinanten homogene Gruppen untersucht werden.

3.3. Ökonomische Determinanten der Höhe des personellen Einkommens

Bereits früher war erwähnt worden, daß ein Teil der makroökonomisch theoretischen Ansätze die funktionelle Verteilung aus der Einkommensverwendung zu erklären suchte. Insofern als die Einkommensverwendung auf dem Verhalten von Personen beruht, die funktionelle Einkommensverteilung jedoch Folge der Faktorentlohnung ist, stimmen beide Ansätze nur dann überein, wenn sozioökonomische Gruppen gleichen Verhaltens zugleich auch nur über einen Faktor und über diesen vollständig verfügen. Sobald es zur Querverteilung kommt, unterscheiden sich Verteilung auf sozioökonomische Gruppen und funktionelle Einkommensverteilung. Von einer Theorie der personellen Einkommensverteilung kann in diesem Zusammenhang kaum gesprochen werden, da viele dieser Ansätze beim überlieferten Zweigruppenmodell bleiben[139]; denn diese Modelle können weder Gruppen bilden, die hinsichtlich der oben aufgeführten sozioökonomischen Merkmale homogen sind, noch solche, innerhalb derer die Einkommensstreuung so gering ist, daß mit dem der betreffenden Gruppe zufallenden Gesamteinkommen oder Einkommensanteil zugleich etwas über ein ökonomisch sinnvolles, d. h. als personelles Einkommen interpretierbares Durchschnittseinkommen ausgesagt werden kann. In diesem Falle nämlich gestattet eine Theorie, die die personellen Einkommen genügend homogener Gruppen erklärt, auch eine Aussage über die Einkommensstreuung.

---

[138] Siehe hierzu den Überblick von Bjerke, K.: Some Income and Wage Distribution Theories: Summary and Comments, Weltwirtschaftliches Archiv, Bd. 86, S. 46ff. (1961), sowie die empirische Untersuchung anhand der Einkommens- und Verbrauchsstichprobe des Jahres 1962/63 von H. J. Krupp, Empirische Ansätze zur Erklärung der personellen Einkommensverteilung, a.a.O., Übersicht 2.

[139] Überblick hierzu Abb, F.: Wirtschaftswachstum und Einkommensverteilung, München 1971, sowie Bombach, G.: Die verschiedenen Ansätze der Verteilungstheorie, a.a.O., S. 95.

II. Personelle Einkommensverteilung

Erst bei einer Vergrößerung der Gruppenzahl wird es möglich, als personelle Einkommen deutbare Gruppeneinkommen zu erklären. Mehrgruppenmodelle, die allen Interdependenzen Rechnung tragen, stoßen rasch an Grenzen, sollen sie rein theoretisch diskutiert werden[140]. Dann zwingt die notwendige Überschaubarkeit zu vergröbernden Vereinfachungen. Zudem ist offensichtlich, daß ein Ansatz, der personelle und funktionelle Verteilung verbinden will, als wesentliches Element eine Theorie der Querverteilung enthalten muß und somit den Vermögensbildungsprozeß berücksichtigend notwendigerweise dynamisch ist. Dynamische Mehrgruppenmodelle sind jedoch bereits im Falle des Zweigruppenmodells formal schwer zu handhaben, und entsprechend schwierig zu interpretieren[141].

Ansatz von Krupp

Als brauchbare Methode bleibt hier die Simulation mit Hilfe des Computers. Diesen Weg hat Krupp bestritten, und sein Vorgehen soll kurz skizziert werden[142]. Der Modellaufbau läßt sich aus der folgenden Übersicht ersehen[143]. Für die Simulation vorgegeben und die Ausgangssituation kennzeichnend sind die Verteilung der einzelnen Produktionsfaktoren auf die Haushaltsgruppen, die Gruppierung der Haushalte nach sozioökonomischen Gesichtspunkten und infolge der Inhomogenität des Faktors Rentenkapital dessen Zusammensetzung für die jeweiligen Haushaltsgruppen. Die funktionelle Verteilung des Gesamteinkommens sowie die Entwicklung der Faktorpreise werden nicht erklärt, da sie Inhalt der funktionellen Verteilungstheorie sind. Gegenstand der personellen Verteilungstheorie ist nach Krupps Auffassung die Erklärung der Verteilungsmatrix, deren Spalten die Verteilung der verschiedenen Faktoreinkommen auf die einzelnen Haushalte darstellen, während den Zeilen zu entnehmen ist, wie sich das Einkommen einer Haushaltsgruppe auf die einzelnen Faktoren verteilt[144].

Als Größen führt Krupp zunächst Arbeit in abhängiger Stellung, Rentenkapital und Gewerbekapital ein, hält es aber später bei der Besprechung der Transfereinkommen für sinnvoll, als ‚Pseudo-Faktor' die ‚Sicherung' einzubeziehen, weil die Beiträge zur Sozialversicherung ein Einkommenspotential bedeuten[145].

Schwierigkeiten bringt die Einbeziehung der Faktorpreisstruktur mit sich, denn da Änderungen der durchschnittlichen Faktorpreise nicht erklärt werden sollen,

---

[140] Ein entsprechender Versuch findet sich in Kowalski, W.: Einkommensverwendung, Einkommensverteilung und Vermögensverteilung, Tübingen 1967.

[141] Vgl. Bohnet, A.: Zur Theorie der personellen Einkommensverteilung, a.a.O., S. 66ff.

[142] Vgl. Krupp, H. J.: Theorie der personellen Einkommensverteilung, a.a.O., sowie der Überblick: Krupp, H. J.: Empirische Ansätze zur Erklärung der personellen Einkommensverteilung, a.a.O., S. 99ff.

[143] Siehe Graphik S. 104.

[144] Vgl. Krupp, H. J.: Theorie der personellen Einkommensverteilung, a.a.O., S. 70.

[145] Vgl. ebenda, S. 106.

Ökonomische Determinanten 97

ist Krupp genötigt, zwischen einer permanenten und einer transitorischen Komponente zu unterscheiden. Er differenziert somit zwischen einem sich aus ‚Normallohnung' und Faktorverteilung ergebenden permanenten und einem sich aus Schwankungen um die ‚Normallage' ergebenden transitorischen Einkommen, wobei die Summe des letzteren für alle Haushaltsgruppen in einer Periode Null ist.

Aus Faktorverteilung, Einkommensverteilung, Faktormengen-Einkommensrelation, Einkommensverwendung und Faktorübertragung der Vorperiode läßt sich die Faktorverteilung einer jeden Periode beschreiben. Dabei bedeutet Faktorübertragung auch Übertragung von ‚Arbeitskraft' bei der Bildung eines neuen Haushaltes.

Die Formulierung des Faktors ‚Sicherung' führt zur Bildung eines als Basiseinkommen bezeichneten Einkommensbegriffs, aus dem sich nach Besteuerung das verfügbare Einkommen ergibt. Unter Berücksichtigung von Preisänderungen lassen sich nach der Einkommensverwendung auf diese Weise Realkonsum und Faktorzuwachs ermitteln.

Nach Faktorbesteuerung, durch Sterblichkeit bedingtem Faktortransfer und dessen Besteuerung, anderen Faktorempfängen und deren Besteuerung ergeben sich unter Berücksichtigung der Preisentwicklung die Faktorbestände am Ende der Periode, die mit Haushaltsstruktur und Faktorpreisen zusammen die Grundlage zur Bestimmung der neuen Verteilungsmatrix bilden.

Die Identität der sozioökonomischen Gruppen bleibt nur bedingt gewahrt, indem eben nicht nur das Ausscheiden durch Tod berücksichtigt wird, sondern auch neue Haushalte nach den sozioökonomischen Merkmalen eingeordnet werden.

Die Zielsetzung Krupps ist es nun, auf mittlerem Aggregationsniveau die zeitliche Entwicklung der personellen Einkommensverteilung als Verteilung der Einkommen auf Haushalte von einer Ausgangssituation aus mittels eines dynamischen Modells von Differenzengleichungen zu beschreiben. Als Lösungsmethode bleibt wegen des Umfangs der Aufgabe nur die Simulation dieses Modells mit dem Computer.

Bei dieser Simulation werden dann Bestimmungsgründe der Einkommensverteilung variiert und deren Einfluß ermittelt. Als Ergebnis erhält Krupp beispielsweise, daß eine 5%ige Erhöhung der Sparneigung zu einer Vergleichsmäßigung der Vermögensverteilung führt, die Einkommensverteilung insgesamt aber ungleichmäßiger werden läßt. Letzteres rührt daher, daß unterstellt wird, die Reicheren erzielten mit ihren relativ weniger zunehmenden Vermögen eine höhere Rendite.

Es ist offensichtlich, daß solcherlei Schlüsse auch aus einem Modell gezogen werden können, das weniger kompliziert aufgebaut ist. Wichtig an Krupps Ansatz ist jedoch, daß er geeignet ist, das Wirken von Verhaltensweisen durch das Filter der Übergangsmatrizen institutioneller, definitorischer und exogenisierter Beziehungen zu verfolgen und dem Wirtschaftspolitiker so Vorstellungen über Größenordnungen für den Mitteleinsatz geben kann. Die gewählte Methode weist den entscheidenden Vorteil auf, durch die Möglichkeit angemessener Disaggregation

98   II. Personelle Einkommensverteilung

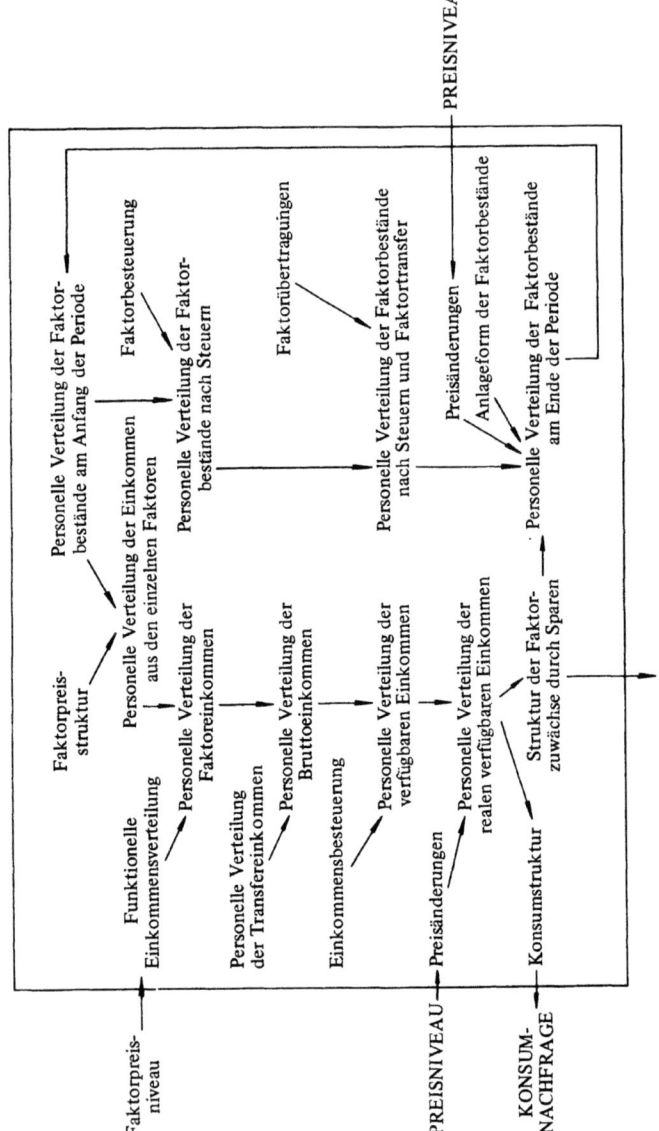

das Einkommen ausreichend homogener Aggregate herleiten zu können. Zugleich vermag das theoretische Gerüst, die Verbindung der funktionellen Verteilung über die Faktorverteilung mit der personellen Verteilung und zugleich die Rückwirkung der personellen Verteilung über die Einkommensverwendung auf die funktionelle Verteilung und Faktorverteilung zu erfassen.

Literatur zu Kapitel II

Beckmann, Martin J.: Personelle Einkommensverteilung in hierarchischen Organisationen. In: Neue Aspekte der Verteilungstheorie (Hrsg. Brombach, G., Frey, B. S., Gahlen, B.), S. 135–151. Tübingen 1974.

Blümle, Gerold: Theoretische Ansätze zur Erklärung der personellen Einkommensverteilung. In: Neue Aspekte der Verteilungstheorie (Hrsg. Bombach, G., Frey, B. S., Gahlen, B.), S. 63–97. Tübingen 1974.

Bronfenbrenner, Martin: Income Distribution Theory, Chicago 1971.

Kravis, Irving B.: The Structure of Income, Pennsylvania 1962.

Lambert, Richard D., Heston, Alan W. (Ed.): The Annals of the American Academy of Political and Social Science, Philadelphia 1973.

Lydall, Harold: The Structure of Earnings, London 1968.

Mincer, Jacob: The Distribution of Labor Incomes: A Survey. With Special Reference to the Human Capital Approach, The Journal of Economic Literature, Vol. 8, p. 1—26 (1970).

Pen, Jan: Income Distribution, London 1973.

Sen, Amartya: On Economics Inequality, Oxford 1973.

Soltow, Lee (Ed.): Six Papers on the Size Distribution of Wealth and Income, New York and London 1969.

III. Theorie der funktionellen Einkommensverteilung

1. Klassische Lehre von den drei Produktionsfaktoren

Im Mittelpunkt der Überlegungen von Smith steht der Steuerungsprozeß der Volkswirtschaft. Er selbst glaubt, mit seiner Theorie der Preiskomponenten auch eine Verteilungstheorie entwickelt zu haben[1]. Sie bleibt insofern widerspruchsvoll, als die Faktorentlohnungen einerseits zur Erklärung der Preise herangezogen werden, zugleich sich aber wiederum aus den Preisen ergeben sollen[2]. Demgegenüber stellt Ricardo die Erklärung der Einkommensverteilung in den Mittelpunkt seiner Untersuchungen und kommt somit zu einer geschlossenen Verteilungstheorie. Sie wird oft mit der klassischen Verteilungstheorie schlechthin identifiziert, weshalb sich die anschließenden Darstellungen in Aufbau und Abfolge an Ricardos Theorie orientieren.

Entsprechend der Gesellschaftsstruktur ihrer Zeit, die durch die drei Klassen der Arbeiter, Landbesitzer und Privatunternehmer gekennzeichnet ist, unterscheiden die Klassiker drei Einkommensarten, und zwar Lohn, Rente und Profit, die den Faktoren Arbeit, Boden und Kapital zufließen. Die Verteilung gemäß der Entlohnung dieser Faktoren und die Verteilung auf sozioökonomische Gruppen stimmen völlig überein, so daß eigentlich der Begriff der funktionellen Einkommensverteilung diese Theorie nicht richtig klassifiziert. Allerdings muß darauf hingewiesen werden, daß bereits John Stuart Mill das Problem eines Unterschiedes zwischen funktioneller und sozioökonomischer Verteilung gesehen hat[3].

1.1. Erklärung der Grundrente

Wenn bei der zur Ernährung einer bestimmten Bevölkerung erforderlichen Bodenbewirtschaftung Böden unterschiedlicher Qualität bebaut werden, fallen bei glei-

---

[1] Vgl. Marchal, J.: Die Theorie der Verteilung bei den englischen Klassikern, Zeitschrift für Nationalökonomie, Bd. XIV, S. 436 ff. (1953).
[2] Vgl. Stavenhagen, G.: a. a. O., S. 57.
[3] Vgl. Marchal, J.: a. a. O., S. 440 f.

chem Preis des homogenen Faktors Arbeit unterschiedliche Kosten je Produkteinheit an. Bei gleichem Preis für dasselbe erzeugte Gut bedeutet dies, daß der nach Bezahlung der Arbeitskräfte verbleibende Teil des Verkaufserlöses, der dem Bodeneigentümer zukommt, bei besseren Böden höher ist als bei schlechteren. Beim Boden minderster Qualität, dessen Bebauung aber zur Ernährung der Bevölkerung noch notwendig ist, deckt der Preis gerade die Kosten der Arbeit. Dieser sogenannte ‚marginale Boden' oder ‚Grenzboden' bestimmt den Preis des betreffenden Gutes gemäß der für dessen Produktion erforderlichen Arbeitsmenge. Die von den Grundeigentümern erzielten Renten stellen also Renten der Qualitätsunterschiede dar, deren absolute Höhe durch den bei der Bewirtschaftung des Grenzbodens erforderlichen Arbeitseinsatz bestimmt ist. Aus diesem Grunde wird auch der Begriff **Differentialrente** gebracht.

Ricardo schließt im weiteren die Möglichkeit von Verbesserungen der Produktionstechnik aus. Solange der Boden bester Qualität in ausreichender Menge vorhanden ist, wird dieser Boden durch Arbeitseinsatz in dem Verhältnis bewirtschaftet, in dem der Durchschnittsertrag am größten ist. Wächst die Bevölkerung, so steigt der Einsatz an Arbeit ebenso wie der Einsatz des Bodens im gleichen Verhältnis, ohne daß sich der Durchschnittsertrag ändert. Die Ertragsfunktion verläuft somit linear. Nimmt nun die Bevölkerung dermaßen zu, daß Boden minderer Qualität bebaut werden muß, bei dem definitionsgemäß der Durchschnittsertrag geringer ist, so beginnt der Anstieg der Ertragsfunktion, der Grenzertrag, zu sinken. Meist wird in diesem Zusammenhang vom Gesetz des abnehmenden Ertragszuwachses bzw. vom Ertragsgesetz gesprochen, was jedoch nicht völlig richtig ist. Wenn nämlich mit wachsender Bevölkerung zunehmend schlechtere Böden bebaut werden, so kommt das Abnehmen des Grenzertrages durch zwei zu unterscheidende Effekte zustande.

Zum einen nimmt der Grenzertrag ab, weil Boden schlechterer Qualität bebaut wird. Dies ist die eigentliche Ricardianische Erklärung, die allerdings der gebräuchlichen Definition des Ertragsgesetzes nicht entspricht. Die Formulierung der Ertragsgesetzes bezieht sich nämlich darauf, daß bei Konstanz der eingesetzten Menge eines oder mehrere Produktionsfaktoren der Einsatz eines Faktors geändert wird[4]. Dieser Effekt wird nun bei der Bebauung der Böden eintreten, die nicht Grenzböden sind. Die Kosten der Bebauung des Grenzbodens bestimmen, wie bereits erwähnt, den Preis. Die Differentialrente pro produziertem Stück, die bei einheitlichem Preis des Gutes der Produktion auf besserem Boden zufällt, wird dazu führen, daß bei der Bewirtschaftung der besseren Böden die Produktion durch vermehrten Arbeitseinsatz gesteigert wird. Unter der Annahme, daß Boden und Arbeit in unterschiedlichen Verhältnissen kombiniert werden können, mit anderen Worten, die Produktionsfunktionen nicht linear limitational sind, werden somit die besseren Böden mit einem Arbeitseinsatz bewirtschaftet, der höher

---

[4] Vgl. Müller, J.-H.: Produktionstheorie. In: Kompendium der Volkswirtschaftslehre, 3. neubearb. Aufl., Bd. 1 (Hrsg. Ehrlicher, W., Esenwein-Rothe, J., Jürgensen, H., Rose, K.), S. 89 ff. Göttingen 1972.

ist, als es dem Maximum des Durchschnittsertrages entspricht. Demgemäß ändert sich die Produktion bei Bevölkerungswachstum einmal wegen der Bebauung schlechterer Böden, zum anderen aber auch, weil bei gestiegenem Güterpreis die mit besserem Boden Produzierenden ihre Produktion durch intensivere Bewirtschaftung ausdehnen werden.

Die entsprechende Ertragsfunktion wird demzufolge im Bereich, in welchem Boden bester und homogener Qualität noch nicht knapp ist, linear verlaufen und bei Bewirtschaftung der weniger ertragsreichen Böden abnehmenden Anstieg bzw. Grenzertrag aufweisen[5]. Gemäß diesem Verlauf der Ertragsfunktion sind Grenzertrag und Durchschnittsertrag solange konstant und gleich, bis der Boden bester Qualität knapp wird. Danach fällt die Grenzertragskurve $f'(L)$ steiler als die Kurve des Durchschnittsertrags $f(L)/L = X/L$.

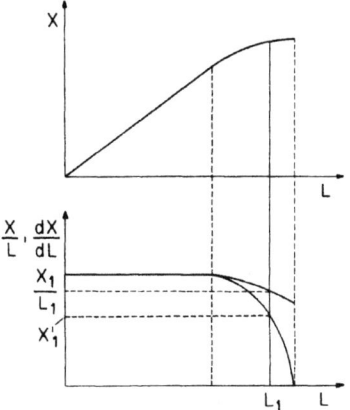

Abb. 10. Ertragskurve bei nach oben begrenztem fixen Faktor

Anhand der folgenden Darstellung läßt sich zeigen, wie sich die durchschnittliche Rente und die Summe aller Renten ergeben. Im oberen Teil von Abb. 10 ist die Gesamtausbringung X entsprechend der vorher erläuterten Begründung als Funktion des Arbeitseinsatzes dargestellt. Die Graphik darunter zeigt die entsprechenden Grenzertrags- und Durchschnittsertragsfunktionen $f'(L)$ und X/L. Bei einem Arbeitseinsatz von L_1 beträgt der Grenzertrag des marginalen Bodens X'_1. Dieser marginale Boden bleibt ohne Rente, denn der Preis des Gutes ist für eine Ausbringung X_1 gerade so hoch, daß er die Kosten des Arbeitseinsatzes auf dem Grenzboden deckt. Der Grenzertrag X'_1 spiegelt somit die Kosten pro Beschäftigten bei einer Beschäftigung von L_1 wieder. Die durchschnittliche Rente pro Beschäftigten ergibt sich demzufolge bei einer Ausbringung von X_1 als Differenz

---

[5] Vgl. Müller, J.-H.: Produktionstheorie, a.a.O., S. 91.

des Durchschnittsertrages X_1/L_1 minus dem Grenzertrag X'_1. Durch Multiplizieren der durchschnittlichen Rente pro Beschäftigten mit L_1 läßt sich die der Ausbringung X_1 entsprechende Rentensumme ermitteln:

$$R_1 = L_1 \left(\frac{X_1}{L_1} - X'_1 \right) = X_1 - X'_1 L_1.$$

Ebenso gilt allgemein:

$$R = X - X'L.$$

Die Summe der Renten läßt sich somit darstellen als Funktion des Grenzertrages vom marginalen Boden und der Bevölkerung, die die Ausbringungsmenge (X) zu ihrer Ernährung braucht und damit zugleich die entsprechende Beschäftigung (L) bedingt.

Ursachen der Renten

Die Ursache für die entstehenden Renten liegt in den Fruchtbarkeitsunterschieden und in der unterschiedlichen Intensität der Bewirtschaftung. Außer diesen **Qualitäts- und Intensitätsrenten** hat Thünen als weitere aus der unterschiedlichen Entfernung zum Absatzort und den damit unterschiedlichen Transportkosten die **Lagerente** abgeleitet[6]. Wichtig bleibt in diesem Zusammenhang, daß die Renten nicht Ursache des Preises sind, sondern sich als Folge der Preisbildung ergeben[7]. Der Preis, der für dasselbe Gut einheitlich ist, wird allein durch den niedrigsten Ertrag bzw. die höchsten Kosten bestimmt, die bei der gegebenen Kostenstruktur anfallen, wenn eine vorgegebene Nachfrage befriedigt werden soll.

Während Ricardo bei der weiteren Untersuchung der Entwicklungstendenzen die Kostenstruktur und damit den Verlauf der Ertragskurve und die entsprechenden Grenzerträge als gegeben betrachtet, sieht er in der Bevölkerung die entscheidende Variable. Renten- und Gewinnempfänger machen seiner Ansicht nach einen so geringen Teil der Bevölkerung aus, daß er die Zahl der Lohnempfänger mit der der Bevölkerung gleichsetzt. Wenn nun in einer Wachstumsphase die Zahl der Lohnempfänger und die Bevölkerung steigen, erhöhen sich mit der wachsenden Nahrungsmittelnachfrage wegen der abnehmenden Ertragszuwächse die Nahrungsmittelpreise, und die Grundrenten steigen entsprechend.

1.2. Erklärung des Arbeitslohns

Bei Smith wird der Arbeitslohn seiner Fragestellung entsprechend durch Angebot und Nachfrage erklärt. Untere Grenze für den Lohnsatz ist das physische Existenz-

---

[6] Vgl. Stavenhagen, a. a. O., S. 68.
[7] Vgl. Ebenda, S. 68.

minimum, unter das dieser nicht absinken kann, soll das Arbeitsangebot nicht zwangsläufig abnehmen. Hinsichtlich der langfristigen Entwicklung ist Smith optimistisch und meint, die zunehmende Arbeitsteilung werde die Produktivität der Arbeit weiter erhöhen, was die Nachfrage nach Arbeit steigern und bei Konkurrenz der Unternehmer den Lohnsatz langfristig erhöhen müsse.

Die Lohntheorie von Smith ist zwar, wie bereits erwähnt, nicht so sehr auf die verteilungstheoretische Fragestellung ausgerichtet, doch finden sich bei ihm entscheidende Ansätze, die später in verschiedenen Verteilungstheorien weiterentwickelt wurden. Im ursprünglichen Zustand einer Wirtschaft ohne Privateigentum an Boden und ohne Kapitalansammlung in wenigen Händen würde der Arbeiter mit dem vollen Ertrag seiner Arbeit ohne Abzug von Rente und Gewinn entlohnt werden[8]. In dieser Äußerung zeigen sich Gedankengänge der Marxschen und der Ausbeutungstheorie des Quasimonopols. Letztere ist in ihrer Fragestellung besonders angesprochen, wenn Smith auf die unterschiedliche Verhandlungsmacht der Arbeiter- und Unternehmerseite eingeht, indem er die nicht immer gleiche Möglichkeit des Zusammenschlusses bei Verhandlungen hervorhebt. Der letzte Gesichtspunkt wurde in der Grenzproduktivitätstheorie durch Berücksichtigung unterschiedlicher Marktformen, vor allem aber in den Machttheorien der Verteilung berücksichtigt.

Existenzminimumtheorie

Trotz dieser Beiträge von Smith wird als Lohntheorie der Klassik allgemein meist die Existenzminimumtheorie des Lohnes verstanden, deren Entwicklung wiederum wesentlich mit dem Namen Ricardos verbunden ist. Auch er spricht von einem Marktlohn; langfristig entscheidend ist jedoch der natürliche Lohn, der sich am Existenzminimum der Arbeiter orientieren wird, denn auf eine Erhöhung des Lohns über den natürlichen hinaus folgen eine Steigerung des Arbeitsangebots durch geringere Kindersterblichkeit und eine Erhöhung der Geburtenrate. Diese Vergrößerung des Arbeitsangebots führt über den Konkurrenzmechanismus wieder zu einem Sinken des Lohnsatzes auf das natürliche Niveau. Der Begriff des natürlichen Lohnsatzes darf allerdings, wie übrigens auch bei Marx, nicht im Sinne eines physischen Existenzminimums gedeutet werden. Ricardo selbst schreibt: „Der natürliche Preis der Arbeit, wie derselbe gerade in Nahrungs- und anderen Bedürfnismitteln geschätzt ist ... wechselt zu verschiedenen Zeiten in ein und demselben Land ... er hängt wesentlich von den Sitten und Gebräuchen ab"[9]. Die Existenzminimumtheorie Ricardos stellt somit eine Theorie über den langfristigen Durchschnittslohn dar, der im wesentlichen aus den Reaktionen des Arbeitsangebots erklärt wird.

---

[8] Vgl. Stavenhagen, G.: a. a. O., S. 56.

[9] Ricardo, D.: Grundgesetze der Volkswirtschaft und Besteuerung, übersetzt von E. Baumstark, S. 69 f. Leipzig 1877.

Ricardo spricht sich gegen soziale Unterstützungseinrichtungen aus, die lediglich die Reichen ärmer machen, damit die Kapitalbildung hemmen und letztlich doch nur zu einer Bevölkerungsvermehrung und einem entsprechenden Sinken des Lohns auf sein natürliches Niveau führen. Der natürliche Lohn als konventionelles Existenzminimum kann nur dadurch gehoben werden, daß er direkt durch Hebung des Sinnes für Annehmlichkeit und Genüsse beeinflußt wird. Was den technischen Fortschritt angeht, so ist Ricardo im Gegensatz zu Smith Pessimist und betont die durch Rationalisierung erfolgende Freisetzung von Arbeitskräften, die ebenfalls auf das Lohnniveau drückt.

Die Existenzminimumtheorie des Lohnes ist ohne wesentliche Abwandlungen z. B. auch von Say, Marx und Lasalle übernommen worden, wobei der Ausdruck Ehernes Lohngesetz von letzterem für diese Theorie geprägt wurde.

Die Kritik an ihr richtet sich vor allem gegen folgendes. Die Formulierung des konventionellen Existenzminimums als Bestimmungsgrund für den Lohnsatz immunisiert diese Erklärung gegen jegliche Widerlegung. Dieses Existenzminimum stellt keine hinreichend klar definierbare Größe dar und vermag demzufolge auch keine Erklärung für den Lohn zu liefern. Des weiteren kann die zugrundegelegte Theorie der Bevölkerungsentwicklung nicht als allgemeingültig angesehen werden, in der die Kindersterblichkeit von der Lohnhöhe abhängt. Für entwickelte Volkswirtschaften trifft sie nicht zu, was sich darin offenbart, daß die durch zunehmende Geburten bedingte Änderung von Arbeitsangebot und Lohn je nach der Zeitdauer bis zur Berufstätigkeit der Kinder entsprechende Reallohnschwankungen ergeben müßte, die sich jedoch nicht feststellen lassen. Schließlich bleibt anzumerken, daß der Lohn tatsächlich wesentlich vom Arbeitsergebnis abhängt, was von der Existenzminimumtheorie des Lohns völlig vernachlässigt wird.

Lohnfondstheorie

Neben der preistheoretischen Erklärung durch Smith und der Existenzminimumtheorie wird als klassische Lohntheorie meist auch die Lohnfondstheorie angeführt, deren Entwicklung hauptsächlich von James Mill und später von John Stuart Mill vorangetrieben wurde.

Unter dem Lohnfond wird dabei einmal die Gesamtheit der Güter verstanden, die den Lohnempfängern im Laufe einer Periode zufließen, zum anderen aber auch die Kapitalsumme, die zur Entlohnung der Arbeiter eingesetzt wird. Die Nachfrage nach Arbeit richtet sich nach der Höhe des umlaufenden Kapitals, wird also durch den Lohnfond dargestellt. Je nach Auftragslage lassen die Unternehmer Teile des Lohnfonds ungenutzt, folglich schwankt die Lohnsumme im Konjunkturablauf. Das Arbeitsangebot ist durch das Bevölkerungswachstum gegeben.

Im Ergebnis unterscheidet sich die Lohnfondstheorie nicht von der Existenzminimumtheorie hinsichtlich der Möglichkeit langfristiger Erhöhungen des Reallohns. Lediglich eine Verringerung des Arbeitsangebots oder eine Erhöhung des Fonds kann die Lage der Arbeiter verbessern.

In dieser Argumentation kommt zum Ausdruck, daß die Lohnfondstheorie bei manchen Interpretationen tautologisch aufgefaßt wird. Der Lohnsatz, als Quotient von Lohnsumme und Beschäftigung definiert, kann sich zwangsläufig nur durch Zunahme des Zählers oder Abnahme des Nenners erhöhen. Erst durch eine Theorie der Lohnsumme und des Arbeitsangebots kann eine Theorie des Lohns zustande kommen. Hinsichtlich beider Bestimmungsgründe weist die Lohnfondstheorie aber entscheidende Schwächen auf. Die Unternehmer geben nämlich keine bestimmte Ausgabensumme für den Lohn vor, sondern sie werden die reale Beschäftigung planen und ihre Arbeiter so niedrig wie möglich entlohnen. Des weiteren erhöht vermehrter Arbeitseinsatz mit dem Produkt auch den möglichen Lohnfond, der seinerseits wieder von den Unternehmererlösen abhängt.

1.3. Erklärung des Profits

Der Profit ist bei Ricardo als Residualeinkommen definiert. Obwohl Smith den Gewinn in manchen Ansätzen als Kostenkomponente zur Preiserklärung heranzieht, betrachtet er hinsichtlich der Verteilung den Profit auch als Residualgröße. Beide unterscheiden nicht zwischen Zins und Profit[10]. Das Kapitel stellt bei den Klassikern einen Vorschuß dar. Arbeit wird, abgesehen von den Gaben der Natur, als alleinige „grundlegende Produktionskraft"[11] verstanden. Die Organisation der Produktion und ihr Verlauf erfordern Ernährung und damit Entlohnung der Arbeiter vor Realisierung des Erlöses durch Verkauf. Kapital besteht somit im wesentlichen aus dem Lohnfond sowie aus früheren Zahlungen aus diesem Fond für Maschinen. Der Profit ergibt sich demzufolge als Überschuß des Produktionserlöses über die zur Ernährung der beschäftigten Arbeiter notwendigen Lohnkosten.

Die Profitrate des Agrarsektors bestimmt die der gesamten Volkswirtschaft. Während den Grundbesitzern die Grundrente zukommt, erhalten die Pächter den Profit. In Ricardos Modell verteilen sie das in einer Periode produzierte, nach Abzug der Pacht verbleibende Getreide auf den Lohnfond und das Saatgut (Investition), das sie für die kommende Periode benötigen. Nach Abzug all dieser Kosten verbleibt als Rest der Gewinn[12]. Der Quotient aus Getreidegewinn und Getreidevorrat stellt die Profitrate des investierten Kapitals dar. Ist sie nun außerhalb des Agrarsektors geringer, so werden Unternehmer zu Pächtern, im umgekehrten Fall treten Pächter zunehmend als Fabrikanten auf. Durch Konkurrenz kommt es also zum Ausgleich der Profitrate, auf deren langfristige Entwicklung im folgenden Abschnitt eingegangen werden soll.

---

[10] Vgl. Stavenhagen, G.: a. a. O., S. 71.
[11] Vgl. Robinson, J. and Eatwell, J.: Einführung in die Volkswirtschaftslehre, S. 39. München 1974.
[12] Vgl. Robinson, J. and Eatwell, J.: a. a. O., S. 45.

1.4. Langfristiges Verteilungsgleichgewicht der klassischen Lehre[13]

Zunehmende **Kapitalakkumulation**, **Gewinnstreben** und **Konkurrenz** der Unternehmer führen zu andauernder Erhöhung des Kapitals und damit des Lohnfonds. Das **Bevölkerungswachstum** in Abhängigkeit vom Reallohn verursacht über die Konkurrenz zwischen den Arbeitern, daß sich der Lohn auf ein historisch bestimmtes Existenzminimum reduziert. Eine Tendenz, die gemäß Ricardo durch die Freisetzung von Arbeitskräften infolge technischen Fortschritts verstärkt wird. Der Lohnsatz ist somit vorgegeben, und eine Erhöhung des Lohnfonds bedeutet zugleich auch eine Erhöhung der Beschäftigung, bzw. der Bevölkerung, wobei die Bevölkerungsentwicklung durch nachfragebedingtes, kurzfristiges Ansteigen des Reallohns über das Eixtenzminimum ausgelöst wird.

Bei wachsender Population werden in einer geschlossenen Volkswirtschaft notwendigerweise zunehmend Böden geringeren Ertrags bebaut. Es kommt folglich dem **Ertragsgesetz** entsprechend im Bereich der Kapazitätsgrenze zu abnehmenden Ertragszuwächsen. Um verlustfreie Produktion des Grenzanbieters zu gewährleisten, muß das Preisniveau steigen und damit trotz gleichbleibenden Reallohns auch die Kosten der Arbeitskraft. Die Differentialrenten der Grundbesitzer nehmen zu, was bei konstantem Reallohn nur die Profite schmälern kann. Bei gleichbleibendem Lohnanteil steigt der Anteil der Renten, während der der Gewinne sinkt.

Das langfristige Absinken der Profitrate hat also seine Ursache im Gewinnstreben der Unternehmer, was zu wachsender Beschäftigung und damit zu wachsender Bevölkerung führt. Das Ertragsgesetz bewirkt einen Anstieg der Lohnkosten bei gleichbleibendem Reallohn aufgrund der zunehmenden Differentialrenten. Gewinnstreben, Bevölkerungswachstum und Ertragsgesetz sind somit die Determinanten des langfristigen Verteilungsgleichgewichts.

Auch Smith unterstellt ein Sinken der Profite aufgrund der Konkurrenz zwischen den Privatunternehmern. Hinsichtlich der Entwicklung des Lohnes ist er jedoch im Gegensatz zu Ricardo und Malthus optimistisch. Bei sinkenden Profiten und wegen technischen Fortschritts zunehmender Produktivität der Arbeit glaubt er an ein langfristiges Ansteigen des Reallohns.

1.5. Bedeutung der Verteilungstheorie der Klassik

Auf die Bedeutung der klassischen, insbesondere ricardianischen Verteilungstheorie für Marx wird an anderer Stelle einzugehen sein. Hier soll lediglich die Bedeutung des klassischen Ansatzes für die heutige verteilungstheoretische Diskussion skizziert werden.

---

[13] Vgl. Preiser, E.: Distribution, a. a. O., S. 624 f.

Trotz des Ertragsgesetzes, als einem der Grundpfeiler dieser Lehre, kommt der Produktionstheorie eine völlig andere Bedeutung zu als in der anschließend zu diskutierenden Grenzproduktivitätstheorie. Einziger produktiver Faktor ist die Arbeit; das Problem der Substitution zwischen Arbeit und anderen Faktoren und damit der **Zurechnung** der Faktorerträge stellt sich in der Klassik nicht. Insofern, als die klassische Verteilungstheorie die Gewinne als Residualeinkommen auffaßt, die aufgrund der Organisation des Wirtschaftsablaufs den Unternehmern zufallen, ist sie zwar eine funktionelle Theorie aber keine vollständige Theorie der Faktorpreise. Kapital ist kein Faktor, und zwischen Zins und Gewinn wird nicht unterschieden. Lediglich hinsichtlich des Lohns wird sie der Zielsetzung einer solchen Theorie gerecht. Die Renten haben ihre Ursache nicht im produktiven Beitrag, der einem homogenen Faktor gemäß einer Produktionsfunktion zugerechnet wird, sondern allein in der Inhomogenität des Bodens und den damit bei anderweitig erklärtem Produktionsniveau auftretenden Einkommensdifferentialen.

Ferner stellt sich wiederum wegen der Definition des Profits als Residuum nicht das Problem der völligen Ausschöpfung des Produkts. Was nach Zahlung von Renten und Löhnen verbleibt, ist Gewinn. Das Modell ist folglich nicht überbestimmt und nicht auf ein kurzfristiges Gleichgewicht hin angelegt. Lediglich langfristig wird ein Gleichgewicht erreicht, in dem Renten und Löhne das Produkt ausschöpfen, ohne daß ein Rest (Profit) bleibt.

Der Lohn wird als historisches Datum verstanden, und er entspricht einem geschichtlich bestimmten Existenzminimum. Damit betont die Klassik die entscheidende Bedeutung von **Normen** für die Verteilung. Smith erwähnt in diesem Zusammenhang zugleich die unterschiedliche Organisation beider Seiten auf dem Arbeitsmarkt und spricht damit bereits das Problem der **Macht** an.

2. Mikroökonomische Grenzproduktivitätstheorie der Verteilung

2.1. Grundlegendes

Die Gründe für die Entwicklung der Grenzproduktivitätstheorie dürften nicht nur allein im wissenschaftlichen, sondern auch im politisch-gesellschaftlichen Bereich zu suchen sein.

Hinsichtlich der Verteilungs-, Preis- und Werttheorie zeigte sich die klassische Lehre außerstande, zu einer allgemeinen und geschlossenen Aussage zu gelangen. Es war ihr nicht gelungen, eine befriedigende Theorie der Preisbildung bei nicht beliebig vermehrbaren Gütern zu entwickeln. Insbesondere vermochte sie nicht das Problem der ‚klassischen Wertantinomie' zu lösen, das sich auf die Beziehung von Tausch- und Gebrauchswert richtet. Bereits Smith hatte betont, daß Wasser zwar einen hohen Gebrauchs-, aber geringen Tauschwert aufweise, während umgekehrt der Gebrauchswert eines Diamanten zwar gering, sein Tauschwert jedoch hoch sei[14].

Zugleich zeigte sich, daß die Klassik den Interessenkonflikt zwischen den sozialen Klassen betonte und damit für eine beschwichtigende Auseinandersetzung mit der Marxschen Lehre nicht geeignet war. Es ist nicht zufällig, daß die entscheidenden ersten Beiträge dieser Theorie von Jevons, Menger und Walras unmittelbar in den Jahren nach der Pariser Kommune entstanden[15]. Hier muß darauf hingewiesen werden, daß wichtige Ansätze zu dieser Theorie Jahrzehnte zuvor von Cournot und Gossen geleistet, aber wenig beachtet worden waren.

Der fundamentale Gedanke der sogenannten Neoklassik war der Aufbau einer Theorie der relativen Preise und der Verteilung auf der Grundlage des **Nutzenkonzepts**. Die Klassenangehörigkeit als Bestimmungsgrund der Einkommensverteilung trat in den Hintergrund, und die Distribution wurde als Ergebnis des Tauschwerts bestimmt, der sich auf dem Markt bei Transaktionen zwischen den Individuen bildet. Die bereits von Gossen begründeten Nutzenfunktionen abnehmenden Grenznutzens hätten zur Nutzenmaximierung einer Gesellschaft eine egalitäre Einkommensverteilung fordern müssen und somit ein revolutionäres Programm. Pareto betonte die Unmöglichkeit interpersonellen Nutzenvergleichs, lehnte normative Aussagen über die Verteilung ab und sanktionierte mit seiner Definition der Optimalität, die Umverteilungen ausschloß, den Status quo.

Demgemäß wird die Faktorverteilung als Datum akzeptiert. Die Entwicklung der Faktorbestände insbesondere des Kapitals, der die Klassik besondere Aufmerksamkeit gewidmet hatte, wird im stationären Modell außer acht gelassen. Bei exogener Faktorverteilung und exogenem Angebot bildet sich die Einkommensverteilung im **Marktgleichgewicht**.

Dieses Gleichgewicht wird auf der Nachfrageseite durch die exogen vorgegebenen **subjektiven Wertvorstellungen der Endnachfrager** festgelegt, die mit der Nachfrage nach Konsumgütern zugleich die nach den Vorprodukten und Produktionsfaktoren bestimmen.

Der sich auf den Märkten bildende Preis ist wesentlich bestimmt durch die **Knappheit**, wobei im Gegensatz zur Klassik betont wird, daß die Produkte nicht beliebig vermehrbar und somit knapp sind. Die Unterscheidung der Klassik zwischen vermehrbaren und seltenen Gütern wird abgelehnt. Jeder Preis und damit auch jeder Faktorpreis enthält als wesentliche Komponente eine Knappheitsrente.

Die in der Neoklassik endgültig über die Preise entscheidenden Präferenzen der Endnachfrager können jedoch die Produktionsfaktorenpreise nur dann bestimmen, wenn der produktive Beitrag der Faktoren dem Produkt zugerechnet werden kann. Die Frage nach einem einzigen produktiven Faktor, als den die Klassik

---

[14] Ott, A.: Preistheorie. In: Kompendium der Volkswirtschaftslehre, 3. neubearbeitete Aufl. Bd. 1, (Hrsg. Ehrlicher, W., Essenwein-Rothe, J., Jürgensen, H., Rose, K.), S. 107f. Göttingen 1972.
[15] Vgl. Robinson, J. and Eatwell, J.: a. a. O., S. 67.

die Arbeit verstand, tritt unter der Dominanz des Knappheitsprinzips in den Hintergrund. Dementsprechend gibt es mehrere Produktionsfaktoren, deren Zusammenwirken erst die Produktion möglich macht. Diese Faktoren sind einerseits komplementär, da im allgemeinen beim völligen Fehlen eines Faktors eine Produktion unmöglich wird. Andererseits müssen die Produktionsfaktoren konkurrieren weil die Lösung des Zurechnungsproblems, das die Frage beinhaltet, welche produktiven Beiträge einzelnen Faktoren zuzuordnen seien, eine Bewertung gemäß den Präferenzen der Endnachfrager erfordert. Das heißt, daß die dieser Theorie zugrunde liegende Produktionsfunktion eine **Faktorensubstitution** zulassen muß. Der Substitutionsmöglichkeit der Endnachfrager auf dem Gütermarkt entspricht die der Produktionsfaktoren auf Seiten des Güterangebots.

Das **Grenzproduktivitätsprinzip,** das das Zurechnungs-Problem lösen sollte, wurde dabei von Ricardos Theorie der Differentialrente übernommen und auf alle Faktoren übertragen. Das Grenzprodukt einer Arbeitseinheit war bei Ricardo bestimmt durch die Minderung der Ausbringungsmenge, die eintritt, wenn bei Produktion auf Boden gleicher Qualität und Menge der Arbeitseinsatz um eine Einheit reduziert wird.

Entsprechend der Erklärung der Güternachfrage aus den Nutzenvorstellungen der Endnachfrager wurde insbesondere von Marshall der Versuch unternommen, das Nutzenkonzept auch auf die Produktionsseite zu übertragen. Abgesehen von den Differentialrenten rechtfertigen sich alle Produktionskosten als sogenannte reale Produktionskosten, durch menschliche Leistungen und Opfer. Die klassische Theorie, die den Profit nicht vom Zins unterschied und ersteren als durch die gegebene Organisation des Wirtschaftsablaufs bei den Unternehmern anfallenden Überschuß verstand, wurde abgelehnt. Der Lohn rechtfertigt sich also als notwendige Entschädigung zur Überwindung des Arbeitsleides, während der Zins als Entgelt für das Aufschieben des Konsums, als ‚**Lohn des Wartens**', gedeutet wird[16].

Der zunehmende Klassengegensatz führt vom Dreifaktorenmodell der Klassik zum Zweifaktorenmodell mit den Faktoren Arbeit und Kapital, und damit kommt den Renten nicht mehr die frühere Bedeutung zu. Diesen kann jedoch entsprechendes Kapital und damit auch ein Opfer als Lohn für Warten zugeordnet werden, und somit scheint die Verteilung als ganzes durch Opfer ‚gerechtfertigt'.

Die Prämissen der Grenzproduktivitätstheorie können dementsprechend wie folgt zusammengefaßt werden:

1. Die Volkswirtschaft ist stationär, das heißt, die **Nutzenvorstellungen,** das **Faktorangebot** und die **Produktionsfunktionen** ändern sich nicht, wobei letzteres technischen Fortschritt ausschließt.

2. Die Existenz einer **substitutionalen Produktionsfunktion** setzt Homogenität und stetige Teilbarkeit der Faktoren voraus.

---

[16] Vgl. Robinson, J. and Eatwell, J.: a. a. O., S. 71.

112 III. Theorie der funktionellen Einkommensverteilung

3. **Konkurrenz** führt dazu, daß für homogene Güter und Faktoren das ‚Gesetz' der Unterschiedlosigkeit des Preises auf dem entsprechenden Markt gilt.

4. Zielsetzung der Unternehmer ist die **Gewinnmaximierung**.

5. Diese Zielsetzung der Unternehmer verlangt die Existenz eines Gewinnmaximums, was durch die Annahme **abnehmenden Ertragszuwachses** im relevanten Produktionsbereich gewährleistet wird.

2.2. Faktorpreisbildung bei vollkommener Konkurrenz

Bei vollkommener Konkurrenz verhält sich der Unternehmer sowohl beim Güterangebot als auch bei der Faktornachfrage als Mengenanpasser. Er kann somit zur Erreichung des maximalen Gewinns nur die Produktionsmenge variieren, während alle Preise für ihn Daten darstellen. Der Gewinn (G) ist als Funktion der einzigen Instrumentvariablen des Unternehmers, des Output (X), anzusehen und ergibt sich definitionsgemäß als Differenz von Umsatz (U) und Kosten (K), die ihrerseits von X abhängig sind. Es gilt somit:

$$G(X) = E(X) - K(X)$$

durch Differentiation ergibt sich:

$$\frac{dG}{dX} = \frac{dE}{dX} - \frac{dK}{dX}.$$

Da bei gegebenen Preisen und der Definition des Umsatzes als Produkt von Preis und Menge $E = p \cdot X$ der Grenzumsatz $dE/dX = E'$ den Wert p annimmt, kann auch geschrieben werden:

$$\frac{dG}{dX} = p - \frac{dK}{dX}.$$

Will der Unternehmer den Gewinn maximieren, so wird er die Produktion so lange ausdehnen, wie der Grenzgewinn positiv ist, der Preis also die Grenzkosten übertrifft. Umgekehrt schränkt er die Produktion ein, solange der Grenzgewinn negativ ist, der Preis also unter den Grenzkosten liegt.

Ein entsprechend dieser Reaktion des Unternehmers sich ergebendes stabiles Gleichgewicht bei gewinnmaximaler Ausbringung setzt allerdings voraus, daß bei einer Produktionsausdehnung die Grenzkosten vor Erreichung des Maximums zunächst unter dem vorgegebenen Preis liegen und nach der Produktmenge, bei

Faktorpreisbildung bei vollkommener Konkurrenz 113

der Preis und Grenzkosten übereinstimmen, die Grenzkosten höher als der Preis sind. Demzufolge müssen die Grenzkosten im angesprochenen Bereich zunehmen, d. h. die zweite Ableitung der Kostenfunktion nach der Ausbringungsmenge muß positiv sein. Diese Bedingung wird durch die Voraussetzung abnehmender Grenzerträge in der Umgebung des Gewinnmaximums gewährleistet.

Entsprechend diesem Gedankengang ergibt sich aus der Gleichung für den Grenzgewinn dG/dX als Gleichung für die optimale Ausbringungsmenge des gewinnmaximierenden Unternehmers:

bzw.:
$$\frac{dG}{dX} = G' = 0 = p - \frac{dK}{dX}$$

$$p = \frac{dK}{dX} = K'(X).$$

Die Bedingung für das Vorliegen eines Maximums bezüglich der zweiten Ableitung der Gewinnfunktion lautet:

$$G'' = \frac{dG'}{dX} = 0 - K''(X) < 0.$$

Sie ist wegen der Voraussetzung zunehmender Grenzkosten $K''(X) > 0$ erfüllt.

Die oben hergeleitete Gewinnmaximierungsregel, die bei vollkommener Konkurrenz die Übereinstimmung von Preis und Grenzkosten fordert, enthält in dieser Form keine Aussage über Faktoreinsatz und Faktorpreis. Bevor nun die Bedingung für das Gewinnmaximum in eine entsprechende Beziehung für Faktorpreis und Faktoreinsatz umgeformt werden kann, müssen zunächst einige Begriffe geklärt werden.

Das **physische Grenzprodukt** eines Faktors ist die Ausbringungsänderung, die bei Konstanz aller übrigen Faktoren durch Einsatzänderung in Höhe einer Einheit des fraglichen Faktors entsteht.

Die Umsatz- bzw. Erlösentwicklung, die sich bei Absatz einer zusätzlichen Gütereinheit ergibt, wird als **Grenzerlös** bezeichnet. Die entsprechende Änderung des Gesamterlöses durch zusätzlichen Absatz des physischen Grenzprodukts, das **Grenzerlösprodukt**, stellt somit die Erlösänderung dar, die durch Einsatzvariation des entsprechenden Faktors um eine Einheit erfolgt ist. Das Grenzerlösprodukt ergibt sich definitionsgemäß als Produkt von Grenzerlös und physischem Grenzprodukt.

Im Falle der vollkommenen Konkurrenz ist, wie bereits erwähnt, der Grenzumsatz bzw. Grenzerlös gleich dem Preis. Hier ergibt sich somit das Grenzerlösprodukt aus dem Produkt von physischem Grenzprodukt und dem Preis. Es wird als **Grenzwertprodukt** bezeichnet.

Bei der Nachfrage nach Produktionsfaktoren vergleicht der gewinnmaximierende Unternehmer die einer Einheit eines bestimmten Faktors zuzuordnende Erlösänderung, das Grenzerlösprodukt bzw. im angesprochenen Spezialfall das Grenzwertprodukt mit der Kostenänderung, die durch die Einsatzänderung des Faktors um eine Einheit bedingt ist. Diese Kostenänderung soll als **Faktorgrenzausgabe** bezeichnet werden. Sie darf nicht mit den Grenzkosten verwechselt werden. Letztere geben an, wie sich die Kosten ändern, wenn sich die Ausbringungsmenge um eine Einheit erhöht, während die Faktorgrenzausgabe die Kostenänderung auf die Einsatzänderung eines bestimmten Faktors zurückführt.

Völlig analog der Ermittlung des Gewinnmaximums durch Variation der Ausbringungsmenge läßt sich nun auch für jeden einzelnen Faktor durch Vergleich von Grenzerlösprodukt und Faktorgrenzausgabe die Gewinnänderung darstellen, die durch seine Einsatzänderung verursacht wird. Im Fall der vollkommenen Konkurrenz ist bei gegebenem Güterpreis das Grenzerlösprodukt gleich dem Grenzwertprodukt. Unter Voraussetzung eines konstanten Faktorpreises ist die durch Einsatzänderung um eine Faktoreinheit bedingte Kostenänderung, die Faktorgrenzausgabe, gleich dem Faktorpreis. Die Bedingung für den gewinnmaximalen Faktoreinsatz eines Faktors bei vollkommener Konkurrenz lautet somit:

$$\text{Grenzwertprodukt} = \text{Faktorpreis}.$$

Unter der Voraussetzung abnehmender Grenzerträge im Bereich des Gewinnmaximums wird bei konstantem Güterpreis mit dem physischen Grenzprodukt auch das Grenzwertprodukt sinken. Bei einer größeren als der optimalen Ausbringungsmenge wird der Faktorpreis höher sein als das Grenzwertprodukt und der Unternehmer wegen der durch vermehrten Faktoreinsatz erfolgten Gewinnschmälerung den Faktoreinsatz reduzieren. Das umgekehrte gilt für einen zu geringen Faktoreinsatz, bei dem der Faktorpreis unter dem Grenzwertprodukt liegt. Das durch die obige Gleichung charakterisierte Gewinnmaximum ist somit stabil, weil Abweichungen vom Gleichgewicht die Individuen zu Aktionen veranlassen, die zur ursprünglichen Situation zurückführen.

Die Faktoreinsatzmenge ergibt sich in der folgenden Abbildung als Abszisse des Schnittpunkts der Grenzwertproduktkurve (GWP) mit der dem Faktorpreis entsprechenden Horizontalen p_{F_1} in A. Der für die Entlohnung erforderliche, diesem Faktor zukommende Teil des Gesamterlöses wird durch das Rechteck OF_1AB dargestellt.

Als **Durchschnittswertprodukt** DWP soll die mit dem Güterpreis multiplizierte durchschnittliche Ausbringung pro Faktoreinheit verstanden werden.

Der Schnittpunkt der Vertikalen in F_1 mit der DWP-Kurve kennzeichnet mit seiner Ordinate das diesem Faktoreinsatz entsprechende Durchschnittswertprodukt. Das Rechteck OF_1CD entspricht somit dem Gesamterlös. Das Rechteck $ACDB$ gibt den Anteil des Erlöses wieder, der den übrigen anderen Faktoren zugerechnet wird.

Das physische Grenzprodukt läßt sich in infinitesimaler Schreibweise als partielle Ableitung der Ausbringungsmenge (X) nach dem Faktoreinsatz (F) mit dem Symbol $\partial X/\partial F$ darstellen. Das Grenzwertprodukt bei einem Güterpreis (p) ergibt

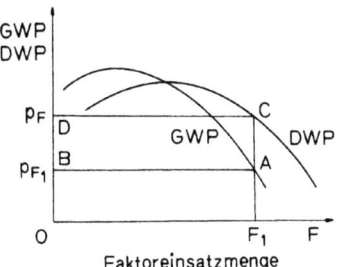

Abb. 11. Grenz- und Durchschnittswertprodukt

sich folglich als $(\partial X/\partial F)\cdot p$, und die hergeleitete Beziehung für den gewinnmaximalen Faktoreinsatz kann bei einem Faktorpreis p_F in der Form

$$\frac{\partial X}{\partial F}\cdot p = p_F$$

geschrieben werden.

Wird diese Formel bezüglich des Faktors Arbeit (L) bei einem Lohn (l) durch den Preis (p) dividiert, so ergibt sich:

$$\frac{\partial F}{\partial L} = \frac{l}{p}.$$

Diese Aussage, die auch als 2. Satz der Grenzproduktivitätstheorie bezeichnet wird[17], beinhaltet, daß sich bei vollkommener Konkurrenz gemäß der Grenzproduktivitätstheorie ein Reallohn in Höhe des physischen Grenzprodukts ergibt. Die Arbeiter werden ihrer Grenzproduktivität entsprechend entlohnt, und da diese rein technologisch durch die Produktionsfunktion bestimmt ist, stellt auch der Reallohn eine produktionstechnisch determinierte Größe dar. Alle sonstigen sozialen, politischen und ökonomischen Gegebenheiten bleiben ohne Einfluß.

2.3. Mikroökonomische Grenzproduktivitätstheorie bei unvollkommener Konkurrenz

Im vorherigen Abschnitt war unterstellt worden, daß für den Unternehmer sowohl auf dem Absatz- als auch auf dem Beschaffungsmarkt vollkommene Konkurrenz

---

[17] Als erster Satz der Grenzproduktivitätstheorie wird die allgemeine Aussage der Entlohnung der Faktoren mit dem Grenzwertprodukt bezeichnet.

herrscht. Im folgenden sollen andere Marktkonstellationen in die Betrachtung einbezogen werden.

Monopol auf dem Absatzmarkt, vollkommene Konkurrenz auf dem Faktormarkt

Annahmegemäß wird der Faktorpreis p_F weiterhin als Datum betrachtet, so daß die Faktorgrenzausgabe unabhängig vom Faktoreinsatz gleich dem Faktorpreis ist.

Auf dem Gütermarkt ist nun aber das Grenzerlösprodukt nicht mehr unabhängig von der abgesetzten Menge. Der Monopolist kann entsprechend einer fallenden Preisabsatzfunktion zwischen verschiedenen Preis-Absatz-Kombinationen wählen, wobei er größere Mengen nur zu geringeren Preisen absetzen kann. Der Grenzumsatz ist nicht mehr wie beim Mengenanpasser gleich dem Preis, denn für den Erlös des Monopolisten gilt:

$$E(X) = X \cdot p(X).$$

Für den Grenzumsatz ergibt sich demgemäß:

$$E'(X) = p + X \frac{dp}{dX} = p\left(1 + \frac{X}{p}\frac{dp}{dX}\right) = p\left(1 + \frac{1}{\frac{dX}{X} : \frac{dp}{p}}\right) = p\left(1 - \frac{1}{\varepsilon}\right),$$

wobei ε als Preiselastizität der Nachfrage $\varepsilon = -(dX/X) : (dp/p)$ ist.

Wie beim Mengenanpasser, so lautet auch beim Monopolisten die sich durch Differentiation der Definitionsgleichung des Gewinns ergebende Gewinnmaximierungsformel Grenzerlös gleich Grenzkosten, wobei nun aber der Grenzerlös durch den obigen Ausdruck wiedergegeben wird.

Völlig entsprechend findet der Monopolist seinen gewinnmaximalen Faktoreinsatz durch den Vergleich von Grenzerlösprodukt und Faktorgrenzausgabe. Während die Faktorgrenzausgabe wie zuvor gleich dem Faktorpreis ist, bestimmt sich das Grenzerlösprodukt als Produkt von Grenzerlös und physischem Grenzprodukt. Es gilt also für den optimalen Faktoreinsatz:

$$E'\frac{\partial X}{\partial L} = p_F \quad \text{bzw.:} \quad \frac{p_F}{p} = \frac{\partial X}{\partial L}\left(1 - \frac{1}{\varepsilon}\right).$$

Die Faktoren werden demnach nicht mit dem physischen Grenzprodukt entlohnt. Da ε bei fallender Nachfragekurve positiv ist und der Monopolist im Bereich elastischer Nachfrage ($\varepsilon > 1$) anbietet[18], werden die Faktoren mit einem geringeren Betrag entlohnt, als es dem physischen Grenzprodukt entspricht.

---

[18] Vgl. Ott, A.: Preistheorie, a.a.O., S. 141.

Diese Beziehung gilt gleichermaßen auch für den Reallohn der Arbeiter. Stellt die Entlohnung mit dem Grenzprodukt die Norm dar, so wird der Arbeiter beim Monopol auf dem Absatzmarkt entsprechend der obigen Gleichung ‚ausgebeutet'.

Monopson auf dem Faktormarkt, vollkommene Konkurrenz auf dem Absatzmarkt

Wie bei vollkommener Konkurrenz, so ist in diesem Fall der Grenzerlös gleich dem Preis und das Grenzerlösprodukt gleich dem Grenzwertprodukt, das sich ergibt, wenn das physische Grenzprodukt mit dem vorgegebenen Güterpreis multipliziert wird.

Hingegen ist die Faktorgrenzausgabe nicht mehr identisch mit dem Faktorpreis. Der nachfragende Unternehmer sieht sich nämlich einer steigenden Faktorangebotskurve gegenüber, kann folglich größere Faktormengen nur zu einem höheren Preis nachfragen. Die Faktorausgabe A ist als Produkt von Faktormenge F und Faktorpreis p_F definiert. Durch Differentiation dieser Beziehung $A = F \cdot p_F(F)$ läßt sich die Faktorgrenzausgabe ermitteln:

$$\frac{dA}{dF} = p_F + F\frac{dp_F}{dF} = p_F\left(1 + \frac{F}{p_F}\frac{dp_F}{dF}\right) = p_F\left(1 + \frac{1}{\frac{dF}{F} \cdot \frac{dp_F}{p_F}}\right) = p_F\left(1 + \frac{1}{\eta}\right),$$

wobei η die Preiselastizität des Faktorangebots ist.

Die gewinnmaximale Menge des Faktors, die der Unternehmer unter diesen Faktorangebotsverhältnissen nachfragt, ergibt sich aus dem Vergleich von Grenzerlösprodukt und Faktorgrenzausgabe. Das Grenzerlösprodukt entsteht, wenn das physische Grenzprodukt $\partial X/\partial F$ mit dem Güterpreis p multipliziert wird. Die Grenzausgabe kann durch den obigen Ausdruck wiedergegeben werden. Daraus folgt:

$$\frac{\partial X}{\partial F} \cdot p = p_F\left(1 + \frac{1}{\eta}\right) \quad \text{bzw.:} \quad \frac{p_F}{p} = \frac{\partial X}{\partial F}\left(\frac{1}{1 + \frac{1}{\eta}}\right).$$

Der letzte Ausdruck vereinfacht sich, wenn an Stelle der Preiselastizität des Faktorangebots η der Kehrwert $\psi = 1/\eta$ die sogenannte Faktorpreisflexibilität eingesetzt wird. Für die reale Faktorentlohnung kann dann geschrieben werden:

$$\frac{p_F}{p} = \frac{\partial X}{\partial F}\left(\frac{1}{1+\psi}\right)$$

bzw. angewandt auf den Faktor Arbeit:

$$\frac{1}{p} = \frac{\partial X}{\partial L}\left(\frac{1}{1+\psi}\right).$$

Da eine ansteigende Faktorangebotsfunktion unterstellt wird, sind sowohl η als auch ψ positiv. Der Faktor, der mit dem physischen Grenzprodukt multipliziert den Reallohn ergibt, ist damit kleiner als 1, d. h. auch in diesem Falle werden die Faktoren bzw. die Arbeiter mit einem geringeren Wert als dem physischen Grenzprodukt entlohnt.

Monopolstellung des Unternehmers auf dem Absatz und dem Beschaffungsmarkt

Für die Lösung dieses Problems müssen lediglich die beiden zuvor besprochenen Marktkonstellationen kombiniert werden. Das Grenzerlösprodukt bildet sich gemäß dem Monopol auf dem Absatzmarkt (Grenzerlös × physisches Grenzprodukt), während die Faktorgrenzausgabe entsprechend der Monopsonstellung auf dem Faktormarkt aus dem vorigen Absatz hervorgeht. Die Gleichheit von Grenzerlösprodukt und Faktorgrenzausgabe führt folglich zur Beziehung:

$$\frac{\partial X}{\partial L}p\left(1-\frac{1}{\varepsilon}\right) = p_F(1+\psi) \quad \text{bzw.:} \quad \frac{p_F}{p} = \frac{\partial X}{\partial F}\frac{\left(1+\frac{1}{\varepsilon}\right)}{1+\psi}.$$

Diese letzte Gleichung ist die allgemeine Formulierung des Grenzproduktivitätssatzes, die sämtliche zuvor besprochenen Marktkonstellationen als Unterfälle enthält.

Liegt die unter Abschnitt 2.2. dargelegte Situation der vollkommenen Konkurrenz auf Absatz- und Faktormarkt vor, sind die Preise vorgegeben und konstant und damit die Differentialquotienten dp/dX und dp_F/dF gleich Null. Es sind dann auch die Flexibilität $1/\gamma$ und $1/\eta=\psi$ gleich Null, und der Faktor beim physischen Grenzprodukt nimmt den Wert Eins an, d. h. die Produktionsfaktoren werden mit einem dem physischen Grenzprodukt entsprechenden realen Faktorpreis entlohnt.

In gleicher Weise lassen sich die anderen in Abschnitt 2.3. diskutierten Fälle aus der allgemeinen Gleichung herleiten. Beim Monopol auf dem Absatzmarkt muß dabei die Faktorpreisflexibilität als Null angenommen werden, und im Falle des Monopsons auf dem Beschaffungsmarkt wird umgekehrt die Preisflexibilität der Nachfrage $1/\varepsilon$ gleich Null gesetzt.

Stabilität des Gewinnmaximums

Die Überlegungen, die in Abschnitt 2.2. hinsichtlich der Stabilität des Gewinnmaximums angestellt wurden, sollen nun auf diesen allgemeinen Fall übertragen werden. Entscheidend ist hierbei die Frage, wie sich der Gewinn (G) als Funktion des Faktoreinsatzes (F) in der Umgebung des Maximums ändert. Die Definitionsgleichung des Gewinns $G = E - K$ wird nun als Funktion des Faktoreinsatzes $G(F) = E(F) - K(F)$ aufgefaßt. Die Ableitung nach dem Faktoreinsatz ergibt den faktorbezogenen Grenzgewinn, der im Maximum den Wert Null annehmen muß:

$$\frac{dp}{dF} = 0 = \frac{dE}{dF} - \frac{dK}{dF} \quad \text{bzw.:} \quad \frac{dE}{dF} = \frac{dK}{dF}.$$

Dies ist der oben wiederholt angestellte Vergleich zwischen Grenzerlösprodukt und Faktorgrenzausgabe. Um nun die hinreichende Bedingung für das Gewinnmaximum zu erhalten, muß die vorhergehende Gleichung um die Bedingung einer in der Umgebung des Gewinnmaximums negativen zweiten Ableitung ergänzt werden, d.h. der Grenzgewinn nimmt beiderseits des Maximums ab.

$$\frac{\left(\frac{dp}{dF}\right)}{dF} = \frac{\left(\frac{dE}{dF}\right)}{dF} - \frac{\left(\frac{dK}{dF}\right)}{dF} < 0 \quad \text{bzw.:} \quad \frac{\left(\frac{dE}{dF}\right)}{dF} < \frac{\left(\frac{dK}{dF}\right)}{dF}.$$

Diese Ungleichungen besagen, daß ein Maximum und damit beim unterstellten Unternehmerverhalten ein stabiler Faktoreinsatz dann vorliegt, wenn in der Umgebung des Extremwertes das Grenzerlösprodukt mit wachsendem Faktoreinsatz weniger zunimmt oder stärker abnimmt als die Faktorgrenzausgabe. Für den Fall der vollkommenen Konkurrenz war diese Bedingung dadurch gewährleistet, daß bei konstanter Faktorgrenzausgabe das Grenzwertprodukt wegen der Annahme abnehmender Ertragszuwächse sank.

Liegt ein Monopol auf dem Absatzmarkt vor, so sinkt die Grenzerlösproduktkurve bei Unterstellung einer fallenden Preis-Absatz-Funktion stärker als im zuvor besprochenen Fall, während die Grenzausgabe wiederum konstant ist. Folglich ist auch hier die Bedingung bezüglich der zweiten Ableitung erfüllt.

Erweiterung des Ansatzes durch das Konzept der Normalprofite

Damit, daß sich zeigen läßt, wie unter den zahlreichen vorgegebenen Voraussetzungen ein stabiles Gleichgewicht im Gewinnmaximum besteht, ist indessen nicht gesagt, daß für die Faktorpreise lediglich die dieses Gleichgewicht charakterisierenden Werte von Bedeutung sind. Die ausschließliche Beschränkung auf die das stationäre Gleichgewicht kennzeichnenden Werte, z. B. bei Walras, steht im Gegensatz zur **Cambridger Schule,** wo Marshall ein dynamisches Element in die Analyse einbaute[19]. Mit der Betrachtung des Normalprofits führte er eine Einkommenskategorie ein, die ihre Ursache in den im Zeitablauf erfolgenden wirtschaftlichen Änderungen hat. Kapitalakkumulation und technischer Fortschritt führen dazu, daß die Entwicklung zum stationären Gleichgewicht nie zum Ziel kommt, sondern sich dauernd **Quasirenten** ergeben, die die Rückgewinnung des investierten Kapitals ermöglichen. Die Höhe des Normalprofits, der kurzfristig schwankt, bleibt unerklärt, obwohl Marshall ihn in engem Zusammenhang mit dem langfristigen Zinssatz sieht[20]. Eine Weiterentwicklung erfolgte schließlich durch Pigou und Joan Robinson, die davon ausgingen, daß der Konkurrenzmechanismus lediglich so lange wirkt, bis die Unternehmer gerade ihren Normalprofit erzielen. Diesen Zustand bezeichneten sie als ‚full equilibrium'.

2.4. Kritik an der mikroökonomischen Grenzproduktivitätstheorie

Datenkranz

Die mikroökonomische Grenzproduktivitätstheorie hat zwar große Sorgfalt für die Untersuchung der Faktornachfrage aufgewandt, die Berücksichtigung des Faktorangebots jedoch kaum beachtet[21]. Aus diesem Grunde ergibt sich die Verteilung im wesentlichen durch die technischen Bedingungen der Produktion, die für die Faktornachfrage entscheidend sind. Letztere sind maßgeblich von der **Verteilung der Faktorbestände,** von der damit unterschiedlichen Möglichkeit der Faktorbesitzer, auf Einkommen zu warten, abhängig. Die Faktorverteilung entwickelt sich in einem **historischen Prozeß** und ist durch frühere Einkommensverteilungen mitbestimmt. Das Faktorangebot hängt ebenfalls wesentlich von der Organisation des Wirtschaftsablaufs, vom **rechtlich-institutionellen Rahmen,** von unterschiedlichen **Koalitionsmöglichkeiten** und auch von **gesellschaftlichen Normen** ab. „Das Angebot ist nicht einfach ‚gegeben', es variiert mit den gesellschaftlichen Machtverhältnissen"[22]. Mit der Annahme der vollkommenen Konkurrenz wird dieser Aspekt eliminiert und bei Einbeziehung anderer Marktformen kaum ausreichend berücksichtigt.

---

[19] Vgl. Robinson, J. and Eatwell, J.: a.a.O., S. 77f.
[20] Vgl. Robinson, J. and Eatwell, J.: a.a.O., S. 78.
[21] Vgl. Preiser, E.: Distribution, a.a.O., S. 67.
[22] Ebenda, S. 67.

Methode

Die Gleichgewichtsanalyse setzt einen Markt **homogener Produktionsfaktoren** voraus, ferner die **Existenz von Marktfunktionen.** Hinsichtlich der Nachfrage nach Produktionsfaktoren kann indessen gesagt werden, daß diese nur so lange existiert, wie Käufer auftreten [23]. Zumal die Analyse **statisch** ist, kann sie das Zustandekommen eines Gleichgewichts nicht erklären, sondern lediglich im Falle vollständiger Information das Beharren im Gleichgewicht. Abweichungen hiervon machen eine dynamische Analyse erforderlich. In diesem Zusammenhang zeigt sich die Bedeutung des normalen Verlaufs der Marktfunktionen für die Stabilität, der durch die Vernachlässigung **externer Effekte** gewährleistet ist. Unternehmer treffen meist aufgrund subjektiver Erwartungswerte ihre Entscheidungen, also unter **Unsicherheit,** was annahmegemäß ausgeschlossen wird [24]. Schließlich setzt die Methode der Marginalanalyse **vollkommene Teilbarkeit** der Produktionsfaktoren voraus.

Produktionstechnik

Die Produktionsfunktion muß für die dargestellte Analyse substitutional sein. Insbesondere bei kurzfristiger Betrachtungsweise sind jedoch **limitationale** Produktionsverfahren realistischer, wobei die physischen Grenzprodukte, bei partieller Faktorvariation ermittelt, den Wert 0 annehmen. Eine langfristige Analyse erlaubt eher die Substitution. Die Annahme der **Konstanz aller übrigen Faktoren,** die sinkende partielle Grenzerträge sichern soll, wird dabei aber unrealistisch.

Der Bereich, in dem das physische Grenzprodukt zugerechnet werden kann, verkleinert sich zusehends. **Gehaltszahlungen an Angestellte** können ebenso wie Lohnzahlungen an Arbeiter, die immer mehr **Überwachungsfunktionen** wahrnehmen, nicht in Beziehung zum physischen Grenzprodukt gesehen werden. Grenzprodukte für Überwachungs-, Test-, Marktforschungs- und andere zunehmend wichtige Funktionen können, wenn überhaupt, nur mit größtem, nicht mehr lohnendem Aufwand gefunden werden. Der Unternehmer wird somit oft bei unvollständiger Information und damit bei Unsicherheit auch im Produktionsbereich entscheiden müssen.

Verhaltensannahmen

Hinsichtlich des Verhaltens, das beim Faktorangebot unterstellt wird, ist bereits oben Kritik geübt worden. Problematisch bleibt auch die Annahme der **Gewinnma-**

---

[23] Vgl. Matzner, E.: Die Einkommensverteilung im Lichte der Grenzproduktivitätstheorie. In: Beiträge zur Theorie der Einkommensverteilung (Hrsg. Frisch, H.), S. 12. Berlin 1967.

[24] Vgl. Matzner, E.: a.a.O., S. 13.

ximierung, die nur eine der verschiedenen in Wirklichkeit möglichen Verhaltensweisen darstellt (z. B. Umsatzmaximierung bei bestimmtem Mindestgewinn; Erzielung eines angemessenen Gewinns). Aber auch dann, wenn Gewinnmaximierung als Verhaltensweise auftritt, erfolgt diese oft unter **Nebenbedingungen.** In diesem Zusammenhang wird insbesondere darauf verwiesen, daß die Annahme der Gewinnmaximierung die Bereitschaft des Unternehmers voraussetzt, unbegrenzt Fremdkapital aufzunehmen. Die Nachfrage nach dem Faktor Fremdkapital wird jedoch in Wirklichkeit nicht ausschließlich gewinnorientiert sein, sondern stark von der Eigenkapitalbasis abhängen[25].

2.5. Mikroökonomische Grenzproduktivitätstheorie als Aussage über eine Norm

Wie schon erwähnt, ist die Grenzproduktivitätstheorie auch als Theorie zur Argumentation gegen die Lehren von Marx entwickelt worden. Zum einen sollte zeigen, daß bei vollkommener Konkurrenz Faktorpreis und Faktoreinsatz bei Gewinnmaximierung objektiv durch rein technologische, in der Produktionsfunktion zum Ausdruck kommende Beziehungen determiniert sind. Zum weiteren zeigt die Wohlfahrtstheorie, daß die allgemeine Anwendung der Regel ‚Preis gleich Grenzkosten' bzw. die Anwendung auf die Faktorpreise ‚Entlohnung mit dem physischen Grenzprodukt' ein dem Optimalitätskriterium von Pareto entsprechendes sozialökonomisches Optimum darstellt[26].

Abweichungen von der Paretooptimalität sind gegeben, wenn die Faktoren nicht mit ihren physischen Grenzprodukten entlohnt werden. Wird beispielsweise ein Arbeiter mit einem niedrigeren Reallohnsatz entlohnt, als es seinem Grenzprodukt entspricht, so schmälert die Produktion einer weiteren Gütereinheit bei Entlohnung mit dem Grenzprodukt — Arbeit sei einziger Produktionsfaktor — den bestehenden Unternehmergewinn nicht. Zugleich ist der Preis dieser Einheit für den Arbeiter, der das Gut selbst nachfragt, geringer als der der übrigen von ihm nachgefragten Einheiten. Beliebige Teilbarkeit vorausgesetzt, wird er demzufolge mehr nachfragen. Solange die durch zunehmenden Arbeitseinsatz erfolgende Nutzenminderung des Arbeiters geringer ist als der dem physischen Grenzprodukt entsprechende Nutzenzuwachs, kann der Arbeiter sich durch zusätzliche Arbeit besser stellen, ohne daß dabei der Unternehmergewinn abnimmt[27].

---

[25] Vgl. Matzner, E.: a.a.O., S. 13.

[26] Optimalität im Sinne Paretos liegt vor, wenn kein Individuum besser gestellt werden kann, ohne daß sich damit die Situation eines anderen verschlechtert.

[27] Zur vollständigen allgemeinen Ableitung der Paretooptimalität der vollkommenen Konkurrenz vgl. Henderson, J. M., und Quandt, R. E.: Mikroökonomische Theorie, S. 241f. München 1973.

Die Faktorentlohnung bei vollkommener Konkurrenz gemäß der Grenzproduktivitätstheorie entspricht hiermit nach Ansicht ihrer Verfechter nicht nur objektiv den technischen Produktionsgegebenheiten, sondern ist darüber hinaus auch optimal. Die Entlohnung mit dem physischen Grenzprodukt wird dementsprechend als Norm aufgefaßt. Die Abweichung vom gekennzeichneten sozialökonomischen Optimum kann durch die relative Abweichung der Grenzkosten vom Preis $(p-K')/p$ gemessen werden, eine Größe, die in Anlehnung an Lerner als Monopolgrad bezeichnet wird [28].

Es ist einsichtig, daß die so begründete Norm einer optimalen Faktorentlohnung ausschließlich produktions- d. h. leistungsorientiert ist und die Bedürfnisgerechtigkeit nicht berücksichtigt, weil ausschließlich auf Faktoren und nicht auf Personen abgestellt wird. Personen mit höheren Bedürfnissen (z. B. mit vielen oder kranken Kindern) müßten eben entsprechend größere Faktormengen (z. B. mehr Arbeit) anbieten. Dies würde aber die Berücksichtigung der Faktorverteilung erfordern, die aber gerade als exogen gegeben betrachtet und durch die Formulierung der Optimalität gemäß Pareto tabuisiert ist.

2.6. Ergänzungen zur mikroökonomischen Theorie der Faktorpreise

Die mikroökonomische Grenzproduktivitätstheorie bestimmt zwar die Faktorpreise, indem sie den einzelnen Faktoren ihr physisches Grenzprodukt zuordnet, sie geht aber im Modell der vollkommenen Konkurrenz von einem gegebenen Preis und damit gegebenem Marktgleichgewicht aus. Die Höhe des Preises reflektiert die Knappheit des betreffenden Faktors. Bei geändertem **Faktorangebot** und anderer Knappheit ergäbe sich ceteris paribus ein neuer Preis. Da mehr oder weniger des betreffenden Faktors eingesetzt würde, wäre gemäß der Produktionsfunktion auch sein Grenzprodukt ein anderes.

In der Grenzproduktivitätstheorie wird lediglich den einzelnen Faktoren entsprechend dem Gewinnmaximierungskalkül der Unternehmer bei vorgegebenem Preis ein physisches Grenzprodukt zugeordnet, ohne daß berücksichtigt wird, wie die diesem Grenzprodukt entsprechende Entlohnung auf das Faktorangebot wirkt. Der Faktorpreis ist somit nur dann vollständig durch eine der Produktionsfunktion entsprechende Faktornachfragefunktion bestimmt, wenn das Faktorangebot völlig starr ist. Dies trifft eigentlich nur für den Faktor Boden zu. Im Unterschied zur klassischen Theorie der Differentialrente ist es gemäß der neoklassischen Grenzproduktivitätstheorie möglich eine Rente zu erklären, auch wenn der Faktor ‚Boden' homogen ist. Die **Grundrente als Preis** hat ihre Ursache in der

---

[28] Vgl. Lerner, A. P.: Monopoly and the Measurement of Monopoly Power, Review of Economic Studies, Bd. 1, p. 157ff. (1933—34).

Knappheit des Bodens. Für die übrigen Produktionsfaktoren wäre eine ausreichende Darstellung der mikroökonomischen Theorie des Faktorangebots hier nicht sinnvoll, da dies über den Rahmen dieses Buches hinausginge[29].

3. Makroökonomische Grenzproduktivitätstheorie der Verteilung

3.1. Allgemeiner Ansatz

Der Übergang von der mikroökonomischen zur makroökonomischen Grenzproduktivitätstheorie ist entscheidend von J. B. Clark vorangetrieben worden[30].

Bei Aggregation der für alle Unternehmen gültigen Definition Umsatz = Kosten + Gewinn ergibt sich durch Saldierung der zugleich im Umsatz und in den Kosten auftretenden produzierten Produktionsmittel das Volkseinkommen als Summe aller Wertschöpfungen, d. h. als Summe der Faktoreinkommen und Gewinne. Die makroökonomische Grenzproduktivitätstheorie setzt sich nun zum Ziel, nicht nur die Faktorpreise, sondern zugleich die Faktoranteile am Sozialprodukt zu erklären.

Um von der einzelwirtschaftlichen Betrachtung zur gesamtwirtschaftlichen zu kommen, sind folgende Bedingungen notwendig:

1. Produktionsfaktoren, die bei der Produktion, verschiedener Güter eingesetzt werden, müssen zu homogenen Gruppen aggregiert werden. Die Aggregation geht dabei meist soweit, daß entsprechend dem Zweiklassenmodell nur noch zwischen den Faktoren Arbeit und Kapital unterschieden wird.

2. Die mikroökonomischen Produktionsfunktionen müssen zu einer makroökonomischen zusammengefaßt werden. Dies ist exakt nur möglich, wenn alle einzelwirtschaftlichen Produktionsfunktionen übereinstimmen, denn andernfalls kann aus den Eigenschaften der mikroökonomischen nicht auf die makroökonomischen Funktionen geschlossen werden.

3. Alle einzelwirtschaftlichen Ausbringungsmengen müssen zu einer Gesamtausbringung addiert werden, was nur bei Voraussetzung gleichbleibender Preisverhältnisse oder der Annahme eines einzigen Gutes problemlos möglich ist.

Es wird damit deutlich, daß die makroökonomische Fassung der Grenzproduktivitätstheorie, soll sie als Aggregation der mikroökonomischen Analyse verstanden

---

[29] Vgl. hierzu besonders Luckenbach, H.: Theorie des Haushalts, S. 127 ff. Göttingen 1975.
[30] Vgl. Krelle, W.: Verteilungstheorie, a. a. O., S. 53.

Allgemeiner Ansatz 125

werden, nur unter strengen Voraussetzungen möglich ist. Aus diesem Grunde wird die makroökonomische Produktionsfunktion oft auch als eigenständiges Konzept aufgefaßt, das in Analogie zur mikroökonomischen Grenzproduktivitätstheorie entwickelt und nicht durch Aggregation mikroökonomischer Produktionsfunktionen hergeleitet wird.

Eigenschaften der makroökonomischen Produktionsfunktion

Dementsprechend soll die makroökonomische Produktionsfunktion Substitution zulassen und bei partieller Faktorvariation abnehmende Ertragszuwächse aufweisen. Ferner scheint es sinnvoll, davon auszugehen, daß ohne Faktoreinsatz kein Produkt zu erzielen ist, d. h. daß die Produktionsfunktion an der Stelle ‚0' den Wert ‚0' annimmt und somit homogen ist. Unter der Annahme vollkommener Konkurrenz und bei Gewinnmaximierung der Unternehmer werden die Faktoren gemäß ihrem physischen Grenzprodukt entlohnt. Stellt p das Preisniveau (oder besser den Preis des einzigen Gutes), l den Lohn und Y die Ausbringung entsprechend dem Faktoreinsatz in der makroökonomischen Produktionsfunktion dar, so gilt für den Faktor Arbeit (L):

$$\frac{l}{p} = \frac{\partial Y}{\partial L} = Y_L \quad \text{bzw.:} \quad l = Y_L p,$$

wobei die letzte Gleichung die Bedingung Faktorgrenzausgabe (l) gleich Grenzwertprodukt ($Y_L p$) darstellt.

Wie in der Preistheorie hergeleitet wird, führt bei freiem und vollkommenem Wettbewerb die Konkurrenz zu einem langfristigen, gewinnlosen Gleichgewicht. Solange es endliche Gewinne gibt, treten bei freiem Marktzugang neue Konkurrenten auf. Diese Annahme schließt nicht aus, daß dem Faktor Unternehmertätigkeit ein Lohn zufließt. Hinsichtlich der Produktionsfunktion bedeutet jedoch das Fehlen von Residualeinkommen, daß die Faktoreinsätze bei Entlohnung nach ihren Grenzprodukten das ganze Produkt ausschöpfen müssen. Bei einer Produktionsfunktion mit den beiden Faktoren Arbeit L und Kapital K, $Y=f(L,K)$ muß somit gelten:

$$L \frac{\partial Y}{\partial L} p + K \frac{\partial Y}{\partial K} p = Yp.$$

Diese Anforderung an die Produktionsfunktion bedingt einen Homogenitätsgrad von Eins. Homogen vom Grade Eins ist eine Funktion, bei der die Summe der Exponenten bei allen als Produkt verbundenen unabhängigen Variablen den Wert Eins hat.

Es soll hier gleich kritisch angemerkt werden, daß somit diese makroökonomische Produktionsfunktion keine rein technische Beziehung mehr ist, wenn mit

126   III. Theorie der funktionellen Einkommensverteilung

der zuvor vollzogenen Argumentation das Auftreten von Residualeinkommen a priori vermieden wird. Die Produktionsfunktion selbst ist damit Ergebnis eines zum langfristigen gewinnlosen Gleichgewicht führenden Konkurrenzmechanismus. Eine weitere, allerdings eher technische Begründung für einen Homogenitätsgrad von Eins bietet sich an. Plausibel erscheint bei einer Produktionsfunktion, davon auszugehen, daß bei einer Erhöhung aller Faktoreinsätze um denselben Prozentsatz auch das Produkt im selben Prozentsatz zunimmt. Wie sich leicht zeigen läßt, besitzen Funktionen, die homogen ersten Grades sind, diese Eigenschaft. Da nämlich derselbe Faktor bei allen unabhängigen Variablen auftritt und diese jeweils mit solchen Exponenten multiplikativ verbunden sind, daß die Summe der Exponenten Eins ergibt, kann der Faktor mit dem Exponenten Eins aus der Produktionsfunktion ausgeklammert werden:

$$Y = L^m K^{1-m}$$

sei die Produktionsfunktion. Wird von jedem Faktor das a-fache eingesetzt, so gilt:

$$(aL)^m (aK)^{1-m} = a^m L^m a^{1-m} K^{1-m} = a^m a^{1-m} L^m K^{1-m} = a L^m K^{1-m} = aY.$$

Pro-Kopf-Produktionsfunktion

Diese Eigenschaft der Produktionsfunktion hat den großen Vorteil, daß die Produktionsfunktion $Y = f(L,K)$ als Funktion mehrerer Veränderlicher in eine Funktion einer Variablen übergeführt werden kann. Wenn nämlich die Faktoreinsätze mit $1/L$ multipliziert werden, gilt:

$$\frac{Y}{L} = f\left(\frac{L}{L}, \frac{K}{L}\right) = f\left(\frac{K}{L}\right).$$

$Y/L = y$ ist dabei die Arbeitsproduktivität, während $K/L = k$ die Kapitalintensität darstellt. Die Produktionsfunktion läßt sich wesentlich einfacher in der Form $y = f(k)$ schreiben. Für diese Schreibweise hat sich der Ausdruck Pro-Kopf-Produktionsfunktion eingebürgert, wobei y nicht als Prokopfeinkommen, sondern nur als Ausbringung pro Beschäftigten verstanden werden darf.

Bestimmungsgründe der Einkommensverteilung in der makroökonomischen Grenzproduktivitätstheorie

Bei der Betrachtung der Gleichung der Faktorpreisbestimmung für den Lohn scheint die Analogie zur mikroökonomischen Grenzproduktivitätstheorie vollständig. Es muß jedoch beachtet werden, daß die Fragestellung beider Ansätze grundsätzlich verschieden ist.

Allgemeiner Ansatz

Bei der mikroökonomischen Grenzproduktivitätstheorie sind für den Unternehmer die Faktorpreise gegeben, und er bestimmt den gewinnmaximalen Faktoreinsatz. In der makroökonomischen Grenzproduktivitätstheorie ist der Faktoreinsatz gegeben, und es wird der Faktorpreis bestimmt. Während nämlich für den einzelnen Unternehmer bei vollkommener Konkurrenz auf seinen Teilmärkten die Annahme gegebener Preise (auch der Faktoren) eine sinnvolle Modellannahme darstellt, muß wie auch in der Preistheorie für den Markt als Ganzes nunmehr von Marktfunktionen ausgegangen werden. Diese werden als normal unterstellt, das heißt in bezug auf den Arbeitsmarkt, daß mit steigendem Lohnsatz das Arbeitsangebot zunimmt, während dem abnehmenden Ertragszuwachs entsprechend die Unternehmer bei niedrigerem Lohn mehr nachfragen.

Bei gegebener Produktionsfunktion, aus der sich entsprechend dem Grenzertrag die Nachfragekurve herleitet, und bei ebenso gegebener Angebotskurve, ist damit die Höhe der Beschäftigung immer bestimmt. Dieses Gleichgewicht ist im Sinne der klassischen Definition ein Gleichgewicht bei Vollbeschäftigung, d. h., es existiert keine unfreiwillige Arbeitslosigkeit. Jeder, der zum herrschenden Lohnsatz bereit ist zu arbeiten, wird beschäftigt. Nimmt aus exogenem Anlaß, z. B. wegen Bevölkerungswachstum, das Arbeitsangebot zu, so würde es bei vollkommener Konkurrenz und beweglichen Lohnsätzen so lange zu einem Sinken des Lohnes kommen, bis alle, die zu diesem Lohnsatz zu arbeiten bereit sind, eine Beschäftigung finden.

Da auf diese Weise der Einsatz auch der anderen Faktoren durch die Marktfunktionen vorgegeben ist, wird der Faktorpreis, die abhängige Variable des Systems, auf dem Faktormarkt bestimmt. Der Preis des Faktors steigt ceteris paribus, je größer sein Grenzprodukt und je geringer der Faktoreinsatz ist. Wegen der Entlohnung nach dem Grenzprodukt und der fallenden Ertragszuwächse nimmt folglich der Faktorpreis mit zunehmendem Einsatz ab. Somit erfolgt eine Entlohnung entsprechend der Knappheit.

Bei einer Änderung des Faktoreinsatzes kann aus diesem Grunde nichts über die Änderung der Faktoranteile am Volkseinkommen ausgesagt werden. Entscheidend hierfür ist die Faktorpreiselastizität der Faktornachfrage, für den Fall des Faktors Arbeit die Lohnelastizität (δ) der Arbeitsnachfrage:

$$\delta = -\frac{dL}{L} : \frac{dl}{l}.$$

Ist diese Elastizität größer als Eins, so verbindet sich eine relative Erhöhung des Arbeitseinsatzes mit einer relativ geringeren Abnahme des Lohnsatzes; die Lohneinkommen steigen insgesamt.

Die oben durchgeführte ceteris-paribus-Argumentation ist im hier vorgestellten Modell problematisch. Die Änderung eines Faktorpreises bei einer substitutionalen Produktionsfunktion ist nicht ohne Einfluß auf die Einsatzmenge und den Preis der anderen Faktoren.

Substitutionselastizität

Für den Fall zweier Produktionsfaktoren gibt es nur ein einziges Faktorpreisverhältnis. Es entspricht unter den Annahmen der Grenzproduktivitätstheorie dem Verhältnis der Grenzprodukte. Die Substitutionselastizität ist für das zuvor besprochene Zweifaktorenmodell mit den Faktoren Kapital (K) und Arbeit (L) definiert als das Verhältnis der relativen Änderung der Kapitalintensität K/L, dividiert durch die relative Änderung des Verhältnisses der Grenzprodukte:

$$\sigma = -\frac{\left(d\dfrac{K}{L}\right)}{\dfrac{K}{L}} \Bigg/ \frac{\left(d\dfrac{Y_K}{Y_L}\right)}{\dfrac{Y_K}{Y_L}}.$$

Die so definierte Substitutionselastizität ist eine rein technisch bestimmte Größe. Sehr oft wird an Stelle der Grenzprodukte auch der entsprechende Faktorpreis gesetzt, womit die Substitutionselastizität nicht mehr ausschließlich technisch determiniert wird, da die Faktorpreisbestimmungsgleichung des bei vollkommener Konkurrenz gewinnmaximierenden Unternehmers in die Beziehung eingegangen ist.

Unter den Annahmen der Grenzproduktivitätstheorie erlaubt die Substitutionselastizität eine Aussage über Veränderungen der Volkseinkommensanteile bei sich ändernden Faktoreinsätzen. Ist die Substitutionselastizität größer als Eins, so bedeutet dies für das obige Beispiel, daß eine proportionale Erhöhung der Kapitalintensität mit einer geringeren proportionalen Abnahme des Zins-Lohn-Verhältnisses verbunden ist; der Anteil der Zinseinkommen nimmt somit zu. Für den Fall einer Substitutionselastizität von Eins werden demgemäß Änderungen des Faktoreinsatzverhältnisses durch Änderungen des Faktorpreisverhältnisses in der Weise kompensiert, daß sich die Verteilung der Faktoranteile nicht ändert. Eine Produktionsfunktion, die diese Eigenschaft besitzt, ist die sogenannte Cobb-Douglas-Produktionsfunktion.

3.2. Cobb-Douglas-Produktionsfunktion [31]

Die Cobb-Douglas-Produktionsfunktion für das hier behandelte Zweifaktorenmodell lautet:

$$Y = L^m K^n.$$

---

[31] Vgl. Krelle, W.: Verteilungstheorie, a.a.O., S. 60ff.

Die partiellen Grenzprodukte betragen:

$$\frac{\partial Y}{\partial L} = mL^{m-1}K^n \quad \text{und} \quad \frac{\partial Y}{\partial K} = nK^{n-1}L^m.$$

Sollen diese partiellen Grenzprodukte mit zunehmendem Faktoreinsatz abnehmen, so sind für die Exponenten $m-1$ und $n-1$ negative Werte notwendig. Da andererseits Y mit steigendem Einsatz L und/oder K zunehmen soll, müssen die Exponenten m und n in der Produktionsfunktion positiv sein. Aus beiden Anforderungen folgt, daß sowohl m als auch n zwischen 0 und 1 liegen. Für n und m ergeben sich ferner folgende Beziehungen:

$$m = \frac{\partial Y}{Y} : \frac{\partial L}{L}; \quad n = \frac{\partial Y}{Y} : \frac{\partial K}{K}.$$

m kann so als Produktionselastizität des Faktors Arbeit interpretiert werden, die angibt, welche proportionale Änderung der Ausbringung durch eine Änderung des Arbeitseinsatzes bedingt wird. Da m positiv und kleiner Eins ist, heißt dies, daß eine bestimmte proportionale Erhöhung des Arbeitseinsatzes eine geringere proportionale Erhöhung des Produktes herbeiführt. Völlig entsprechend stellt n die Produktionselastizität des Faktors Kapital dar. m und n gelten als technische Konstanten.

Bestimmung der Faktoranteile

Die eingesetzten Faktormengen sind L und K. Sie werden mit ihren partiellen Grenzprodukten entlohnt, folglich gilt für die Lohnsumme W:

$$W = L \cdot m \cdot L^{m-1}K^n = m \cdot L^m K^n = mY$$

und für die Summe der Zinseinkommen (Z):

$$Z = K \cdot n \cdot K^{n-1}L^m = n \cdot L^m K^n = nY.$$

Das Verhältnis $W/Z = mY/nY = m/n$ ist demzufolge durch die technischen Konstanten m und n bestimmt und unabhängig von den eingesetzten Arbeits- und Kapitalmengen unverändert. In der Konstanz der Verteilungsquoten äußert sich die Tatsache, daß die Cobb-Douglas-Produktionsfunktion eine Substitutionselastizität von Eins besitzt[32]. Allerdings gilt auch bei von Eins abweichender Substitutionselastizität, daß sich die Einkommensverteilung entsprechend dieser Elastizität ändert, und da letztere rein technisch determiniert ist, gilt dies auch für die Verteilungsänderung.

---

[32] Nachweis im mathematischen Anhang Nr. 2.

III. Theorie der funktionellen Einkommensverteilung

Ausschöpfungstheorem

Im vorhergehenden Abschnitt wurde angeführt, daß bei einer Produktionsfunktion, die homogen ersten Grades ist, bei Entlohnung gemäß der Grenzproduktivitätstheorie gerade das ganze Produkt auf die Faktoren verteilt wird. Wenn die Cobb-Douglas-Funktion homogen ersten Grades sein soll, dann müssen sich ihre Exponenten m und n zu Eins ergänzen. Die Produktionsfunktion kann jetzt folgendermaßen geschrieben werden:

$$Y = L^m K^{1-m}.$$

Für die Faktoreinkommen ergibt sich nun entsprechend der vorherigen Ableitung:

$$W = mY \text{ und } Z = (1-m)Y,$$

folglich:

$$W + Z = mY + (1-m)Y = Y.$$

Tatsächlich wird also das Produkt durch die Faktoreinkommen völlig ausgeschöpft.

Skalenerträge

Hinsichtlich des Homogenitätsgrades von Eins wurde früher gezeigt, daß dann eine proportionale Erhöhung des Faktoreinsatzes zu einer entsprechenden proportionalen Erhöhung des Outputs führt. Es soll nun gezeigt werden, was Abweichungen der Exponentensumme $m + n$ von Eins bedeuten.

Bei einer Erhöhung des Faktoreinsatzes um $b\%$ gilt bei einer Produktionsfunktion

$$Y = L^m K^n:$$
$$((1+b)L)^m ((1+b)K)^n = (1+b)^m L^m (1+b)^n K^n$$
$$= (1+b)^{m+n} L^m K^n = (1+b)^{m+n} Y.$$

Für den Fall, daß $m + n > 1$ ist, führen proportionale Erhöhungen des Faktoreinsatzes zu überproportionalen Ausbringungserhöhungen. Es wird deshalb von zunehmenden Skalenerträgen oder ‚increasing returns to scale' gesprochen. Da bei Produktionsausweitung die partiellen Grenzprodukte der zusätzlichen Faktoren die der bisherigen übersteigen, reicht die Ausbringung nicht für eine Grenzproduktsentlohnung aller Faktoren.

Gilt nun $m + n < 1$ und damit $(1+b) > (1+b)^{m+n}$, so wächst das Produkt unterproportional im Vergleich zum Faktoreinsatz (abnehmende Skalenerträge oder ‚decreasing returns to scale'). Die abnehmenden Grenzprodukte bedingen, daß nunmehr nach Entlohnung mit dem Grenzprodukt ein Rest bleibt.

Schätzung der Cobb-Douglas-Produktionsfunktion

Die ersten ökonometrischen Schätzungen der Cobb-Douglas-Funktion schienen die makroökonomische Grenzproduktivitätstheorie zu bestätigen. Die Werte für m und n betrugen meist rund $\frac{2}{3}$ und $\frac{1}{3}$ und ergänzten sich ungefähr zu Eins. Ferner stimmte der Wert für m annähernd mit dem der Lohnquote überein[33].

Dieses Ergebnis überraschte selbst die Verfechter der Grenzproduktivitätstheorie, und sie schlossen daraus, daß die ‚gute' Anpassung des für vollkommene Konkurrenz hergeleiteten Modells auf eine von Monopolen und Oligopolen geprägte Wirklichkeit dadurch zustande gekommen ist, daß die Firmen ihre Zusatzgewinne mit den Arbeitern teilen.

Mit der Weiterentwicklung der Ökonometrie hat sich jedoch gezeigt, daß bei der Schätzung makroökonomischer Funktionen aus Zeitreihen Schwierigkeiten auftauchen, die insbesondere bei Produktionsfunktionen das Urteil über die Güte einer Anpassung sehr erschweren.

Bei der Schätzung makroökonomischer Funktionen aus Zeitreihen tritt vor allem das Problem der **Multikollinearität** auf. Die Variablen entwickeln sich im Zeitablauf in einem Trend, wodurch ein enger Zusammenhang vorgetäuscht wird, ohne daß eine kausale Beziehung bestehen muß[34].

Ferner zeigt sich das **Identifikationsproblem,** d. h., es stellt sich die Frage, ob der geschätzte Zusammenhang überhaupt als Produktionsfunktion interpretiert werden kann und nicht einen völlig anderen ökonomischen Zusammenhang wiedergibt. Zumindest ist anzunehmen, daß in der Funktion auch andere als rein produktionstechnisch bedingte Beziehungen zwischen den Variablen eine Rolle spielen.

Schließlich ist das **Spezifikationsproblem** zu nennen, das dadurch entsteht, daß die Wahl der im Modell berücksichtigten Variablen a priori getroffen werden muß, und somit nicht immer bekannt ist, ob alle relevanten Variablen überhaupt bei der Schätzung berücksichtigt worden sind. Noch schwieriger zu beurteilen ist darüber hinaus die Frage, ob der bei der Schätzung ebenfalls **vorgegebene Funktionstyp** der bestmögliche ist.

Dies Problem stellt sich natürlich bei allen makroökonomischen Produktionsfunktionen, die entwickelt worden sind. Hier auf die verschiedensten Typen einzugehen, würde zu weit führen[35].

Das entscheidende Ergebnis in bezug auf die Einkommensverteilung bleibt unter den Annahmen der Grenzproduktivitätstheorie immer, daß die Verteilung der Faktoranteile durch die Parameter der Produktionsfunktion und die Faktoreinsätze **eindeutig** bestimmt ist. Die Existenz einer eindeutigen Verteilung wird durch die gemeinsame Eigenschaft abnehmender partieller Grenzerträge der Produktions-

---

[33] Vgl. Kapitel IV, 1.1.

[34] Vgl. Mendershausen, H.: On the Significance of Professor Douglas' Production Function, Econometrica, Vol. 6, p. 153 ff. (1938).

[35] Zu den verschiedenen makroökonomischen Produktionsfunktionen vgl. Krelle, W.: Produktionstheorie, Tübingen 1969.

funktionen ermöglicht. Die Unterschiede zwischen den Produktionsfunktionen bestehen darin, daß je nach Homogenitätsgrad nicht das ganze Produkt ausgeschöpft wird und je nach Substitutionselastizität die Verteilung nicht — wie im Falle der Cobb-Douglas-Funktion — ausschließlich von den Parametern der Produktionsfunktion, sondern auch von den eingesetzten Faktormengen abhängt.

3.3. Bedeutung des technischen Fortschritts für die makroökonomische Grenzproduktivitätstheorie

Empirische Untersuchungen haben gezeigt, daß aus der Entwicklung der eingesetzten Produktionsfaktoren die Entwicklung des Produkts kaum erklärt werden kann. Der unerklärte Teil des Produktionswachstums wurde daraufhin dem ‚technischen Fortschritt' als drittem Faktor zugeschrieben.

Er äußert sich in neuen Gütern (Produktinnovation) und neuen Produktionsverfahren (Prozeßinnovation), kann allerdings in einer statisch konzipierten Theorie schlecht berücksichtigt werden. Implizite wird immer unterstellt, daß die Produktionsfunktionen aller Betriebe gleich sind[36] und letztlich ein einziges Gut erzeugt wird. Der technische Fortschritt äußert sich dann darin, daß z. B. bei demselben Faktoreinsatz gleicher Faktoren mehr vom gleichen Gut erzeugt werden kann. Der technische Fortschritt kann somit nicht erklärt werden, er fällt wie ‚Manna vom Himmel' und wird als autonom betrachtet.

Das Bestreben, das unbefriedigende Konzept des autonomen technischen Fortschritts durch das des induzierten, faktorgebundenen zu ersetzen, führte dazu, daß der Altersaufbau der eingesetzten Faktoren zum entscheidenden Bestimmungsgrund des Fortschritts wurde. Das beispielsweise in neueren Maschinen verkörperte höhere technische Wissen hat zum Ergebnis geführt, daß das Kapital auch bei wachsender Intensität eine Knappheitsrente erzielt. Obwohl also im Zeitablauf das Aggregat Kapital im Vergleich zur eingesetzten Arbeit stärker zunimmt und seine Seltenheit damit abnimmt, muß sein partielles Grenzprodukt und damit auch der Zins nicht gegen Null gehen.

Wird nun nach der Grenzproduktivitätstheorie für die Produktion an Maschinen unterschiedlichen Jahrgangs abnehmender Grenzertrag unterstellt, so verursacht das Auftreten neuerer Maschinen mit größerer partieller Grenzproduktivität der Arbeit einen Substitutionsprozeß, von dem auch die älteren Maschinen betroffen werden. Bei homogenem Faktor Arbeit und damit, unter den Annahmen des Modells gleichem Lohnsatz, müssen die partiellen Grenzprodukte der Arbeit im Gleichgewicht übereinstimmen und demzufolge zunehmend Arbeiter von älteren

---

[36] Vgl. Streissler, E.: Die volkswirtschaftliche Produktionsfunktion in dynamischer Betrachtung, Zeitschrift für Nationalökonomie, Bd. 19, S. 161 ff. (1959).

Maschinen abgezogen und an neueren eingesetzt werden. Es muß so Substitution ex post, d. h. Änderung des Einsatzverhältnisses nach erfolgter Investition (an Maschinen älteren Bautyps) möglich sein. Das setzt voraus, daß an älteren Maschinen die Kapitalintensität unbegrenzt zunehmen kann, was unrealistisch ist. Desweiteren erhöht sich der Anteil der Kontroll- und Steuerungsfunktion mit steigendem technischen Fortschritt. Letzterem kann meist kein physisches Grenzprodukt zugeordnet werden, zumal darüber hinaus bei gleichem technischen Stand Kontroll- und Steuerungsaufgaben eher gemäß einer limitationalen denn einer substitutionalen Produktionsfunktion wahrgenommen werden.

Damit wird offenkundig, daß technischer Fortschritt die Aufgabe der Annahme einer einheitlichen Produktionsfunktion erforderlich macht. Was dies im einzelnen für die makroökonomische Grenzproduktivitätstheorie der Verteilung bedeutet, soll in der Kritik an diesem Ansatz ausführlicher besprochen werden.

Die zweite entscheidende Schwäche der Theorie hinsichtlich des technischen Fortschritts ist die, daß sie sich auf die Betrachtung von Gleichgewichtszuständen beschränkt. Technischer Fortschritt äußert sich jedoch gerade in Ungleichgewichten und damit im Entstehen von Einkommen, die den Charakter von Differentialrenten haben und nicht als Grenzproduktivitäten verstanden werden können. Diese Änderungen führen aber nicht nur dazu, daß sich Einkommen bilden, zu deren Erklärung die Grenzproduktivitätstheorie nicht beizutragen vermag; die Änderungen selbst, das Ausmaß der Investitionen beispielsweise ebenso wie die Bewertung des Kapitals, sind wesentlich durch diese Einkommen bedingt.

Die Berücksichtigung des technischen Fortschritts in den Modellen der Neoklassik hat folglich keine wesentlichen Erkenntnisse hinsichtlich der Einkommensverteilung gebracht[37]. Es gibt „keine spezifische Abhängigkeit der Faktorentlohnungssätze vom realen Wachstum"[38] und ebenso „keine spezifische Dependenz des realen Wachstums des Produktionsergebnisses von der realen Einkommensverteilung"[39]. Die Einkommensverteilung hat im wesentlichen dazu gedient, unterschiedliche Definitionen des ‚neutralen technischen Fortschritts' zu entwickeln, der einheitlich immer als verteilungsneutral, d. h. die Faktoranteile nicht ändernd, verstanden wird.

Ändert sich das Verhältnis der Grenzproduktivitäten nicht und auch nicht das Verhältnis der Faktorpreise und -einsätze, so wird von ‚**Hicks neutralem**' technischen Fortschritt gesprochen. Er wird gemäß dieser Klassifikation arbeitssparend, wenn sich die Grenzproduktivität des Kapitals stärker erhöht als die der Arbeit. ‚**Harrod-neutraler**' technischer Fortschritt liegt vor, wenn Zins und Kapitalkoeffizient und damit als deren Produkt auch der Anteil der Gewinneinkommen konstant bleiben, während ‚**Solow-Neutralität**' das gleiche, bezogen auf den Faktor Arbeit, bedeutet.

---
[37] Vgl. Krelle, W.: Verteilungstheorie, a. a. O., S. 66f.
[38] Abb, F.: a. a. O., S. 150.
[39] Ebenda, S. 152.

3.4. Kritik an der makroökonomischen Grenzproduktivitätstheorie der Verteilung

Während die makroökonomische Grenzproduktivitätstheorie das Verhalten der auf dem Faktormarkt nachfragenden Unternehmer durch die Zielsetzung der Gewinnmaximierung begründet[40], unterbleibt eine Erklärung des **Faktorangebots** völlig. Dies stellt vor allem deshalb einen entscheidenden Mangel dar, weil damit zugleich der Einfluß der Macht auf die Verteilung vernachlässigt wird. Das Arbeitsangebot ist entscheidend bestimmt durch gewerkschaftliches Verhalten, gesellschaftliche Normen und staatliche Gesetzgebung. Selbst wenn eine Cobb-Douglas-Produktionsfunktion realistisch wäre und damit die Faktoranteile bei vollkommener Konkurrenz gegeben so sind diese Bestimmungsgründe doch entscheidend für die Verteilung in anderem Sinne. Gesetzliche Regelungen, die die Schulpflicht, das Pensionsalter und die Arbeitszeit betreffen, beeinflussen das Arbeitsangebot entscheidend, bestimmen somit wesentlich den Arbeitseinsatz, bei konstantem Faktoranteil den Lohnsatz und über den Arbeitseinsatz auch das Produkt. Die makroökonomische Grenzproduktivitätstheorie vermag zwar den Faktoranteil produktionstechnisch zu begründen, bestimmt aber nicht zugleich den Faktorpreis und schenkt damit diesem wichtigen Gesichtspunkt hinsichtlich der Verteilung keine Beachtung. Mit der Vernachlässigung des Faktorangebots erklärt sie weder den Faktoreinsatz noch das Sozialprodukt.

Schließlich läßt sie mit dem Faktorangebot auch dessen wesentlichen Bestimmungsgrund, die **personelle Faktorverteilung,** außer acht.

Der Rechtsinstitution ‚**Privateigentum**' wird kein Einfluß auf die Verteilung beigemessen. Die marxistische Theorie sieht aus diesem Grund in der Grenzproduktivitätstheorie eine **Rechtfertigungslehre** für die Einkommen der Rentiers, die keinen produktiven Beitrag leisten und von den Früchten der Arbeit anderer leben. Bucharin nannte daher das Werk dieser Schule „The Economic Theory of the Leisure Class"[41]. Zugleich wird auch der Vorwurf erhoben, das Ansetzen beim subjektiven Nutzen als letzter Ursache sei verfehlt, und eine Theorie müsse unter dem Gesichtspunkt der Produktionsbedingungen im marxistischen Sinne ansetzen, wolle sie zu ‚Gesetzen' kommen.

Während beim mikroökonomischen Ansatz die Annahme der **vollkommenen Konkurrenz** zumindest für einige Teilmärkte einen gewissen Erklärungswert haben mag, wird diese Unterstellung bezüglich des Wirtschaftsganzen äußerst problematisch, besonders in Anbetracht der Rolle, die der Sektor Staat in modernen Volkswirtschaften spielt.

---

[40] Kritik an dieser Zielsetzung wurde bei der Besprechung der mikroökonomischen Version geübt (Kap. III. 2.).
[41] Zitiert nach Robinson, J. and Eatwell, J.: a. a. O., S. 80.

Da dieser Ansatz auf die Betrachtung eines sich langfristig ergebenden Gleichgewichtszustandes beschränkt ist, muß die **langfristige Produktionsfunktion** die Bedingungen für die Existenz eines Gewinnmaximums erfüllen. Das heißt, daß die langfristige Kostenkurve zunehmende Grenzkosten bzw. die entsprechende Produktionsfunktion **abnehmende Skalenerträge** aufweisen muß. Langfristig wird jedoch der Fall zunehmender Skalenerträge für wahrscheinlicher gehalten[42].

Was schließlich den besonderen Typ der Cobb-Douglas-Produktionsfunktion angeht, so weist Krelle darauf hin, daß die Annahme der Homogenität ersten Grades und damit der vollständigen Ausschöpfung des Produkts nur sinnvoll ist, wenn wirklich **alle Produktionsfaktoren** explizit aufgeführt werden[43].

Die entscheidende Schwäche des Ansatzes besteht indessen in der Vernachlässigung gesamtwirtschaftlicher Interdependenzen beim Übergang von der mikroökonomischen zur makroökonomischen Betrachtungsweise[44].

So wird von **Kreislaufwirkungen** völlig abgesehen. Lohnerhöhungen über die Grenzproduktivität hinaus müssen nicht gezwungenermaßen zur Einschränkung der Beschäftigung führen, wenn die entsprechende Nachfrageerhöhung die Grenzwertproduktkurve verschiebt. Die fehlende Einbeziehung der Nachfrage läßt schließlich auch keine befriedigende Erklärung der **Unternehmergewinne** zu. Die statische Betrachtungsweise schließt die Berücksichtigung von Gewinnen aus, die bei Durchsetzung neuer Produkte und neuer Produktionsverfahren anfallen. Pioniergewinne im Sinne Schumpeters sind jedoch für den Wirtschaftsablauf entscheidende Einkommenskomponenten. Wohl aus diesem Grund war letzterer der Überzeugung, daß die statische Analyse der Neoklassik den wahren Charakter kapitalistischer Unternehmen nicht zu beschreiben vermag[45].

Reswitching-Diskussion

Die Kritik der Reswitching-Diskussion bezieht sich auf die Annahmen der Substitutionalität und Homogenität der Faktoren, wobei die Sinnhaftigkeit der Aggregation einzelwirtschaftlicher Produktionsfunktionen zu einer makroökonomischen grundsätzlich bestritten wird.

Die Voraussetzung der Homogenität bezüglich des Kapitals ist unrealistisch, weil Kapital im Sinne der Produktionstheorie auf einen Produktionszweck ausgerichtet ist und erst nach Fertigstellung Erträge bringt. Substitution ex post, also nach erfolgter Investition, wie sie die neoklassische Theorie voraussetzt, ist im allgemeinen nicht möglich. Soll nun die Aggregation durch Bewertung mit den jeweiligen Kapitalgüterpreisen erfolgen, so drückt sich in dieser Bewertung bereits

---

[42] Vgl. Kaldor, N.: Die Irrelevanz der Gleichgewichtsökonomie. In: Seminar: Politische Ökonomie (Hrsg. Vogt, W.), S. 80–102. Frankfurt 1973.
[43] Vgl. Krelle, W.: Verteilungstheorie, a. a. O., S. 70.
[44] Vgl. hierzu ebenda, S. 68 f.
[45] Vgl. Robinson, J. and Eatwell, J.: a. a. O., S. 82.

die Knappheit und damit die Verteilung aus. Das in dieser Weise gebildete Aggregat Kapital kann folglich nicht wiederum die Verteilung erklären.

Ähnliche Gedankengänge finden sich bereits 1919 bei Veblen in einer Besprechung eines Buches von J. B. Clark: „Aber es ist klar, daß, falls das Kapitalkonzept aus der Beobachtung der gegenwärtigen Geschäftspraxis gewonnen würde, herausgefunden würde, daß ‚Kapital' ein geldliches, kein mechanisches Ding ist; daß es der Ausfluß eines Bewertungsvorganges ist, unmittelbar abhängig vom Standpunkt des Bewertenden[46]".

Wird nun die makroökonomische Produktionsfunktion als Aggregation unterschiedlicher einzelwirtschaftlicher Produktionsfunktionen verstanden, kann sie die Einkommensverteilung nur dann eindeutig bestimmen, wenn bei steigendem Lohn-Zins-Verhältnis Techniken mit höherer Kapitalintensität eingesetzt werden, wenn also eine eindeutig umkehrbare Zuordnung zwischen Faktorpreis- und Faktoreinsatzverhältnis besteht. Das Ergebnis der Reswitchingkontroverse besteht in dem Nachweis, daß diese Zuordnung nicht notwendigerweise vorliegt, sondern vom theoretischen Standpunkt aus eher als Ausnahme anzusehen ist.

In dieser Darlegung wird davon ausgegangen, es werde in einer Volkswirtschaft eine Technik A angewandt. Die Herstellung des Kapitalguts mit dem Preis p_a erfordere den Einsatz von a_{01} Arbeitseinheiten pro Stück und a_{11} Kapitaleinheiten[47]. Im Gleichgewicht bei vollständiger Konkurrenz ergeben sich Produktpreise, die den Stückkosten entsprechen. Die Stückkosten, die dem Kapitaleinsatz zuzuordnen sind, resultieren multiplikativ aus dem Inputkoeffizienten a_{11}, dem Preis des Kapitalguts p_a und dem Zinssatz r gemäß $a_{11}p_ar$. Die Stückkosten des Arbeitseinsatzes sind ebenso bestimmt als Produkt aus Inputkoeffizient a_{01}, Preis des Konsumguts p und Lohnsatz w: $a_{01}pw$.

Der Preis des Kapitalguts läßt sich demnach schreiben:

$$p_a = a_{01} \cdot w \cdot p + a_{11} \cdot r \cdot p_a; \quad w = \text{Reallohn}.$$

Bei gegebenen Inputkoeffizienten für die Erzeugung des Konsumguts a_{02} für den Arbeitseinsatz und a_{12} für den Kapitaleinsatz, kann analog der Preis p des Konsumguts bestimmt werden:

$$p = a_{02} \cdot w \cdot p + a_{12} \cdot r \cdot p_a.$$

Die Variablen p, p_a, w und r genügen somit einem homogenen Gleichgewichtssystem. Bei homogenen Gleichungssystemen ist jedoch, wenn eine nichttriviale (vom Null-Vektor verschiedene) Lösung existiert, diese bis auf einen Faktor festgelegt, so daß eine Variable mit einem bestimmten Wert vorgegeben werden kann. Die

---

[46] Zitiert nach Robinson, J. and Eatwell, J.: a. a. O., S. 81.

[47] Die Darstellung orientiert sich an: Graf, G.: Reswitching — ein kapitaltheoretisches Phänomen, WiSt, Heft 5, S. 211 (1973).

Kritik an der makroökonomischen Grenzproduktivitätstheorie der Verteilung   137

beiden obigen Gleichungen vereinfachen sich wesentlich, wenn der Preis des Konsumguts $p=1$ gesetzt wird:

(1) $\quad\quad\quad\quad p_a = a_{01} \cdot w + a_{11} \cdot r \cdot p_a,$

(2) $\quad\quad\quad\quad 1 = a_{02} \cdot w + a_{12} \cdot r \cdot p_a.$

Im Prinzip dasselbe Gleichungssystem ist zu erhalten, falls die ursprünglichen Gleichungen durch den Preis p dividiert worden wären. Lediglich die Schreibweise wäre dann komplizierter oder der Übergang zu neuen Symbolen erforderlich gewesen. Wenn die Gleichungen (1) und (2) also auch mittels Division durch den Konsumgutpreis zustande kommen könnten, so bedeutete dies, daß die Variablen dieser Gleichungen als in Einheiten des Konsumgutes gemessen betrachtet werden.

Aus den verbleibenden beiden, nunmehr inhomogenen Gleichungen mit drei Veränderlichen kann durch Elimination von p_a eine Beziehung zwischen dem Lohnsatz w und dem Zinssatz r hergeleitet werden, die als Faktorpreisgrenze bezeichnet wird. Die entsprechende Gleichung lautet:

(3) $\quad\quad\quad\quad w = \dfrac{1 - a_{11}r}{r(a_{12}a_{01} - a_{02}a_{11}) + a_{02}}.$

Der Nenner dieses Ausdrucks soll in den folgenden beiden Gleichungen mit N abgekürzt werden.

Für den Differentialquotienten $dw/dr = w'$ ergibt sich:

$$w' = \frac{-a_{12}a_{01}}{N^2}.$$

Die Faktorpreisgrenze fällt, wegen des negativen Vorzeichens von w', folglich im ganzen Definitionsbereich.

Als zweite Ableitung w'' kann geschrieben werden:

$$w'' = \frac{2a_{12}a_{01}}{N^3}(a_{12}a_{01} - a_{02}a_{11}).$$

Aus dieser Beziehung ist zu schließen, daß bei Beschränkung auf positive Werte des Lohn- und Zinssatzes die zweite Ableitung im ersten Quadranten ihr durch die Inputkoeffizienten bestimmtes Vorzeichen beibehält. Die Faktorpreisgrenze verläuft somit durchgehend konvex oder konkav zum Ursprung und wird für spezielle Parameterkonstellationen, bei denen der Klammerausdruck in der Gleichung für w'' verschwindet, zur Geraden. Dieser Ausdruck entspricht jedoch der Determinanten der Inputkoeffizienten im Gleichungssystem (1), (2). Für diesen Sonderfall sind somit die Koeffizienten der Produktionsverfahren linear abhängig,

d. h. die Produktionsverfahren unterscheiden sich nicht, und da Kapital- und Konsumgut in diesem Modell lediglich durch die Verfahren charakterisiert werden, liegen auch keine verschiedenen Güter vor. Der Fall der geraden Faktorpreisgrenze kann demzufolge als Sonderfall, für den beide Güter gleich sind, verstanden werden.

Durch wechselseitiges Nullsetzen von w und r lassen sich die maximalen Zins- und Lohnsätze der Technik A, r_a und w_a ermitteln, die in Abb. 12 als Achsenabschnitte erscheinen.

Der maximale Lohnsatz w_a ist in diesem Zweifaktorenmodell mit dem Pro-Kopf-Einkommen identisch. Das pro Kopf entfallende Kapitaleinkommen ergibt sich durch Multiplikation der Kapitalintensität (k) mit dem Zinssatz (r). Das durch den maximalen Lohnsatz (w_a) dargestellte Prokopfeinkommen setzt sich im Zweifaktorenmodell additiv zusammen aus dem Prokopflohn- und dem Prokopfzinseinkommen w bzw. $k \cdot r$ gemäß:

$$w_a = w + kr.$$

Die Kapitalintensivität (k) erfüllt somit die Gleichung

$$k = \frac{w_a - w}{r}$$

und kann, wie in Abb. 12 für P_1 gezeigt, für die Punkte der Faktorpreisgrenze durch den Anstieg des Fahrstrahls vom Punkt maximalen Lohnsatzes aus dargestellt werden.

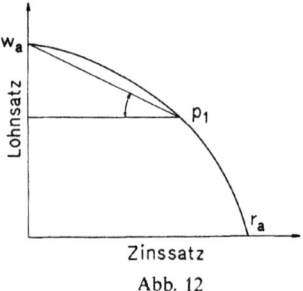

Abb. 12

Bei einem, wie in der Abbildung angenommenen, zum Ursprung hin konkaven Verlauf der Faktorpreisgrenze ergibt sich ein Resultat, das dem neoklassischen Verständnis über den Zusammenhang von Faktorpreis- und Faktoreinsatzverhältnis widerspricht. Mit sinkendem Lohn-Zins-Verhältnis w/r steigt der Wert des pro Kopf eingesetzten Kapitals. Dieses Ergebnis wird als negativer **Wicksell-Preis-Effekt** bezeichnet[48].

---

[48] Vgl. Frey, B. S.: Die Renaissance der Politischen Ökonomie, Schweizerische Zeitschrift für Volkswirtschaft und Statistik, Bd. 110, S. 368f. (1974).

Kritik an der makroökonomischen Grenzproduktivitätstheorie der Verteilung 139

Die Einführung eines anderen Kapitalguts ermöglicht eine neue Technik B. Der obigen Ableitung entsprechend läßt sich für diese durch die Inputkoeffizienten (b_{ij}) beschriebene Technik aus den für das Konkurrenzgleichgewicht geltenden Preisgleichungen die Faktorpreisgrenze herleiten:

(4) $$w = \frac{1 - b_{11}r}{r(b_{12}b_{01} - b_{02}b_{11}) + \overline{b_{02}}}.$$

Die Frage, die sich nun im Hinblick auf die beiden möglichen Techniken stellt, ist die nach dem bei gegebenem Zinssatz optimalen Produktionsverfahren. Bei der Betrachtung des ursprünglichen Gleichungssystems für die Technik A, in dem der Preis (p) für das Konsumgut noch explizite auftrat, wird deutlich, daß der Konkurrenzmechanismus dazu führen muß, daß sich die Technik durchsetzt, die bei gegebenem Zinssatz das Konsumgut billiger herzustellen erlaubt. Die Technik, die den niedrigsten Konsumgüterpreis ermöglicht, führt bei gegebenem Zinssatz zugleich zum höchsten Reallohn. Folglich wird auf den in Abb. 13 dargestellten, den beiden Techniken entsprechenden Faktorpreisgrenzen immer die Lohnsatz-Zinssatz-Kombination zustande kommen, die bei gegebenem Zins den höchsten Lohnsatz ergibt, bzw. die größte Entfernung zum Ursprung hin aufweist.

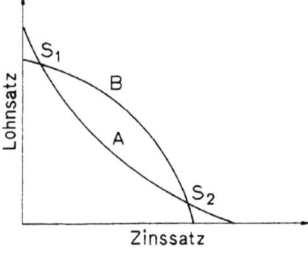

Abb. 13

Bei den beiden dargestellten Faktorpreisgrenzen wurde davon ausgegangen, daß sie sich in zwei Punkten schneiden. Dieses sind die beiden ‚Switchpunkte', weil an ihnen bei einer Änderung des Faktorpreisverhältnisses von einer Technik zur anderen übergegangen wird. Bei sinkendem Lohn-Zins-Verhältnis wird zunächst mit Technik A produziert. In S_1 erfolgt der Übergang zu Technik B, und bei S_2 schließlich wird wieder zum Verfahren A zurückgekehrt.

Die Schnittpunkte zwischen den beiden Faktorpreisgrenzen ergeben sich durch Gleichsetzen der Beziehungen (3) und (4), wobei eine quadratische Gleichung in r entsteht. Dementsprechend sind mehrere Fälle möglich:

1. Es existiert kein reeller Schnittpunkt, d. h. eine Technik ist der anderen vollständig überlegen, folglich wird nur ein Kapitalgut produziert, der interessierende realistische Fall mit zwei Kapitalgütern liegt somit überhaupt nicht vor.

III. Theorie der funktionellen Einkommensverteilung

2. Es existiert nur ein Schnittpunkt bei von Null verschiedenen w und r. Dies ist auf mehrere Weisen möglich, wobei zwei Spezialfälle besonders interessant sind.

a) Bei den Verfahren A und B ist entweder die Technik zur Erzeugung des Konsumgutes oder die zur Herstellung des Kapitalgutes gleich. Da, wie aus Gleichung (3) ersichtlich, der maximale Lohnsatz ($r=0$) durch den Inputkoeffizienten a_{02} der Arbeit bei der Kapitalerzeugung festgelegt ist, beginnen die Faktorpreisgrenzen unter Voraussetzung gleicher Verfahren der Kapitalerzeugung im selben Ordinatenabschnitt und schneiden sich somit nur noch einmal bei von Null verschiedenen w und r. Entsprechendes gilt umgekehrt bei gleichem Verfahren der Konsumgütererzeugung, wobei beide Kurven im Punkt der maximalen Profitrate beginnen.

b) Für den Fall, daß die Faktorpreisgrenzen sowohl bei A als auch bei B Geraden sind, gibt es nur einen Schnittpunkt. Hier wird, wie schon gesagt, sowohl bei Verfahren A als auch bei B jeweils nur ein Gut hergestellt.

Sowohl im Falle 2a als auch 2b kommt es lediglich zu einem Switchpunkt und demnach nicht zum Reswitching, der monotone Zusammenhang zwischen Faktorpreis und Faktoreinsatzverhältnis bleibt somit gewahrt, die Verteilung ist eindeutig bestimmt. Mit der Annahme, daß die Bedingungen gemäß 2b erfüllt sind, argumentiert Samuelson für das neoklassische Konzept[49]. Die dabei gemachten Voraussetzungen bedeuten jedoch, daß sich Konsumgut- und Kapitalerzeugung eines Verfahrens nicht unterscheiden, beide Güter also identisch sind. Zur Rechtfertigung des Ein-Gut-Modells wird damit die Ein-Gut-Annahme unterstellt!

3. Im allgemeinen, insbesondere wenn mehr als zwei Techniken möglich sind, dürften mehrere Schnittpunkte vorliegen und das Reswitching als der wahrscheinlichere Fall gelten[50]. Die damit entfallende Monotonie zwischen Kapitalintensität und Faktorpreisverhältnis bedingt, daß es im statischen neoklassischen Modell keine Definition des Kapitals gibt, die unabhängig von der Profitrate ist. Zins bzw. Profitrate können somit nicht als Grenzproduktivität des Kapitals erklärt werden, womit auch die Verteilung nicht mehr eindeutig durch die Produktionsfunktion zu bestimmen ist.

---

[49] Vgl. Samuelson, P. A.: Parable and Realism in Capital Theory: The Surrogate Production Function. In: Capital and Growth (eds. Harcourt, G. C., Laing, N. F.), p. 213 ff. Harmondsworth 1971.

[50] Graf erläutert das Reswitching anhand zweier einfacher Beispiele. Graf, G.: a. a. O., S. 214.

„Warenproduktion mittels Waren"[51]

Den Begriff Grenzprodukt kritisierte Sraffa insbesondere deshalb, weil in der Realität eine zusätzliche Einheit Kapital bei gleicher Technik kaum ohne zusätzlichen Arbeitsaufwand eingesetzt werden kann. Partielle Faktorvariationen, die das partielle Grenzprodukt bestimmen, finden also nicht bei gleicher Technik und damit gleicher Produktionsfunktion statt. Substitutionen zwischen den Faktoren tritt jedoch durch Übergang zu anderen Techniken ein, die dementsprechend — einen vorgegebenen Preis des Kapitals einmal angenommen — unterschiedliche Grenzprodukte aufweisen. Damit man jedoch die Kapitalbestände bewerten kann, muß ein Zinssatz vorgegeben sein.

Sraffas Ziel bestand darin zu zeigen, „daß der ‚Wert eines Kapitalstocks' im allgemeinen nur im Zusammenhang mit der Verteilung des Nettoproduktes auf Löhne und Gewinne eine Bedeutung hat. Daraus folgt, daß in der Vorstellung, die Profitrate werde durch das ‚Grenzprodukt des Kapitals' bestimmt, kein Sinn liegt."[52]

Sraffas Kritik setzt damit in der Argumentation früher an als die Reswitchingkontroverse, nämlich bereits an den Preisbestimmungsgleichungen. Sie enthalten für n Güter mit dem Lohnsatz w und dem Zinssatz r $n+2$ Variable. Da die Gleichungen homogen sind, läßt sich der Preis eines Gutes, wie oben durchgeführt, vorgeben. Meist wird der Preis gleich Eins gesetzt, das Gut dient als Recheneinheit (Numéraire). Das so entstehende Gleichungssystem ist inhomogen und enthält mehr Unbekannte als Gleichungen. Erst durch Vorgabe der Profitrate lassen sich die Preise bestimmen. Sie können somit nicht zugleich zur Erklärung der letzteren herangezogen werden[53].

Wie gezeigt, weist die makroökonomische Grenzproduktivitätstheorie entscheidendere Mängel auf als die mikroökonomische. Sie läßt nicht nur wichtige Bestimmungsgründe der Einkommensverteilung außer acht, sondern kommt auch im selbst gesetzten Rahmen der Erklärung der Einkommensverteilung aus der Produktionstechnik nur durch unrealistische Voraussetzungen zum Ziel. Die ‚Konstanz' der Lohnquote als empirischer ‚Befund' falsifiziert zwar nicht den Ansatz, der über die Cobb-Douglas-Produktionsfunktion die Verteilung bestimmt sieht, sie als Bestätigung dieses Ansatzes zu interpretieren ist jedoch äußerst gewagt.

---

[51] Vgl. Sraffa, P.: Warenproduktion mittels Waren, Berlin 1968.
[52] Robinson, J. and Eatwell, J.: a. a. O., S. 261.
[53] Vgl. Auch den Anhang in Robinson, J. and Eatwell, J.: a. a. O., S. 272ff.

Literatur zu Kapitel III

Bombach, Gottfried: Die verschiedenen Ansätze der Verteilungstheorie. In: Einkommensverteilung und technischer Fortschritt, Schriften des Vereins für Socialpolitik, N. F. Bd. 17, S. 96–154, insbesondere S. 117–130. Berlin 1959.

Bronfenbrenner, Martin: Income Distribution Theory, p. 76–93, p. 120–188 and p. 298–444. Chicago–New York 1971.

Ferguson, Charles E.: The Neoclassical Theory of Production and Distribution, Cambridge 1969.

Krelle, Wilhelm: Verteilungstheorie, S. 23–28 und S. 50–71. Tübingen 1962.

Luckenbach, Helga: Theorie des Haushalts, S. 127–263. Göttingen 1975.

Matzner, Egon: Der Beitrag der Grenzproduktivitätstheorie zur Erklärung der Einkommensverteilung. In: Beiträge zur Theorie der Einkommensverteilung (Hrsg. Frisch, H.), S. 9–22. Berlin 1967.

Pen, Jan: Income Distribution, p. 76–157. London 1871, Repr. 1973.

Preiser, Erich: Erkenntniswert und Grenzen der Grenzproduktivitätstheorie, Schweizerische Zeitschrift für Volkswirtschaft und Statistik, Bd. 89, S. 25–45 (1953).

Preiser, Erich: Distribution. In: Handwörterbuch der Sozialwissenschaften, Bd. 2, S. 624–627. Göttingen 1959.

Robinson, Joan, und Eatwell, John: Einführung in die Volkswirtschaftslehre, S. 35–90 und S. 248–275. München 1974.

Rose, Klaus: Theorie der Einkommensverteilung, Wiesbaden o. J.

Scheele, Erwin: Theorie der Einkommensverteilung. In: Kompendium der Volkswirtschaftslehre, 3. neubearbeitete Aufl. Bd. I (Hrsg. Ehrlicher, W., Esenwein-Rothe, J., Jürgensen, H., Rose, K.), S. 292–320. Göttingen 1972.

Schleicher, Heinz A.: Kritische Bemerkungen zur Grenzproduktivitätstheorie. In: Beiträge zur Theorie der Einkommensverteilung (Hrsg. Frisch, H.), S. 23–49. Berlin 1967.

Schmitt-Rink, Gerhard: Grundzüge der Verteilungstheorie, S. 17–263. Göttingen 1971.

IV. Theorien zur Erklärung der Anteile am Volkseinkommen

Auch die in Abschnitt 3 des III. Kapitels dargestellte makroökonomische Grenzproduktivitätstheorie sieht in Einkommensanteilen ihr Erklärungsziel. Insofern als diese Theorie die Quoten mittels der Produktionsfunktion begründet, bestimmt sie zum einen ausschließlich die Faktoranteile und zieht zum andern ebenso ausschließlich technische Gegebenheiten, die auf der Funktion der Faktoren im Produktionsprozeß beruhen, zur Erklärung heran. Sie ist damit ihrem Wesen nach eine funktionelle Theorie.

Die im weiteren zu diskutierenden Ansätze, die sich der Erklärung der Anteile am Volkseinkommen widmen, beschränken sich nicht auf den funktionellen Aspekt, lassen ihn sogar meist unbeachtet. Sie versuchen im Grunde eine Verteilung auf Klassen darzulegen, wobei in Anbetracht der meist erfolgenden Beschränkung auf das Zweiklassenmodell wiederum das Aggregationsproblem entscheidend wird.

Im wesentlichen wollen diese Ansätze die Lohnquote erklären, wobei der Begriff ‚Lohn‘ eine Einkommenskategorie beschreibt, die homogen im Hinblick auf unterschiedliche Kriterien ist, und zwar je nach Theorie.

Diese Homogenität bezieht sich bei der Kreislauftheorie auf das Nachfrageverhalten, bei der Machttheorie auf das Faktorangebotsverhalten, beim marxistischen Ansatz auf die Bedeutung des Privateigentums und bei der Monopolgradtheorie auf die Güternachfrage und das Faktorangebot.

Stellen diese Theorien Verhaltensweisen in den Vordergrund, sind sie auf, hinsichtlich des Verhaltens, homogene Gruppen ausgerichtet. Im Gegensatz zur makroökonomischen Grenzproduktivitätstheorie betrachten sie damit keine von Personen losgelösten Faktoreinkommen, sondern geben eher über die Wohlfahrt Auskunft. Dennoch bleibt es problematisch, anhand der Verteilungsquoten Aussagen zu machen über die personelle Verteilung und damit über die ‚verteilungsbedingte Wohlfahrt‘. Definitions- und Meßprobleme erfordern deshalb zunächst eine besondere Erörterung.

IV. Theorien zur Erklärung der Anteile am Volkseinkommen

1. Verteilungsquoten

1.1. Lohnquote

Unter der Lohnquote wird im allgemeinen der Anteil der Unselbständigen am Volkseinkommen verstanden. Das Zusammenfassen von Arbeitern, Angestellten und Beamten bei der Bildung dieses Aggregats ist unter verschiedenen Gesichtspunkten nicht unproblematisch. Die Einkommensunterschiede und damit auch das gruppenspezifische Verhalten dürften sich zwar in der BRD in jüngster Zeit stark aneinander angeglichen haben, mit der zunehmenden Trennung von Unternehmer- und Eigentümerfunktion hat allerdings mit den leitenden Angestellten ein Typ der Unselbständigen an Bedeutung gewonnen, der die Inhomogenität des Aggregats erhöht.

Hinsichtlich des Konjunkturablaufs unterscheiden sich die Gehälter der drei erwähnten Gruppen jedoch nach wie vor durch ihre unterschiedliche Sicherheit und durch die für eine dynamische Theorie wichtigen verschiedenen Einkommenszahlungstermine[1].

Definition

Die oben aufgeführte Definition der Lohnquote als Anteil der Unselbständigen am Volkseinkommen wird die **unbereinigte Lohnquote** genannt. Aus ihrer Entwicklung im Zeitablauf kann nämlich nicht auf Änderungen der Prokopfeinkommen der Nichtselbständigen geschlossen werden, selbst wenn das Volkseinkommen konstant bleibt, Änderungen der Beschäftigungsstruktur führen dazu, daß sich die Zahl der am Lohnanteil partizipierenden Personen ändert. In der BRD hat beispielsweise die Abwanderung selbständiger Landwirte die Zahl der Selbständigen ab-, die der Unselbständigen zunehmen lassen. Um somit anhand der Lohnquote etwas über Änderungen der personellen Verteilung zu erfahren, muß diese von Änderungen der Beschäftigungsstruktur bereinigt werden. Dabei wird die Beschäftigungsstruktur einer Basisperiode zugrunde gelegt und als **bereinigte Lohnquote** diejenige berechnet, die sich ohne Änderung der Beschäftigungsstruktur ergeben hätte. Während die unbereinigte Lohnquote für die BRD in der Zeit von 1950 bis 1970 stetig von 58,6 % auf 67,0 % anstieg, verlief der Anstieg der bereinigten Lohnquote in dieser Zeit langsamer von 58,6 % auf 62,8 %[2].

Da der restliche Teil des Volkseinkommens, die Profitquote, nicht ausschließlich als Einkommen ohne Arbeitsleistung aufgefaßt werden kann, wird weiterhin die **ergänzte Lohnquote** berechnet. Hierbei wird den Einkommen der Unselbständigen

---

[1] Vgl. Bombach, G.: Die verschiedenen Ansätze der Verteilungstheorie, a.a.O., S. 99 ff.

[2] Vgl. Richter, R., Schlieper, U., Friedmann, W.: Makroökonomik, S. 158. Berlin, Heidelberg, New York 1971.

ein geschätztes Arbeitseinkommen der Selbständigen zugerechnet, das sich durch Multiplikation der Zahl der Selbständigen mit dem Durchschnittseinkommen der Unselbständigen ergibt. Die ergänzte Lohnquote schwankte im erwähnten Zeitraum in den Grenzen von 78,0 % (1960) und 85 % (1951) und betrug in den Jahren 1950 und 1970 82,9 % bzw. 81,3 %[3].

Messung

Die entscheidenden Meßprobleme zur Ermittlung der Lohnquote bestehen nicht so sehr in der Erfassung von Löhnen und Gehältern als vielmehr in der Ermittlung des Volkseinkommens. Kuznets, der Berechnungen für die USA in der Zeit von 1919—1939 untersuchte, kam zum Ergebnis, daß diese mit einem Fehler von 20 % und bei Berücksichtigung des kompensatorischen Zusammenwirkens von Fehlern mit einem von mindestens 10 % behaftet sind[4]. Die Statistiken sind inzwischen in dieser Hinsicht sicherlich besser geworden, verschiedene Unterlagen weisen aber nicht selten für dasselbe Land und denselben Zeitraum erhebliche Unterschiede auf[5].

Stabilität

Unter diesen Umständen ist offenbar schwierig festzustellen, ob die Lohnquote tatsächlich stabil bleibt. Empirische Untersuchungen[6] zeigen meist, daß sich die Änderungen der Quote in engen Grenzen halten. Während einerseits aufgrund gleicher Daten angenommen wird, daß beobachtete Schwankungen rein zufällig sind, wird andererseits zugleich von beachtenswerten Änderungen gesprochen. Rothschild betont deshalb, daß die Beurteilung dieses Phänomens weitgehend vom Temperament und der Lebensphilosophie des Betrachters abhängt[7].

Keynes sah in der Stabilität des Lohnanteils ein Wunder[8]. Dagegen wird in der Konstanz der Lohnquote nicht selten ein Naturgesetz gesehen. „Der Glaube

---

[3] Vgl. Richter, R., Schlieper, U., Friedmann, W.: Makroökonomik, S. 159. Berlin, Heidelberg, New York 1971.

[4] Vgl. Kuznets, S.: National Income and Its Composition, Chapter 12. New York 1941.

[5] Im Jahrbuch der United Nations 1969 werden für Italien für das Jahr 1960 ein Volkseinkommen von 17 506 und eine Lohnsumme von 13 980 ausgewiesen. Die entsprechende Lohnquote beträgt fast 80 %. Eine EWG-Studie gibt dagegen das Volkseinkommen mit 16 754 und die Lohnsumme mit 9073 an, was zu einer Lohnquote von 54 % führt. Vgl. Bombach, G.: EWG-Studie Lohnbildung und Einkommensverteilung, Tabelle 6, S. 30.

[6] Siehe auch die oben aufgeführten Daten für die BRD.

[7] Vgl. Rothschild, K.: Der Lohnanteil am Gesamteinkommen, Weltwirtschaftliches Archiv, Bd. 78, S. 178f. (1957).

[8] Vgl. Keynes, J. M.: Relative Movements of Real Wages and Output, Economic Journal, S. 48 (1939).

IV. Theorien zur Erklärung der Anteile am Volkseinkommen

an die Konstanz der Lohnquote als eine Art Naturgesetz ist im Grunde nicht sehr viel mehr als die moderne Version der Lohnfondstheorie, nämlich die Lohnfondstheorie einer wachsenden Wirtschaft. War nach der klassischen Lohnfondstheorie der absolute Betrag, die Lohnsumme, konstant, so ist es nach der modernen Version der Anteil an einem ständig wachsenden Produkt"[9]. Tatsächlich lassen sich, wie im nächsten Abschnitt erläutert wird, Verhaltensweisen feststellen, die diese moderne Version rechtfertigen. Es gibt allerdings auch rein mathematische und statistische Gründe für die ‚Konstanz' der Lohnquote.

Was die Definition dieses Ausdrucks angeht, so tritt die Lohnsumme (W) nicht nur im Zähler, sondern als Anteil des Volkseinkommens (Y) auch im Nenner auf. Bei einer Aufspaltung des Volkseinkommens in Löhne (W) und Gewinne (G) kann die Lohnquote (Q) als $Q = W/(W+G)$ geschrieben werden. Die Elastizität der Lohnquote bezüglich der Lohnsumme $(dQ/dW):(Q/W)$ beträgt: $G/(W+G)$, ist also gleich der Profitquote. Bei einem Gewinnanteil von 33% wird folglich eine Erhöhung der Lohnsumme um 9% die Lohnquote lediglich um 3%, also von 0,66 auf 0,68, steigen lassen.

Eine wahrscheinlichkeitstheoretische Untersuchung der Lohnquotenschwankungen nimmt Solow vor[10]. Die Volkswirtschaft wird dabei in n Sektoren mit verschiedenen Wertschöpfungen (V_i) eingeteilt, wobei die Summe der Wertschöpfungen das Volkseinkommen ergeben muß und demnach die Summe der Sektorenanteile am Volkseinkommen V_i/Y den Wert Eins hat. W_i/Y_i sei die Lohnquote der Sektoren. Die gesamtwirtschaftliche Lohnquote läßt sich dann als Summe des Produkts $(V_i/Y) \cdot (W_i/V_i)$ darstellen.

Die Lohnquote kann demzufolge als gewichteter Durchschnitt der sektoralen Lohnquoten Q_i verstanden werden. Weisen diese in ihrer zeitlichen Entwicklung eine Standardabweichung σ_i und ein Mittel $\bar{Q}_i$ auf, so läßt sich die durchschnittliche Lohnquote $\bar{Q}$ bestimmen. Ebenso kann die Standardabweichung der Lohnquote auf die der sektoralen Lohnquoten zurückgeführt und somit indirekt ermittelt werden. Der Vergleich zwischen der direkt aus Zeitreihen der Lohnquote errechneten Standardabweichung und der indirekt gewonnenen läßt nur dann den Schluß zu, der Lohnanteil sei konstant, wenn ihre Standardabweichung signifikant kleiner ist als die der indirekten Schätzung. Solow ist deshalb gegenüber dem Glauben an eine konstante Lohnquote skeptisch, weil diese Voraussetzungen für keine seiner Berechnungen zutraf. Die Vorgehensweise von Solow setzt allerdings voraus, daß zwischen Änderungen der sektoralen Lohnquoten und der Wirtschaftsstruktur (ausgedrückt durch V_i/Y) stochastische Unabhängigkeit besteht, was sicherlich nicht unproblematisch ist. Mit dem im Zeitablauf erfolgenden Übergang zu kapitalintensiverer Fertigung wird der Anteil V_i/Y in Sektoren niedrigerer Lohnquote W_i/V_i zunehmen. Die Faktoren des Produkts $(V_i/Y) \cdot (W_i/V)$ sind dann negativ korreliert, so daß die Konstanz der Lohnquote

---

[9] Bombach, G.: Die verschiedenen Ansätze der Verteilungstheorie, a.a.O., S. 99.
[10] Vgl. Solow, R.: A Sceptical Note on the Constancy of Relative Shares, American Economic Review, p. 628 (1958).

tatsächlich in Änderungen der Wirtschaftsstruktur ihre Ursache hat. Zu diesem Schluß kam bereits Dunlop, der für die amerikanische Wirtschaft zeigte, daß die Stabilität des Lohnanteils (allerdings ohne Gehälter und Einkommen im öffentlichen Sektor berechnet) durch Verschiebungen in der Bedeutung einzelner Sektoren hervorgerufen wurde. Die stabile Lohnquote ist danach das Resultat sich ausgleichender Veränderungen von sektoralem Lohnanteil und industrieller Struktur [11].

Die relative Stabilität im Konjunkturablauf wird von Phelps Brown und Hart durch die Unterscheidung eines rigiden und eines flexiblen Einkommensanteils erklärt. Die Einkommen des rigiden Sektors setzen sich aus Zinserträgen und Angestelltengehältern zusammen. Die Angestellten haben nämlich länger laufende Arbeitsverträge und werden zusätzlich auch deshalb nicht so rasch entlassen, weil ihre Tätigkeiten eine Einarbeitungszeit erfordern.

Der flexible Teil des Volkseinkommens umfaßt die Löhne und die Gewinne im engeren Sinne. Der rigide Teil in der Lohnsumme, der aus den Angestelltengehältern besteht, dürfte relativ gering sein; da innerhalb der flexiblen Einkommen jedoch die Gewinne besonders rasch reagieren, bleiben die Lohnquoten auch in der Depression verhältnismäßig stabil [12].

1.2. Profitquote

Die Profitquote wird als Anteil der Selbständigen am Volkseinkommen verstanden. Diese Definition bezieht die selbständigen Landwirte mit ihrem Einkommen ein, was die Aussagefähigkeit verringert. Aber selbst wenn für die Ermittlung der Gewinnquote die Einkommen in der Landwirtschaft ausgeschlossen werden, bleibt dieses Aggregat sehr inhomogen, nicht nur wegen verschiedenartiger Verhaltensweisen, sondern auch hinsichtlich der Bestimmungsgründe des Einkommens. Kleingewerbe Betreibende und Händler, Privatunternehmer, freiberuflich Tätige (Ärzte, Rechtsanwälte usw.) und vom Kapitaleinkommen lebende Rentiers treten nämlich als Einkommensempfänger in dieser Gruppe auf. Wegen der dort hohen Einkommensstreuung vermag demzufolge die Profitquotenentwicklung nichts über die Entwicklung eines als personelles Einkommen zu verstehenden Durchschnittseinkommens zu sagen.

Ökonomische Theorien der Profitquote beschränken sich weitgehend auf die Erklärung der Zinseinkommen und der Unternehmergewinne. Indem sie Einkommensarten aus der Profitquote ausklammern, die in gewissem Umfang durch die zeitliche Dauer der Tätigkeit bestimmt sind, sich also eher auf den Faktor Arbeit zurückführen lassen, wie freiberufliche Tätigkeit und Handel, erklären sie eine Profitquote, die dem Konzept der ergänzten Lohnquote ähnelt.

---

[11] Vgl. Dunlop, J. T.: Wage Determination Under Trade Unions, Oxford 1950.
[12] Vgl. Phelps Brown, E. H. and Hart, P. E.: The Share of Wages in National Income, Economic Journal, Vol. 62, p. 276ff.

148   IV. Theorien zur Erklärung der Anteile am Volkseinkommen

Allerdings ergeben sich auch bei der Definition des verbleibenden Gewinnanteils Probleme. Besonders aufzuführen ist die Frage, ob unverteilte Gewinne und Wertänderungen von Vermögen einbezogen werden sollen oder nicht.

Die Profitquote ist, wie aus der Darlegung hervorgeht, eher als Residualgröße definiert. Damit ist sie im wesentlichen durch die Definition der Lohnquote determiniert. Krelle, der den Begriff der **Funktionalquote** verwendet, berechnet die Lohnquote, indem er zur Lohnsumme einen Wertansatz für die Arbeitsleistung der Selbständigen addiert[13].

Dieses Vorgehen unterscheidet sich von der Berechnung der ergänzten Lohnquote dadurch, daß bei letzterer gleiche Durchschnittseinkommen für die Gruppen der Selbständigen und Unselbständigen angenommen werden. Das scheint nur dann sinnvoll, wenn die Annahme gleicher durchschnittlicher Qualifikation und gleicher durchschnittlicher Arbeitszeit für beide Gruppen gerechtfertigt ist.

Die Funktionalquoten entsprechen dem Versuch, die Einkommensanteile aus der Funktion der Faktoren zu erklären. Für alle anderen Theorien ist es daher wichtig, — falls auf eine bestimmte Quote Bezug genommen werden soll —, inwieweit ihr Ansatz funktional ist (Funktionalquote) oder aber auf die Organisation der Faktoren aufbaut (unbereinigte Lohnquote) oder schließlich die Nachfrage in den Vordergrund stellt (bereinigte, eventuell auch ergänzte Lohnquote).

1.3. Verteilung auf soziale Gruppen

In Anbetracht der starken Inhomogenität der zu den Quoten des Zweiklassenmodells zusammengefaßten Einkommen wäre eine stärkere Disaggregation sinnvoll. Sollen dabei Quoten gebildet werden, die das Verhalten einzelner Gruppen, insbesondere das Ausgabeverhalten, bestimmen, so muß auf das Haushaltseinkommen abgestellt werden, das zwar die Transfereinkommen, nicht jedoch die unverteilten Gewinne enthält. Durch Abzug der direkten Steuern ergibt sich dann das verfügbare Einkommen der Haushalte.

Marchal und Lecaillon haben auf die Bruttoeinkommen (also vor Steuerabzug) abgestellt und ermitteln für das Jahr 1962 für Frankreich folgende Verteilung auf soziale Gruppen[14].

Selbständige Landwirte	12,5%
Unselbständig in der Landwirtschaft Beschäftigte	1,5%
Unabhängige Berufe (Industrielle, Handwerker, freie Berufe)	22,2%
Höhere Angestellte	8,4%

---

[13] Vgl. Krelle, W.: Bestimmungsgründe der Einkommensverteilung, Schriften des Vereins für Socialpolitik, Bd. 13, S. 1 ff. Berlin 1957.

[14] Vgl. Marchal, J., Lecaillon, J.: La répartition du Revenue National, Band 4, Titre IV. Paris 1970.

Mittlere Angestellte	12,8 %
Angestellte	7,3 %
Arbeiter	21,3 %
Nicht aktive Bevölkerung	14,0 %

Das dieser Einteilung entsprechende verteilungstheoretische Konzept zielt allerdings nicht auf eine Erklärung des Nachfrageeinflusses ab. Es ist eine Aggregation nach der Solidarität im Verteilungskampf und somit im Hinblick auf eine Machttheorie der Verteilung angelegt[15].

2. Produktivitätstheorie der Verteilung

Der Begriff der Produktivität spielt in der Argumentation der Gewerkschaften bei Lohnverhandlungen eine entscheidende Rolle. Insofern können wesentliche Gesichtspunkte der hier dargestellten Theorien auch zu den Machttheorien der Verteilung gerechnet werden.

2.1. Zurechnungsproblem

Produktivitäten sind Durchschnittsgrößen, die den Output auf eine eingesetzte Faktormenge beziehen. Die Arbeitsproduktivität ergibt sich mittels Division des realen Sozialprodukts durch den Arbeitseinsatz als Y/L. Entsprechend wird die Kapitalproduktivität Y/K definiert, wobei in der Argumentation meist deren Kehrwert K/Y, der Kapitalkoeffizient, verwendet wird. Im Gegensatz zur Grenzproduktivitätstheorie können einzelnen Faktoren mit Hilfe der Produktivität keine Erträge zugeordnet und somit auch keine funktionellen Einkommen erklärt werden.

Der Versuch von Carey und Bastiat, die Anteile der Faktoren am Sozialprodukt durch die Produktivität zu erklären, mußte daher über einen einzigen Faktor, die Arbeit, erfolgen[16]. Kapital wurde dabei als vorgetane Arbeit aufgefaßt, und sein Wert richtete sich nach der Menge des zu seiner Herstellung erforderlichen Arbeitsaufwandes. „Vorgetane und aktuelle Arbeit wirken zusammen zur Herstellung des Produkts"[17] und werden ihrem Wertverhältnis entsprechend entlohnt. Im einzelnen gelingt es dieser Theorie, die starke apologetische Züge aufweist, nicht, die Entlohnung der Faktoren zu begründen.

---
[15] Vgl. Fürst, E.: Die Machttheorien der Einkommensverteilung. In: Beiträge zur Theorie der Einkommensverteilung (Hrsg. Frisch, H.), S. 116ff., Berlin 1967.
[16] Vgl. Krelle, W.: Verteilungstheorie, a.a.O., S. 37ff.
[17] Ebenda, S. 37.

150   IV. Theorien zur Erklärung der Anteile am Volkseinkommen

In der Weiterentwicklung dieses Ansatzes durch Dietzel und Paul Arndt wurde lediglich behauptet, daß sich der Lohn mit der Arbeitsproduktivität ändere. Die Überlegungen rücken damit in die Nähe der Grenzproduktivitätstheorie, ohne aber eine vergleichbare Lösung des Zurechnungsproblems zu bieten. Die mangelhafte Berücksichtigung des Arbeitsangebots hat sie jedoch mit dieser Theorie gemein.

2.2. Lohnquote und Arbeitsproduktivität

Der definitorische Zusammenhang zwischen Lohnquote, Reallohn und Arbeitsproduktivität macht die Unterscheidung zwischen Real- und Nominalgrößen erforderlich. Durch Multiplikation des realen Arbeitseinsatzes (L) mit dem Geldlohnsatz (l) ergibt sich die Lohnsumme (W) und entsprechend durch Multiplikation des realen Sozialprodukts Y mit dem Preisniveau (p) das Volkseinkommen (Y_n) als Nominalgröße.

Die Lohnquote ist bestimmt als W/Y_n, und durch Einsetzen der oben aufgeführten Definitionen kann für W/Y_n geschrieben werden:

$$\frac{W}{Y_n} = \frac{L \cdot l}{Y \cdot p} = \frac{l/p}{Y/L} = \frac{\text{Reallohn}}{\text{Arbeitsproduktivität}}.$$

Soll die Lohnquote in einer wachsenden Wirtschaft konstant bleiben, so muß der Reallohn mit gleicher Rate wachsen wie die Arbeitsproduktivität. Die obige Beziehung vermag nicht die Verteilung zu erklären, sondern stellt lediglich die Bedingung für eine Reallohnpolitik dar, die in einer Volkswirtschaft andauernden Produktivitätsfortschritts eine überkommene Lohnquote halten soll[18].

Der Begriff der ‚produktivitätsorientierten Lohnpolitik' charakterisiert dementsprechend auch keine Politik, die auf eine Verteilungsänderung abzielt, sondern eine den Zusammenhang zwischen Lohnerhöhungen und Preiserhöhungen berücksichtigende Lohnpolitik. Wie obige Gleichung zeigt, sind relative Änderungen des Geldlohnsatzes in gleichem Umfange wie die relativen Änderungen der Arbeitsproduktivität möglich, ohne daß sich Lohnquote und Preisniveau ändern. Mit ‚produktivitätsorientierter Lohnpolitik' ist somit eine bei akzeptierter Verteilung erfolgende Nominallohnpolitik gemeint, die durch Orientierung am Produktivitätsfortschritt Preisniveaustabilität ermöglichen soll.

Abgesehen davon, daß die unbereinigte Lohnquote als Richtschnur einer Verteilungspolitik ungeeignet ist, kann dieses Konzept der Lohnpolitik Preisniveaustabilität nicht gewährleisten, weil Produktivitätsfortschritte in unterschiedlichen Branchen unterschiedlich erfolgen, während sich die Lohnentwicklung in allen Wirtschaftsbereichen gleichmäßig vollzieht. Den somit in Branchen geringerer Produk-

---

[18] Bombach, G.: Die verschiedenen Ansätze der Verteilungstheorie, a.a.O., S. 105f.

tivitätsfortschritts wegen der Lohnkostensteigerungen notwendigen Preiserhöhungen müßten Preissenkungen in den Bereichen gegenüberstehen, in denen die Arbeitsproduktivität überproportional wächst, was nach unten starre Preise verhindern[19].
Der Erklärungswert dieser Theorie hinsichtlich der Einkommensverteilung reduziert sich auf die Erkenntnis, daß langfristig Arbeitsproduktivität und Reallohn mit gleicher Rate wachsen müssen, wenn die Lohnquote einen endlichen und von Null verschiedenen Wert annehmen soll.

2.3. *Kapitalkoeffizient und langfristiger Zinssatz*

Im Mittelpunkt eines verteilungstheoretischen Ansatzes von Krelle steht der Kehrwert der Kapitalproduktivität, der **Kapitalkoeffizient**[20]. Aus der Beobachtung, daß sich der Kapitalkoeffizient als langfristig stabil erwiesen hat, wird die Annahme gerechtfertigt, ihn als technisch und institutionell gegeben anzusehen. Gemäß der im vorhergehenden Abschnitt verwendeten Definitionsgleichung resultiert für die Lohnquote:

$$\frac{G}{Y_n} = \frac{G}{Yp} = \frac{K}{Y} \cdot \frac{G}{Kp}.$$

Gegebene Kapitalkoeffizienten K/Y vorausgesetzt, bedarf es zur Erklärung der Profitquote lediglich einer Theorie über den durchschnittlichen Zinssatz $G/Kp = r$, wobei der Durchschnittszinssatz (r) neben dem Zins im engeren Sinne (Zins für Leihkapital) auch den Unternehmergewinn enthält. Da im Ausdruck für r der durch Nominalgrößen definierte Zins G/K noch durch p dividiert wird, stellt r den Realzins dar. Obwohl unter der Annahme eines langfristigen konstanten Kapitalkoeffizienten nur Aussagen über eine längere Periode möglich sind, kann anhand der obigen Formel auch die Konstanz der Quote im Konjunkturablauf begründet werden. Bei Rückgang der Ausbringung im Konjunkturabschwung steigt bei gegebenem Kapitalbestand der Kapitalkoeffizient, denn die Auslastung sinkt. Wenn zugleich die Verzinsung abnimmt, wirken diese gegenläufigen Veränderungen entsprechend der obigen Definitionsgleichung stabilisierend auf die Gewinnquote. Insofern, als das Steigen des Kapitalkoeffizienten und das Sinken des Zinses zumindest teilweise auf der gleichen Ursache, nämlich der fallenden Kapazitätsauslastung, beruhen erläutert dies zwar die Stabilität, geht aber nicht auf die eigentlichen Ursachen ein.

---

[19] Vgl. Rose, K.: Theorie der Einkommensverteilung, a.a.O., S. 52f.
[20] Vgl. Krelle, W.: Bestimmungsgründe der Einkommensverteilung in der modernen Wirtschaft. In: Einkommensbildung und Einkommensverteilung, a.a.O., S. 1ff.

Für die langfristige Entwicklung wird kein bestimmtes Zinsniveau erklärt, sondern eine Bandbreite begründet, innerhalb derer der Zins schwanken darf. Die Untergrenze wird durch die Unsicherheit limitiert, nämlich durch den Charakter des Zinses, Risikoprämie für eingesetztes Kapital zu sein. Da der Kapitaleinsatz eines Unternehmens ein kaum versicherbares Risiko darstellt, ist diese Untergrenze durch die Risikofreudigkeit der Unternehmer gegeben. Diese Grenze stellt den Zins dar, bei dem ein auf Privateigentum an den Produktionsmitteln beruhendes Wirtschaftssystem noch funktioniert, weil die Kapitaleigentümer zum Kapitalrisiko bereit sind.

Die Obergrenze dieser Verzinsung wird nun nicht mehr aus dem Verhalten der Privatunternehmer erklärt. Eine bei steigendem Zins und konstantem Kapitalkoeffizienten zunehmende Gewinnquote senkt die Lohnquote. Unter der Annahme eines langfristigen Vollbeschäftigungsgleichgewichts sind Produkt, Arbeitseinsatz und damit auch Arbeitsproduktivität Daten. Der Fall der Lohnquote kann folglich nur durch einen Rückgang des Reallohns zustande kommen. Für dieses Sinken des Reallohns gibt es aber eine Untergrenze und damit für den Realzins eine Obergrenze, soll das System seine Funktionsfähigkeit bewahren.

Für die Erklärung von Verteilungsänderungen innerhalb der so begründeten Bandbreite können verschiedene Bestimmungsgründe angeführt werden. Einmal kommt dem Kräfteverhältnis zwischen den Sozialpartnern, Gewerkschaften und Arbeitgeberverbänden, denen der Nominallohn aushandeln, große Bedeutung zu. Ferner ist die Möglichkeit der Unternehmer, auf Nominallohnänderungen mit Preisänderungen zu reagieren, von der Zentralbankpolitik und der Gesamtnachfrage abhängig. Auch stellt die Marktstruktur, insbesondere das Vorliegen **monopolistischer Marktformen,** eine die Unternehmerseite begünstigende Determinante des so beschriebenen Verteilungsgleichgewichts dar.

Letztlich wird das ‚Prinzip des **rekurrenten Anschlusses**‘ zur Erklärung herangezogen, mit dem die historisch gewachsenen soziologischen Bestimmungsgründe, der langfristige, durch die Bankenpolitik bestimmte Zinssatz und das Investitions- und Konsumverhalten zusammengefaßt werden. Es kann zwar eine bestimmte Verteilung an sich nicht erklären, sondern beschreibt nur einen Trägheitswiderstand, der entscheidende Verteilungsänderungen verhindert. Zu einer Abwendung von dem Verteilungsziel wird es dann kommen, wenn andere Ziele, beispielsweise das der Preisstabilität, in den Blickpunkt rücken. Geschieht dies, wie z. B. bei der produktivitätsorientierten Lohnpolitik, so kann das zu der Einstellung führen, es zunächst bei der momentanen Verteilung zu belassen und diese damit geradezu als gerecht anzusehen. Auch hinsichtlich der Verteilung wirkt sich so die ‚normative Kraft des Faktischen‘ aus.

Die Kritik an diesem Ansatz bezieht sich auf die Voraussetzung des konstanten Kapitalkoeffizienten und die statische Betrachtungsweise. Vor allem ist zu bemängeln, daß zwar unter der Annahme eines konstanten Kapitalkoeffizienten eine Bandbreite für den Gewinnanteil plausibel gemacht werden kann, die letzten Bestimmungsgründe für die jeweilige Höhe im Modell selbst jedoch nicht auftreten.

3. Kreislauftheoretische Ansätze der Verteilungstheorie

3.1. Erste Ansätze

Nach den Definitionen der **Keynesianischen Kreislauftheorie** entsteht das Volkseinkommen Y bei der Produktion von Gütern, die entweder Konsum- oder Investitionszwecken dienen:

$$Y = C + I.$$

Dieses Einkommen, das im Modell der geschlossenen Volkswirtschaft ohne staatliche Aktivität den privaten Haushalten in Form von Löhnen (W) oder Gewinnen (G) zufließt ($Y = W + G$), wird bis auf einen Rest (S) konsumiert. Da die Güter der Entstehungsgleichung nicht nach ihrer Art, sondern nach ihrer zukünftigen Verwendung klassifiziert wurden, stimmen das C der Entstehungsseite $Y = C + I$ und das der Verwendungsseite $Y = C + S$ überein. Der nicht konsumierte Teil $Y - C = S$ wird als Ersparnis bezeichnet und genügt der Bedingung: $I = S$, die als **1. Keynessche Gleichung** bezeichnet wird.

Der Gewinn (G) besteht aus einer Konsum- und einer Sparkomponente $G = C_G + S_G$. Da die gesamte Ersparnis (S) entweder aus Löhnen oder Gewinnen stammt, gilt $S_G + S_W = S = I$, bzw. für die Ersparnis der Gewinnempfänger $S_G = I - S_W$, was, in obige Gleichung eingesetzt, die sogenannte **2. Keynessche Gleichung** ergibt.

$$G = I + C_G - S_W.$$

Völlig entsprechend gilt für die Lohnsumme:

$$W = I + C_W - S_G.$$

Die Symmetrie des Modells schwindet jedoch, wenn, gemäß der Organisation der Marktwirtschaft, die Gewinnempfänger als die über das Ausmaß der Investition bestimmende Klasse verstanden werden.

Durch Division der obigen Gleichung für G durch das Volkseinkommen ergibt sich für die Profitquote:

$$\frac{G}{Y} = \frac{I}{Y} + \frac{C_G}{Y} - \frac{S_W}{Y}.$$

Definitionsgemäß können diese Quoten nur zwischen 0 und 1 schwanken, womit bei solchen Gleichungen immer die Annahme naheliegt, verschiedene Quoten als konstant anzunehmen und damit die Profitquote zu erklären. Grundsätzlich unterscheiden sich solche Theorien nicht von ‚Erklärungen‘, die die Profitquote als a priori konstant ansehen.

Eine Theorie der Gewinnquote entsteht aber erst durch die Annahme gewisser Verhaltensweisen, die die Konstanz der erklärenden Quoten begründen. So ließe sich beispielsweise anführen, daß im Hinblick auf das Wachstumsziel staatliche Einflüsse eine bestimmte Investitionsquote zu stabilisieren suchen. Der geringe Anteil der Ersparnisse der Lohnempfänger wird mit deren niedrigen Durchschnittseinkommen begründet. Weil die Anzahl der Unternehmer gering ist, wird auch deren Konsumanteil als vernachlässigbar gering angesehen. Auf diese Weise ließe sich eine langfristige Konstanz der Gewinnquote und damit auch der Lohnquote erläutern.

Weitaus problematischer ist es allerdings, von Änderungen der erklärenden Quoten auf solche der Gewinnquote zu schließen, weil dabei Interdependenzen unberücksichtigt bleiben, die zwischen den einzelnen Variablen bestehen. Eine Erhöhung der Investitionsquote beeinflußt sowohl das Volkseinkommen als auch den Konsum und damit die Ersparnis der Klassen und äußert sich nicht ausschließlich in einer Änderung der Profitquote.

Auf diese Weise wird die aus Definitionsgleichungen hergeleitete Gewinnquote nicht erklärt, sondern lediglich definiert. Somit ist die Beziehung nur geeignet aufzuzeigen, an welchen Variablen Theorien zur Bestimmung des so definierten Gewinns ansetzen müssen. Ebenso kann eine solche Gleichung die Strategie wirtschaftspolitischer Aktivitäten anleiten, indem sie verschiedene Ansatzpunkte herausstellt und zugleich auf Interdependenzen aufmerksam macht. Der Wirtschaftspolitiker erfährt also, daß er bei mit Rücksicht auf das Wachstumsziel stabilisierter Investitionsquote und ohne Beeinflussung des Unternehmerkonsums die Profitquote über das Sparen der Lohnempfänger beeinflussen kann; welche weiteren Abhängigkeiten jedoch zu bedenken sind, vermag diese Gleichung nicht zu sagen.

Die Weiterentwicklung des Ansatzes verlangt demnach die Einbeziehung von Verhaltensweisen.

Zweiklassenmodell mit klassischer Sparfunktion

Die klassische Sparfunktion besteht in den Annahmen, daß die Lohnempfänger mit dem Existenzminimum entlohnt werden und somit nicht sparen ($S_W = 0$) und der Konsum der Gewinnempfänger wegen ihrer geringen Zahl vernachlässigt wird, woraus sich die Annahme $C_G = 0$ ergibt.

Zunächst soll lediglich mit der Voraussetzung $S_W = 0$ argumentiert werden. Danach lauten die obigen Definitionsgleichungen wie folgt:

$$G = I + C_G \quad \text{und} \quad W = C_W.$$

Der Unternehmergewinn ist also umso höher, je größer die Investitionen und der Unternehmerkonsum sind. Diese Beziehung, die bereits im Marxschen Kreislaufmodell steckt, wurde von Keynes am Gleichnis vom unerschöpflichen Krug der Witwe erläutert[21]. Die Unternehmer bekommen, was sie ausgeben, und die Arbeiter geben aus, was sie bekommen[22].

Wird diese Gleichung für den Gewinn durch das Volkseinkommen Y dividiert und der marginale Kapitalkoeffizient $I/\Delta Y = \beta$ eingeführt, so ergibt sich:

$$\frac{G}{Y} = \beta \frac{\Delta Y}{Y} + \frac{C_G}{Y}.^{23}$$

Wird auch hier unterstellt, daß C_G/Y langfristig konstant ist, so ergibt sich die Profitquote als lineare Funktion der Wachstumsrate des Sozialprodukts, wenn der marginale Kapitalkoeffizient ebenfalls konstant bleibt. Letzteres folgt zwingend bei gleichbleibendem Kapitalkoeffizienten K/Y.

Wird nun auch noch die zweite Bedingung der klassischen Sparfunktion, daß nämlich der Konsumanteil der Unternehmer vernachlässigbar klein ist, eingeführt, so ist die Profitquote direkt proportional der Wachstumsrate. In einer stationären Wirtschaft wäre der Gewinnanteil folglich Null. Hierin ist zu erkennen, daß der Gewinn, wie er in der Kreislauftheorie erklärt wird, offensichtlich eine andere Größe ist als der Zins, der in der neoklassischen Theorie als Knappheitsrente des Kapitals auftaucht.

Die Gleichsetzung von Lohneinkommen und Arbeiterkonsum sowie die Vernachlässigung des Unternehmerkonsums mögen zwar für die Situation zur Zeit der Klassiker realistisch gewesen sein, für die heutige Wirklichkeit sind diese Annahmen indessen zu extrem.

Verteilung im Wirtschaftskreislauf bei makroökonomischer Konsumfunktion und gewinnabhängigen Investitionen

Dieser Ansatz zur Erklärung der Einkommensverteilung aus dem Wirtschaftskreislauf ist von Boulding entwickelt worden[24]. Der Unternehmergewinn teilt sich in die Nettoinvestitionen I und den ‚Transfer' F auf, der die Auszahlungen an die Haushalte angibt. Aus den Identitätsgleichungen

$$Y = C + I \quad \text{und} \quad Y = G + W$$

---

[21] Vgl. Keynes, J. M.: Vom Gelde, S. 113f. Berlin 1955.
[22] Formulierung in Anlehnung an: Robinson, J. and Eatwell, J.: Einführung in die Volkswirtschaftslehre, a.a.O., S. 268, dort bezogen auf Kaleckis Ansatz.
[23] Vgl. Bombach, G.: Die verschiedenen Ansätze der Verteilungstheorie, a.a.O., S. 132f.
[24] Vgl. Boulding, K. E.: A Reconstruction of Economics, New York 1962.

IV. Theorien zur Erklärung der Anteile am Volkseinkommen

folgt wegen $G = I + F$:

$$W = C - F.$$

Zu diesen Identitäten kommen nun als Verhaltensgleichungen eine makroökonomische Konsumfunktion

$$C = f(Y)$$

und eine Investitionsfunktion

$$I = g(G),$$

die die Investitionen als gewinnabhängig sieht[25]. In diesem Modell läßt sich die Profitquote in Abhängigkeit vom ‚Transfer' (F), dem Konsum- und Investitionsverhalten ableiten.

Boulding hat für seine Darstellung die graphische Methode bevorzugt, eine analytische Behandlung scheint indessen geeigneter[26].

Bei einer Konsumfunktion

$$C = c_y Y + c$$

und einer Investitionsfunktion

$$I = i_g G + i$$

ergibt sich für die Profitquote der Ausdruck:

$$\frac{G}{Y} = \frac{(i+F)(1-c_y)}{i + i_g F + c(1-i_g)}.$$

Boulding hält die durch den Faktor F gekennzeichneten ausgeschütteten Gewinne für die entscheidende Determinante der Verteilung. Es läßt sich zwar zeigen, daß mit F die Gewinne und das Volkseinkommen steigen, seine Schlußfolgerung, daß notwendigerweise auch der Profitanteil zunehme, trifft, wie aus der Formel hervorgeht, nicht unbedingt zu. Eine autonome Erhöhung der Investitionen wirkt genauso wie eine von F, und auch hier zieht Boulding zu Unrecht das Fazit, daß erstere unbedingt zu einer Erhöhung der Profitquote führe.

---

[25] Diesen Ansatz entwickelte Boulding, K. E.: A Reconstruction of Economics, a.a.O., S. 264ff., nachdem er zuvor S. 258ff. ein Modell mit einer von der Lohnquote abhängigen Konsum und von der Profitquote abhängigen Investition vorgestellt hatte.

[26] Vgl. Blümle, G.: Verteilungstheorie und makroökonomische Steuerüberwälzungslehre, Jahrbuch für Sozialwissenschaft, Bd. 18, S. 181ff. (1967).

Eine Weiterentwicklung dieses Modells veröffentlichte er ein Jahr nach der ersten Auflage von ‚A Reconstruction', wobei er den Konsum und die Investition als Funktionen von Gewinnen und Löhnen ansah $(C=C(W,G);\ I=I(W,G))$[27]. Die Schlußfolgerungen, die anhand einer Reihe von Graphiken hergeleitet werden, stimmen mit der analytischen Lösung dieses Ansatzes überein[28]. Eine autonome Abnahme des Konsums läßt das Sozialprodukt ab- und den Gewinnanteil zunehmen. Eine autonome Verringerung der Investitionen führt ebenfalls zur Abnahme des Sozialprodukts, jedoch zu einem Fallen des Gewinnanteils. Diese Schlußfolgerungen sind wesentlich durch die Rolle bedingt, die die ausgeschütteten Gewinne (F) in den Definitionsgleichungen für G und W spielen und sind daher ohne eine Theorie für F sehr fragwürdig. Hinsichtlich der Kritik an Bouldings Ansatz sei auf die Arbeit von Kerber[29] verwiesen. Zwei entscheidende, dort nicht aufgeführte Mängel sind erwähnenswert, weil sie die fehlende Aufmerksamkeit Bouldings Bemühungen gegenüber verständlich machen.

Es ist einmal die graphische Methode, die schwer durchschaubar und umständlich zu handhaben bleibt, und zum anderen hat diese Methode dazu geführt, daß lediglich der Einfluß autonomer Veränderungen untersucht wurde und der Einfluß von Parametern wie Konsum- und Investitionsneigungen unbeachtet blieb.

3.2. Verteilung im Totalmodell von Keynes

Zu Recht betont Ramser[30], daß im Totalmodell von Keynes mit der Berücksichtigung des Arbeitsmarktes auch die funktionelle Verteilung erfaßt wird. Drei Märkte werden in diesem Ansatz unterschieden, der **Güter-**, **Geld-** und **Arbeitsmarkt**[31]. Gleichgewicht auf dem Gütermarkt liegt dann vor, wenn die 1. Keynessche Gleichung $I=S$ erfüllt ist. Wie der Konsum, so ist auch die Restgröße S eine Funktion des Sozialprodukts, während die Investition (I) vom Zins (i) abhängt. Unter Beachtung einer autonomen Komponente A gilt für das Gleichgewicht auf dem Gütermarkt

(1) $$s \cdot Y = I(i) + A ,$$

---

[27] Vgl. Boulding, K. E.: Wages as a Share in the National Income. In: The Impact of the Union, p. 123ff. New York 1951.

[28] Vgl. Blümle, G.: Verteilungstheorie, a.a.O., S. 182.

[29] Vgl. Kerber, W.: Die Verteilungstheorie von Kenneth E. Boulding. Berlin 1966.

[30] H. J. Ramser bin ich für die Überlassung eines unveröffentlichten Manuskripts zu diesem Gegenstand zu Dank verpflichtet.

[31] Für eine eingehendere Beschäftigung mit diesem Modell: Rose, K.: Einkommens- und Beschäftigungstheorie, a.a.O., S. 176ff., insbesondere S. 212ff., weiterhin Ackley, G.: Macroeconomic Theory. New York 1969.

158   IV. Theorien zur Erklärung der Anteile am Volkseinkommen

wobei s die marginale Sparneigung ist und die Investitionen bei steigendem Zins als fallend angenommen werden.

Gleichgewicht auf dem **Geldmarkt** liegt dann vor, wenn die exogen vorgegebene Geldmenge M dividiert durch das Preisniveau p — die reale Geldmenge also — mit der Geldnachfrage übereinstimmt. Die Geldnachfrage L (Liquiditätspräferenzfunktion) ist abhängig von Zins und Sozialprodukt und fällt mit steigendem Zins, während sie mit zunehmendem Sozialprodukt wächst[32]. Gleichgewicht auf dem Geldmarkt besteht somit, wenn

(2) $$\frac{M}{p} = L(i, Y)$$

ist. Die Gleichungen (1) und (2) enthalten die Variablen p, i und Y. Aus ihnen kann durch Elimination des Zinses ein Zusammenhang zwischen realem Sozialprodukt und Preisniveau, und zwar die Nachfragefunktion hergeleitet werden.

(3) $$Y = D(p, A, M).$$

Der Arbeitsmarkt stellt in diesem Ansatz nun die Verbindung zur Angebotsseite her. Einer Produktionsfunktion f entsprechend ist das angebotene Produkt durch die eingesetzte Arbeit N bestimmt:

(4) $$Y = f(N).$$

Die Nachfragefunktion der Unternehmer nach Arbeit entspricht den Annahmen der Neoklassik, es wird die Menge des Faktors nachgefragt, bei der das physische Grenzprodukt $f'(N)$ mit dem Reallohn w/p übereinstimmt:

(5) $$\frac{w}{p} = f'(N).$$

Die Kritik an diesem Teil des Modells stimmt bis auf zwei Gesichtspunkte mit der an der makroökonomischen Grenzproduktivitätstheorie überein. Zum einen tritt der Faktor Kapital nicht in Erscheinung; die kapitaltheoretische Kritik trifft also diesen Ansatz nicht. Zum andern geht Keynes von der Annahme der vollkommenen Konkurrenz auf der Seite des Arbeitsangebots ab, unterstellt demnach nicht mehr völlige Flexibilität der Löhne.

Die Angebotsseite, durch die Gleichungen (4) und (5) in den Variablen w, p, N und Y dargestellt, muß nun durch Annahmen bezüglich des Arbeitsangebots ergänzt werden, wobei die Situationen der Unter- und der Vollbeschäftigung

---

[32] Zur Funktion $L(i, Y)$ siehe Rose, K.: Einkommens- und Beschäftigungstheorie. In: Kompendium der Volkswirtschaftslehre (Hrsg. Ehrlicher, W., et al.), a. a. O., S. 201 ff.

zu unterscheiden sind. Für den Fall der unterbeschäftigten Wirtschaft werden starre Geldlöhne unterstellt:

(6a) $$w = w_0.$$

Im Zustand der Vollbeschäftigung ist das Arbeitsangebot vorgegeben

(6b) $$N = N_0$$

und damit bei gegebener Produktionsfunktion gleichzeitig das Sozialprodukt. Auch aus den Gleichungen (4), (5) und (6) können nun Variable eliminiert werden (w und N), so daß (7) die gesamtwirtschaftliche Angebotsfunktion beschreibt.

(7) $$Y = E(p; w_0 \text{ bzw. } N_0).$$

Mit den Gleichungen (3) und (7) können Y und p ermittelt werden. Damit sind alle Variablen des Systems bestimmt, auch die Lohnquote, was, wie Ramser bemerkt, in der Regel nicht beachtet wird. Gemäß ihrer Definition als Quotient von Lohnsumme und nominellem Sozialprodukt gilt

$$\lambda = \frac{W}{Y_n} = \frac{wN}{pY},$$

wobei nach Gleichung

(5) $$\frac{w}{p} = f'(N)$$

und für N die Umkehrung von

(4) $$N = f^{-1}(Y)$$

geschrieben werden kann.

Die Lohnquote ist im Totalmodell von Keynes bestimmt gemäß:

(8) $$\lambda = \frac{f'(f^{-1}(Y))f^{-1}(Y)}{Y}.$$

Die Verteilungsgleichung im Keynesschen Modell bezüglich des Faktors Arbeit entspricht völlig der der neoklassischen makroökonomischen Grenzproduktivitätstheorie, die Lohnquote ist ausschließlich durch die Parameter der Produktionsfunktion bestimmt.

IV. Theorien zur Erklärung der Anteile am Volkseinkommen

Wie ist dieses Ergebnis vereinbar mit einer durch die 2. Keynessche Gleichung dargestellten Verteilung? Für die Lohnsumme gilt nach Ableitung aus den Definitionsgleichungen $W = I + C_W - S_G$ und für die Lohnquote:

$$(9) \quad \lambda = \frac{W}{Y} = \frac{I}{Y} + \frac{C_W}{Y} - \frac{S_G}{Y}.$$

Würden (8) und (9) zugleich die Lohnquote determinieren, so ist das Gleichungssystem überbestimmt. Wird jedoch Gleichung (8) als Erklärung einer Gleichgewichtslohnquote verstanden, ist es sinnvoll, die Beziehung (9) anders zu deuten:

$$(9a) \quad \frac{S_G}{Y} = \frac{I}{Y} + \frac{C_W}{Y} - \frac{W}{Y}.$$

Die Anpassung erfolgt dann über die Ersparnis der Unternehmer, die im wesentlichen aus den einbehaltenen Gewinnen resultieren und folglich als Residualgröße aufgefaßt werden können. Gleichung (9) erfaßt also kurzfristige Schwankungen; eine Erklärung durch die langfristige Konstanz der Quoten setzt Verhaltensannahmen voraus, die in Gleichung (8) zum Ausdruck kommen.

Keynes selbst hat der Bestimmung der Verteilung durch den Gütermarkt wenig Bedeutung geschenkt und sich aus diesem Grunde auch nicht mit den Voraussetzungen seiner Arbeitsnachfragefunktion (5) kritisch auseinandergesetzt. Die Aufgabe der Annahme vollkommener Konkurrenz ließe sich durch Einführung ‚normaler Profite' im Sinne einer Zuschlagskalkulation auf den Lohnsatz vollziehen, ohne das Modell grundlegend zu ändern. In Gleichung (5) würde dann lediglich ein der üblichen Kalkulation entsprechender Faktor auftauchen, der auch in Formel (8) in Erscheinung tritt.

3.3. Kaldors Verteilungstheorie

Die Verteilungstheorie Kaldors wird oft als die **postkeynesianische Verteilungstheorie** schlechthin verstanden. Kaldor unternimmt den Versuch, die 2. Keynessche Gleichung durch einfache Verhaltensannahmen zu einer Theorie weiterzuentwickeln.

Im Gegensatz zur klassischen Sparfunktion unterstellt er dabei, daß auch die Lohnempfänger einen Einkommensanteil s_W nicht verbrauchen. Die Unternehmer sparen den Anteil s_G, konsumieren somit $(1-s_G)G$. Die 2. Keynessche Gleichung läßt sich folglich umformen in:

$$G = I + (1 - s_G)G - s_W W,$$

und da $Y = G + W$, kann W eliminiert werden:

$$G = I + G - s_G G - s_W Y + s_W G.$$

Daraus resultiert die Profitquote:

$$\frac{G}{Y} = \frac{I/Y - s_W}{s_G - s_W}.$$

Die, die Verteilungsgleichung Kaldors[33], definiert nur dann G/Y, wenn s_G und s_W verschieden sind, da andernfalls der Nenner den Wert Null annehmen würde. Ferner ist die Annahme sinnvoll, daß $s_G > s_W$ gilt, und da $I/Y = S/Y$ erfüllt sein muß, liegt I/Y notwendigerweise zwischen s_G und s_W. Auf diese Weise wird durch die obige Gleichung eine Gewinnquote zwischen 0 und 1 erklärt.

Kaldor sieht seine Theorie durch die hohe positive Korrelation zwischen Gewinn- und Investitionsquote bestätigt[34]. Die Profitquote ist nach der obigen Beziehung also umso größer, je höher I/Y, je kleiner s_W und je geringer die Differenz $s_G - s_W$ ist. Bei solchen Überlegungen wird sofort deutlich, daß die Annahme der Unabhängigkeit zwischen den die Profitquote bestimmenden Parametern problematisch ist. Wie erklärt sich nun eine Änderung der Profitquote durch die der Parameter?

Anpassungsprozeß[35]

Da die Verteilung in diesem Modell nur bezüglich der Quoten, nicht aber hinsichtlich der absoluten Werte definiert ist, setzt Kaldor Vollbeschäftigung voraus. Bei einer Erhöhung der Investitionen und damit der Investitionsquote kommt es im Investitionsgütersektor zu Preiserhöhungen, die sich auf den Konsumgüterbereich übertragen. Die Reallohneinkommen werden dadurch sinken, während Preiserhöhungen zu einem Gewinnanstieg führen. Es wird folglich unterstellt, daß die Preise flexibler als die Löhne reagieren. Bei einer Verringerung von s_W kommt es direkt zu Preissteigerungen im Konsumgüterbereich.

Einschränkung des Geltungsbereichs

Kaldor selbst schränkt den Geltungsbereich seiner Theorie durch Einführung einer minimalen Lohnquote und einer minimalen Profitquote ein. Die Reallöhne

---

[33] Vgl. Kaldor, N.: Alternative Theories of Distribution, a. a. O., S. 83 ff.

[34] Vgl. Küster, G.: Untersuchungen zur Einkommensverteilung im Wirtschaftswachstum, S. 141. Berlin 1969.

[35] Wesentliche Anregungen verdankt der Autor im Zusammenhang mit Kaldors Theorie und deren Weiterentwicklungen der Dipolmarbeit von Reim, O.: Die Verteilungstheorie Kaldors. Kritik und Weiterentwicklungen, unveröffentlicht. Freiburg 1974.

dürfen nicht unter ein Minimum fallen, wodurch bei gegebener Arbeitsproduktivität eine minimale Lohnquote bzw. maximale Profitquote vorgegeben ist. Wird diese Schranke überschritten, so bedingen zu hohe Profite eine zu hohe Ersparnis und führen damit zu Unternachfrage und Unterbeschäftigung. Ist jedoch eine Erhöhung der Profite für ein $I = S$-Gleichgewicht notwendig, weil eine durch das natürliche Wachstum exogen vorgegebene hohe Investitionsquote langfristig zur Vollbeschäftigung erforderlich ist, so kommt es zu erzwungenen Ersparnissen durch andauernde Preissteigerungen[36]. Verhindern nämlich die Gewerkschaften durch Reallohnpolitik eine Verteilung, die, mit den Klassensparquoten gewichtet, eine der Investitionsquote entsprechende gesamtwirtschaftliche Sparquote gewährleistet, so führt die permanente Übernachfrage zur permanenten Inflation.

Bezüglich der minimalen Gewinnquote geht Kaldor davon aus, daß bei Unterschreitung eines kritischen Wertes pessimistische Erwartungen, geringe Investitionen und hohe Liquiditätspräferenz der Unternehmer einen zu Unterbeschäftigung führenden Multiplikatorprozeß auslösen.

Diese Einführung von Grenzen, die weder aus dem Modell erklärt werden, und deren Erreichen ebensowenig im Modell festzustellen ist, bleibt unbefriedigend[37].

Schließlich muß Kaldor auch die Unabhängigkeit des Kapitalkoeffizienten von Änderungen der Gewinnquote voraussetzen. Diese Annahme ist notwendig, um die Profitquote durch die Investitionsquote zu erklären, damit letztere von der ersteren unabhängig bleibt. Schwankungen der Profitquote bedeuten bei konstantem Kapitalbestand und aufgrund der Vollbeschäftigungsannahme ‚konstantem Sozialprodukt' Schwankungen der Profitrate G/K. Kaldor selbst räumt nun ein, daß Schwankungen der Profitquote und damit der Faktorpreisverhältnisse der neoklassischen Theorie zufolge, auch das Verhalten der Unternehmer beeinflussen dürften. Die dadurch entstehende Abhängigkeit der Investitionsquote von P/Y tritt jedoch nach Kaldors Ansicht in den Hintergrund, da langfristig Wirtschaftswachstum bei konstantem Kapitalkoeffizienten und damit konstanter Investitionsquote erfolgt, die Faktorpreisverhältnisse also ohne Einfluß bleiben.

Kritik

Wird völlige Konstanz der Sparquoten s_G und s_W vorausgesetzt, so müssen sich bei Änderungen der Investitionsquote Gewinne und Löhne mit unendlicher Geschwindigkeit anpassen, wenn $I = S$, als Identität verstanden, in jedem Moment erfüllt sein soll. Bei endlichen Reaktionsgeschwindigkeiten müssen die Sparquoten als sich ex post ergebende Durchschnitte begriffen werden. Der Ansatz wird zur **Tautologie**.

---

[36] Zum Begriff der natürlichen Wachstumsrate vgl. Rose, K.: Grundlagen der Wachstumstheorie. Göttingen 1971.

[37] Vgl. Rothschild, K.: Some Recent Contributions ot a Macroeconomic Theory of Income Distribution, Scottish Journal of Political Economy, p. 184 (1961).

Die unterstellten **Sparfunktionen** sind in mehrfacher Hinsicht problematisch. Zum einen müssen sie, damit der Ansatz lösbar ist, **homogen** sein. Diese Annahme ist sicherlich sehr problematisch bei der Untersuchung kurzfristiger Anpassungsvorgänge, bei denen die durch Konsumgewohnheiten bedingte Trägheit der Anpassung autonome Konsum- und damit Sparkomponenten verursacht. Zum anderen wird **alleinige Abhängigkeit** vom jeweiligen Gruppeneinkommen angenommen, weitere Bestimmungsgründe von Ersparnis bzw. Konsum werden vernachlässigt.

Schließlich stellt sich das **Aggregationsproblem**, sobald die Voraussetzungen entweder in jeder Gruppe absolut übereinstimmender Verhaltensweisen oder die gleichbleibender Einkommensverteilung innerhalb der Gruppe aufgegeben werden. Diese Annahmen sind vor allem hinsichtlich des Aggregats der Gewinnbezieher sehr fragwürdig, denn zu ihnen zählen Kleingewerbetreibende, Großunternehmen und Kapitalgesellschaften. Insbesondere bezüglich der Kapitalgesellschaften, deren einbehaltene Gewinne eine Sparquote von Eins zuzuordnen ist, sind beide Annahmen kaum erfüllt. Die Gewinne als Residualgröße stehen meist erst am Ende einer Periode fest, so daß die Annahme ex ante geplanter Ersparnis gemäß einer konstanten Sparquote s_G äußerst zweifelhaft bleibt[38].

Andererseits bedeutet die Konstanz von s_W, daß sich die Arbeiter in ihren Konsumgewohnheiten am Realeinkommen orientierten, was für die Einkommensanpassung bei Preisänderungen jedoch nicht gelten soll. Die Annahme der **Konstanz der Sparneigungen** erweist sich also ebenfalls als fragwürdig.

Ein weiterer Einwand gilt der **Einkommensabgrenzung**. Sobald nämlich davon ausgegangen wird, daß auch die Lohnempfänger sparen, werden diese auch Gewinneinkommen erhalten. Die Gewinne müßten somit aufgespalten werden in Gewinne der Unternehmer G_G und solche der Nichtunternehmer G_W. Wird sinnvollerweise unterstellt, daß die Lohnempfänger unabhängig von der Art des Einkommens gleiche Sparneigungen für W und G_W haben, so gilt die Kaldorsche Verteilungsgleichung nur für G_G, die Gewinne der Unternehmer. Sie erklärt damit nicht mehr die Gesamtheit des funktionalen Einkommensanteils Gewinne, sondern lediglich den Teil der sozioökonomischen Gruppe, der den durch gleiche Sparneigung s_G gekennzeichneten Unternehmern zukommt. Für die Profitquote läßt sich unter der Voraussetzung, daß sich langfristig die Vermögen K_W/K_G wie die Sparbeträge $s_W(W+G_G)/s_G G_G$ verhalten und allen Vermögen der gleiche Zins zukommt, ermitteln, daß diese nicht mehr Kaldors Gleichung genügt, sondern durch

$$\frac{G}{Y} = \frac{I/Y}{s_G}$$

bestimmt ist.

---

[38] Vgl. Bombach, G.: Die verschiedenen Ansätze der Verteilungstheorie, a. a. O., S. 137.

Allerdings wird dieser Einwand zum Teil dadurch entkräftet, daß aufgrund der geringeren Renditen des Vermögens von Lohnempfängern[39] und deren geringeren Sparquoten ihre Vermögenseinkommen weitgehend vernachlässigt werden können[40].

Schließlich ist auch das von Kaldor selbst erkannte Problem der Voraussetzung einer exogenen Investitionsquote kritisiert worden. Dieses besteht darin, daß Kaldor einen Zusammenhang zwischen Sparen und Investieren über den Zins oder beschränkte Finanzierungsmöglichkeiten ausschließen muß. Er setzt damit implizite eine **elastische Geldmenge** voraus.

Entscheidende Kritik wird weiterhin am unterstellten Verursachungszusammenhang geübt. Ramser führt dynamische Verhaltensgleichungen in Kaldors Ansatz ein und erklärt damit die Wachstumsrate in Abhängigkeit der exogen betrachteten Verteilung, kehrt also die ursprüngliche Begründungsrichtung um[41]. Solange Kaldors Ansatz nicht durch eine Lohntheorie ergänzt wird, kann sie nur entsprechend der 2. Keynesschen Gleichung interpretiert werden. Nach Riach ist gemäß dem in Abschnitt 3.4. dargestellten Keynes-Modell die Lohnquote produktionstheoretisch zu begründen, während das Sparverhalten mit der Nachfrage die Beschäftigung und das Produktionsniveau bestimmt[42].

Auch die Annahme eines flexiblen Lohn-Preis-Verhältnisses ist zweifelhaft, was vor allem wegen der Erklärung des Anpassungsvorganges von großer Bedeutung ist. Beim Zustandekommen des Reallohns äußern sich Verhaltensweisen, die direkt auf die Verteilung abzielen. Als entscheidender Nachteil des Kaldoransatzes sieht Preiser, daß er die Verteilung durch Parameter zu erklären sucht, die eigentlich nicht auf die Verteilung ausgerichtet sind[43].

3.4. *Ergänzungen zu Kaldors Ansatz*

Kaldor selbst glaubte, die Grenzproduktivitätstheorie widerlegt zu haben. Verständlicherweise sind danach viele Ansätze entwickelt worden, die versuchten, diese beiden Erklärungen zu verbinden[44]. Wird Kaldors Annahme hinsichtlich des Sparverhaltens in das in Abschnitt 3.4. dargestellte Keynes-Modell eingebaut,

---

[39] Vgl. Blümle, G.: Zur Theorie des Sparens in einer wachsenden Wirtschaft, Kredit und Kapital, 7. Jg., S. 192 ff. (1974).
[40] Vgl. Rothschild, K.: Bemerkungen zum Verteilungsproblem, Kyklos, S. 764 (1967).
[41] Vgl. Ramser, H. J.: Zur verteilungstheoretischen Relevanz der Kaldorformel, Kyklos, S. 586 (1969).
[42] Vgl. Riach, P. A.: A Framework for Macro-Distribution Analysis, Kyklos, p. 542 ff. (1969).
[43] Vgl. Preiser, E.: Wachstum und Einkommensverteilung, S. 49. Heidelberg 1964.
[44] Vgl. Külp, B.: Verteilungstheorie, S. 57 ff. Stuttgart 1974. Bolle, M.: Keynessche und neoklassische Verteilungstheorie in statischer und dynamischer Analyse, Zeitschrift für die gesamte Staatswissenschaft, Bd. 127, S. 185 ff.

so tritt die Lohnquote auch in der Beziehung (3) auf und kann demzufolge nicht mehr allein durch die in Formel (8) sich niederschlagenden Bedingungen des Arbeitsmarktes determiniert sein. Das Modell wird überbestimmt, wenn davon ausgegangen wird, daß beide Lohnquoten gleich sind. Werden die den beiden Theorien entsprechenden Profitquoten betrachtet, so zeigt sich, daß beide Ansätze gar nicht das gleiche unter Gewinn verstehen und sich ihr Unterschied auf unterschiedliche Aggregation zurückführen läßt[45].

Die Profite in der Grenzproduktivitätstheorie sind der Grenzproduktivität des Faktors Kapital entsprechende Zinseinkommen, die die Gesamtheit der Gewinne ausmachen, wenn bei vollständiger Konkurrenz im langfristig sich einstellenden Gleichgewicht alle Residualeinkommen wegkonkurriert sind. Kaldors Profite enthalten aber zusätzlich die nachfragebedingten Gewinne, die im Sinne Marshalls als normale Profite aufgefaßt werden können. Sie beruhen eben gerade darauf, daß das langfristige residualgewinnlose Gleichgewicht wegen unvollkommener Konkurrenz und dauernder fortschrittbedingter Änderungen gar nicht erreicht wird.

Wird nun unterschieden zwischen Kapitalrenten (R) im Sinne der Gewinne der Grenzproduktivitätstheorie und nachfragebedingten Gewinnen (N) im Sinne der Normalprofite Marshalls, so betrachtet Kaldor $G = N + R$, die Grenzproduktivitätstheorie dagegen nur R. Mit drei Einkommensarten und entsprechenden Sparquoten läßt sich aber ein Modell entwickeln, das den scheinbaren Widerspruch der beiden Ansätze bewältigt[46]. Es gelten dann die Gleichungen:

$$Y = W + R + N,$$
$$S = s_W W + s_R R + s_N N,$$
$$I = iY,$$
$$I = S$$

und bei Annahme einer Cobb-Douglas-Produktionsfunktion

$$W/R = m/n.$$

Der der gegebenen Nachfragesituation entsprechende Anteil der normalen Profite am Sozialprodukt (N) ergibt sich danach gemäß

$$\frac{N}{Y} = \frac{i - (ms_W + ns_R)}{s_p - (ms_W + ns_R)}$$

und entspricht völlig der Formel Kaldors, wenn $(ms_W + ns_R) = s_f$ als durchschnittliche Sparneigung aus Faktoreinkommen und N entsprechend als Residualgewinne verstanden werden.

---

[45] Vgl. Bombach, G.: Die verschiedenen Ansätze der Verteilungstheorie, a. a. O., S. 133.
[46] Vgl. Blümle, G.: Verteilungstheorie und makroökonomische Steuerüberwälzungslehre, a. a. O., S. 186 ff.

Erweiterungen des Kaldor-Ansatzes

Bereits bei der Kritik des Kaldormodells wurde darauf hingewiesen, daß beim Sparen der Lohnempfänger diese auch Kapitaleinkommen beziehen und somit Querverteilung vorliegt. Als Weiterentwicklungen von Kaldors Ansatz sind dementsprechend **Querverteilungsmodelle** entwickelt worden, dessen einfachstes sich auf zwei Klassen beschränkt, wobei jeder Klasse beide Einkommensarten zufließen. Die Aussagen, die wiederum Annahmen über die langfristige Vermögensentwicklung voraussetzen, unterscheiden sich hinsichtlich der sozioökonomischen Gruppen nicht grundsätzlich von denen Kaldors[47]. Dieses gilt auch für den Übergang zu n-Gruppenmodellen[48].

Rothschilds langfristiges Modell[49]

Rothschild gibt, von Kaldors Ansatz ausgehend, die Annahme einer konstanten Sparquote aus Gewinnen s_G auf und betrachtet sie in Abhängigkeit vom Lohnniveau. Bei niedrigem Lohnniveau unterstellt er hohen Unternehmerkonsum (Verschwendungskonsum) und damit niedriges s_G. Fortwährender Lohnauftrieb veranlaßt zunächst die Unternehmer, zunehmend zu sparen. Dies läßt sich zweifach begründen[50].

Bei steigendem Lohnniveau und einer antiinflationären Politik wird die Verknappung am Kapitalmarkt die Unternehmer zu zunehmender Selbstfinanzierung veranlassen. Zugleich werden sie verstärkt investieren, um durch Übergang zu kapitalintensiveren Fertigungsmethoden den verteuerten Faktor Arbeit zu ersetzen. Steigt das Lohnniveau über einen gewissen Punkt, so sinkt nach Rothschild die Sparneigung der Unternehmer wieder.

Im weiteren geht er davon aus, daß sich die Arbeiter in ihren Konsumgewohnheiten an den Unternehmern orientieren, s_W ist von s_G abhängig. Die Sparneigungen des Kaldor-Ansatzes und damit die Profitquote sind durch die Lohnsumme bestimmt. Dementsprechend vermag gewerkschaftliche Politik im Gegensatz zum unmodifizierten Modell die Verteilung zu beeinflussen.

---

[47] Vgl. Stobbe, A.: Untersuchungen zur makroökonomischen Theorie der Einkommensverteilung. In: Kieler Studien, Bd. 59 (Hrsg. Schneider, E.), S. 35 ff. Tübingen 1962.
[48] Vgl. Kowalski, L.: a. a. O.
[49] Vgl. Rothschild, K.: Thema und Variationen, Bemerkungen zur Verteilungsformel Kaldors. In: Beiträge zur Theorie der Einkommensverteilung (Hrsg. Frisch, H.), S. 81 ff. Berlin 1967.
[50] Vgl. Frey, B. S.: Kritische Bermerkungen zu Rothschilds Verteilungsmodell, Kyklos, S. 512 (1966).

Bombachs Modell[51]

Dieser Ansatz ist nicht so sehr auf die Erklärung der Einkommensverteilung ausgerichtet, sondern untersucht die Frage nach der Vereinbarkeit von Wachstum und Preisniveaustabilität bei befriedigender Einkommensverteilung unter Einbeziehung des Staates.

Das Volkseinkommen Y wird unterteilt in private (Y_{pr}), staatliche (Y_{st}) und Unternehmungseinkommen (Y_u). Letztere stellen unverteilte Gewinne dar, weshalb ihnen eine Sparquote von Eins zuzuordnen ist. Ferner ist wie bei Kaldor eine konstante Investitionsquote i gegeben. Zwei Verhaltensgleichungen

$$Y_{st} = t Y_{t-1} \text{ und } Y_{pr} = a Y_{t-1}$$

bringen zum Ausdruck, daß sich Staat und Private in ihren Einkommenserwartungen am Volkseinkommen der Vorperiode orientieren. Damit sind alle hinsichtlich der Verteilung wichtigen Voraussetzungen des Modells charakterisiert.

Problematisch ist hierbei die Annahme eines einheitlichen Sparverhaltens für alle privaten Haushalte sowie, was Bombach selbst betont, die Unterstellung einer Sparfunktion für den Staat, denn „in gewissem Umfange haben die von den öffentlichen Haushalten erzielten Überschüsse bzw. Defizite stets Reflexcharakter"[52]. Ferner wird bei langfristiger Betrachtung durch die obigen dynamischen Beziehungen der Einkommensanteil des Staates und der Privaten, entsprechend dem Prinzip des rekurrenten Anschlusses, vorgegeben, und damit ist das Modell eher zur kurzfristigen Analyse von Verteilungsänderungen geeignet[53].

Für den Anteil der Privaten am Volkseinkommen ergibt sich:

$$\frac{Y_{pr}}{Y} = \frac{1-i}{(1-s_{pr}) + \dfrac{t}{a}(1-s_{st})}.$$

Bezüglich der Investitionsquote (i) und der Sparneigung (s_{pr}) gelten für den Anteil der privaten Haushalte dieselben Schlußfolgerungen wie hinsichtlich der Lohnquote $(1 - P/Y)$ für Kaldors Ansatz bei Änderungen der Investitionsquote und der Sparquote der Lohnempfänger. Dieses Modell weist jedoch im Vergleich zu dem Kaldorschen den Vorteil auf, daß die einbehaltenen Gewinne und das Ausgabeverhalten des Staates einbezogen werden sowie direkt auf die Verteilung abzielende Parameter a und t in Erscheinung treten.

---

[51] Vgl. Bombach, B.: Preisstabilität, wirtschaftliches Wachstum und Einkommensverteilung, Schweizerische Zeitschrift für Volkswirtschaft und Statistik, S. 3 ff. (1959).

[52] Bombach, G.: Die verschiedenen Ansätze der Verteilungstheorie, a. a. O., S. 138.

[53] Vgl. Ott, A. E.: Bemerkungen zu Bombachs Aufsatz über Preisstabilität, wirtschaftliches Wachstum und Einkommensverteilung, Schweizerische Zeitschrift für Volkswirtschaft und Statistik, S. 76 ff. (1961).

168   IV. Theorien zur Erklärung der Anteile am Volkseinkommen

4. Monopolgradtheorien

4.1. Begriff

Im Zusammenhang mit den Erweiterungen der mikroökonomischen Grenzproduktivitätstheorie (s. Kapitel III, Abschnitt 2.3.) wurde bereits der Begriff Monopolgrad erwähnt. Er wurde von Lerner aus der Preistheorie hergeleitet und zur Charakterisierung von Abweichungen der tatsächlichen Entlohnung vom sozialökonomischen Optimum verwendet. Als Abweichung von der Grenzkosten-Preis-Regel gibt der Monopolgrad den Faktor an, mit dem das physische Grenzprodukt multipliziert wird, damit man den realen Faktorpreis erhält. Er ist definiert als:

$$\frac{1 - \frac{1}{\varepsilon}}{1 + \psi}.$$

Dabei ist ε die Preiselastizität der Nachfrage und ψ die Faktorpreisflexibilität.

Dieser Ansatz ist zur Übertragung auf das makroökonomische Totalmodell ungeeignet. Die Nachfrageelastizität müßte sich dann gezwungenermaßen auf das ganze Sozialprodukt beziehen und ebenso die Faktorpreisreflexibilität auf den gesamten Faktoreinsatz. Damit wird offensichtlich, daß ε und ψ nicht unabhängig voneinander verstanden werden können, sollen Faktoranteile im Totalmodell erklärt werden.

Wird der Versuch unternommen, die Elastizität ε entsprechend der Slutsky-Relation durch Aggregation von Einkommenselastizitäten auf Konsumfunktionen zurückzuführen, so zeigt sich, daß sie selbst von der Einkommensverteilung abhängt, diese also nicht zugleich erklären kann[55]. Aus der Nichtübertragbarkeit des Lernerschen Monopolgradbegriffs auf den makroökonomischen Ansatz folgt, daß im Zusammenhang mit der makroökonomischen Theorie der Begriff des Monopolgrades anders zu interpretieren ist und lediglich in Analogie zu dem Lerners als Ausdruck der Marktmacht in Kreislaufmodellen Anwendung findet.

4.2. Verteilungstheorie Kaleckis[56]

Kalecki geht vom Grundgedanken aus, daß der Grad der Monopolisierung die Verteilung bestimmt, wobei er seinen Monopolbegriff in Anlehnung an die Preis-

---

[54] Vgl. Henderson, J. M., und Quandt, R. E.: a. a. O., S. 28.

[55] Die Elastizitäten der modifizierten Nachfragekurven müssen sich im gesamtwirtschaftlichen Gleichgewicht zu Null ergänzen, so daß die Preiselastizität auf die Einkommenselastizität zurückgeführt werden kann.

[56] Vgl. Kalecki, M.: The Distribution of the National Income, a. a. O., p. 197 ff.

theorie entwickelt. Im Gegensatz zu Lerner verwendet Kalecki den Monopolgrad als gesamtwirtschaftliche Größe und deutet ihn als Ausdruck der Marktmacht der Unternehmer im Verteilungskampf. Er mißt den Monopolgrad dabei nicht als Verhältnis des Preises zu den Grenzkosten, sondern als Quotient aus Umsatz zu direkten Kosten. Im einzelnen geht Kalecki wie folgt vor.

Der Gewinn ergibt sich aus der Differenz von Umsatz und Kosten, die aus Fixkosten (K_f) und variablen Kosten (K_x) bestehen.

$$G = U - K_f - K_x.$$

Das Verhältnis des Umsatzes zu den variablen Kosten bezeichnet Kalecki als Monopolgrad $k = U/K_x$.
Folglich gilt:

$$K_f + G = (k-1)K_x.$$

Die variablen Kosten setzen sich zusammen aus den Arbeiterlöhnen (W) und den Materialkosten (M), während im weiteren vereinfachend angenommen wird, die Fixkosten bestünden ausschließlich aus den Gehältern der Angestellten, so daß das Volkseinkommen als Summe aller Wertschöpfungen definiert ist gemäß:

$$Y = W + G + K_f,$$

als Summe von Löhnen, Profiten und Angestelltengehältern. Der Lohnanteil W/Y ist dann:

$$\frac{W}{Y} = \frac{W}{W+(K_f+G)} = \frac{W}{W+(k-1)K_x} = \frac{W}{W+(k-1)(W+M)},$$

und nach Einführung des als konstant angenommenen Verhältnisses von Materialkosten zu Arbeitslohn $j = M/W$

$$\frac{W}{Y} = \frac{1}{1+(k-1)(j+1)}.$$

Wichtig ist, daß Kalecki bei seiner Definition der Lohnquote lediglich die Arbeiterlöhne berücksichtigt und von den Angestelltengehältern absieht. Das Ergebnis besteht nun darin, daß die durch diese Lohnquote charakterisierte Verteilung allein vom Monopolgrad (k) und dem Verhältnis von Material- und Lohnkosten (j) abhängt.

Kalecki vertritt den Standpunkt, daß der Monopolgrad langfristig zunimmt. Das Verhältnis von Materialkosten zu Lohnkosten sei hingegen gefallen, was er im Sinne der Imperialismustheorie von Luxemburg und Lenin auf die Ausbeutung der die Rohmaterialien liefernden Kolonialvölker zurückführt. Durch diese beiden gegenläufigen Bewegungen von (k) und (j) werde die Konstanz der Lohnquote, die zu erklären Kalecki sich zum Ziel gesetzt hatte, begreiflich[57]. Auch im Konjunkturzyklus bewirken gegenläufige Entwicklungen von k und j eine Stabilisierung des Lohnanteils. In der Depression steigt nach Kaleckis Meinung k, und da die Rohmaterialpreise stärker fallen als die Löhne, j also sinkt, ändert sich die Lohnquote kaum.

Im weiteren versucht er, unter den Annahmen der klassischen Sparfunktion die absolute Höhe des Sozialprodukts herzuleiten. Da die Gewinne ausschließlich gespart werden und die Löhne ganz in den Konsum gehen, bestimmt der Lohnanteil zugleich die gesamtwirtschaftliche Konsumneigung. Die Angestellteneinkommen werden völlig vernachlässigt, wenn Kalecki den Lohnanteil und damit die Konsumquote (c), entsprechend seiner Verteilungsgleichung, als gegeben betrachtet. Unter der Annahme exogener Investitionen wird es ihm so möglich, dem einfachsten Keynesschen Multiplikatormodell entsprechend, das Sozialprodukt bei Unterbeschäftigung gemäß $Y = I/(1-c)$ zu erklären. Hinsichtlich der Kritik an diesem Ansatz sei auf die Lehrbücher der makroökonomischen Theorie verwiesen.

Kritik

Zunächst bleibt festzustellen, daß Kaleckis Verteilungsgleichung, der Definition der Parameter k und j entsprechend, eine Identität darstellt und erst durch Aussagen über diese Parameter zur Theorie wird. Die Leistung Kaleckis ist somit nicht in der Verteilungsformel, sondern in seiner Begründung für die Konstanz der Parameter j und k zu suchen. Über j wird nur etwas hinsichtlich der Änderungen im Konjunkturablauf gesagt. In der Entwicklung von k schlagen sich Konzentrationsprozesse, Absprachen und Abkommen zwischen den Unternehmern, aber auch die Stärke von Gewerkschaften nieder. Diese Bestimmungsgründe des Monopolgrades sind allerdings so vage formuliert, daß die eigentlichen Thesen kaum überprüfbar sind. Die Parameter k und j beschreiben somit die Verteilung eher, als sie sie erklären, und es scheint zur Beschreibung von Verteilungsänderungen sinnvollere Parameter als die von Kalecki verwendeten zu geben, z.B. die Arbeitsproduktivität.

4.3. Mitras Verteilungstheorie

Mitra[58] entwickelte seine Verteilungskonzeption aus einer kritischen Auseinandersetzung mit Kaleckis Ansatz. Sein Modell orientiert sich zwar einerseits an dem Kaleckis, was die Kostenfunktion angeht, ist aber andererseits stärker preistheore-

---

[57] Vgl. Krelle, W.: Verteilungstheorie, a. a. O., S. 43.
[58] Vgl. Mitra, A.: a. a. O.

tisch ausgerichtet. Es kann als makroökonomische Version der Cournotschen Monopollösung angesehen werden.

Im einzelnen macht Mitra folgende Annahmen[59].

1. Alle Firmen haben die gleichen linearen Kostenkurven. Die Grenzkosten K' sind damit zugleich durchschnittliche variable Kosten und werden als Summe der Lohnkosten, der Kosten für Importgüter und der Kosten der Kapitalnutzung dargestellt. Die Produktionskoeffizienten der Arbeit a_1, der Importgüter a_2 und der Abschreibungssatz a_3 sind mit den Preisen der entsprechenden Faktoren l, r und p zu multiplizieren. p ist dabei der für alle Güter gleiche Preis, r ist der der Importe und l der Lohnsatz. Für die Grenzkosten gilt:

(1) $$K' = a_1 l + a_2 r + a_3 p = a.$$

2. In der Annahme eines einzigen Preises offenbart sich bereits die Eingutannahme. Die Nachfrage nach diesem Gut wird durch eine lineare Preisabsatzfunktion beschrieben:

(2) $$p = b_0 - b \sum X_i,$$

wobei X_i die Ausbringung der Einzelunternehmung i ist.

3. Der Reallohn l/p ist konstant.

Unter der Annahme von n Firmen mit gleichen Kostenfunktionen ergeben sich die Gesamtgrenzkosten als nK'.

Für die einzelne Unternehmung ergibt sich der maximale Gewinn bei der Menge X_i, die der Nullstelle der Grenzgewinnfunktion entspricht:

$$G' = U' - K' = (pX_i)' - K' = p + X_i \frac{\partial p}{\partial X_i} - K'.$$

Durch Einsetzen ergibt sich für die Einzelfirma: $G' = p - bX_i - a$

$$\sum (p - bX_i) = \sum p - b \sum X_i.$$

Wird für $-b \sum X_i$ gemäß Formel (2) $p - b_0$ eingesetzt und angenommen, daß alle Unternehmungen die gleiche Ausbringung haben und ihre Zahl n beträgt, so gilt für die Summe der Grenzerlöse:

$$U' = np + p - b_0.$$

---

[59] Vgl. Krelle, W.: Verteilungstheorie, a. a. O., S. 45f.

IV. Theorien zur Erklärung der Anteile am Volkseinkommen

Aus der Bedingung für das Gewinnmaximum $U' = K'$ folgt:

$$np + p - b_0 = na$$

und für den Preis resultiert:

$$p = \frac{na + b_0}{n + l}.$$

Da der Preis jedoch gemäß (1) in a nochmals auftritt und der Lohnsatz wegen des konstanten Reallohns gemäß der dritten Annahme auch vom Preis abhängt, ist die Gleichung, die den Preis als Funktion der Parameter des Modells darstellt, wesentlich komplizierter.

Das Nettovolkseinkommen ist das Ergebnis der Substraktion der Abschreibungen und der Importe vom Gesamtumsatz pX. Bei gegebenem Preis und konstant angenommenem Reallohn ist der Geldlohn bestimmt. Damit läßt sich die Lohnsumme $(a_1 l)$ ermitteln und so die Lohnquote errechnen[60].

Determinanten der Lohnquote sind dann 1. der Abschreibungssatz, 2. die Arbeits- und Importproduktionskoeffizienten, die die Kostenstruktur der Produktion widerspiegeln und rein technische Größen darstellen, 3. das konstant angenommene Lohn-Preis-Verhältnis, der Reallohn also, 4. der Parameter b_0 der Preisabsatzfunktion und 5. die Zahl der miteinander konkurrierenden Firmen.

Entscheidende Bestimmungsgrößen der Verteilung sind dabei die prohibitive Preishöhe b_0, bei der die Nachfrage den Wert 0 annimmt, und die Zahl der miteinander konkurrierenden Firmen. Diese Größen bringen also die Situation auf dem Gütermarkt zum Ausdruck und legen damit die Machtkonstellation auf diesem Markt dar. Mit zunehmender Zahl n der Unternehmungen geht die Lohnquote gegen 1. Aus diesem Grunde wird oft davon ausgegangen, daß Mitra versuche, durch n den Monopolgrad zu messen[61]. Mitra selbst hingegen mißt der Bedeutung des Monopolgrades bezüglich der Verteilung geringe Bedeutung bei[62], denn seine Zielsetzung war es, den Monopolgrad Kaleckis auf meßbare Größen zurückzuführen. Dabei macht er jedoch die problematische Unterstellung, daß all diese Größen voneinander unabhängig sind. Auch die Annahmen für die Aggregation sind zu kritisieren, wobei allerdings zu betonen ist, daß dieses Problem jeder makroökonomischen Theorie eigen ist, soll sie mikroökonomisch begründet werden. Wesentlich fragwürdiger ist die Annahme eines konstanten Reallohns, womit eine entscheidende Verteilungsdeterminante ausgeklammert wird.

---

[60] Vgl. Formel (21) bei Krelle, W.: Verteilungstheorie, a. a. O., S. 46.
[61] Vgl. Külp, B.: Verteilungstheorie, a. a. O., S. 95.
[62] Vgl. Mitra, A.: a. a. O., S. 63.

4.4. Monopolgradtheorien als Weiterentwicklungen des Kaldoransatzes

Schneiders Ansatz[63]

Schneider verwendet dieselbe Sparfunktion wie Kaldor. Die gesamte Ersparnis ergibt sich durch Gewichtung der Gewinn- und Lohneinkommen mit den durchschnittlichen Sparquoten:

$$S = s_G G + s_W W.$$

Er unterscheidet im Gegensatz zu Kaldor zwischen ungeplanten und geplanten Größen, so daß $I = S$ nicht als Identität, sondern als Gleichgewichtsbedingung gedeutet wird. Den Gewinn unterteilt er in tatsächlichen (G) und erwarteten (G^x). Letzterer ist entscheidend für die Lohnsumme und wird gemäß der Bezahlung $G = \alpha G^x$ als Anteil der Lohnsumme definiert, eine Verhaltensweise, die einer Zuschlagskalkulation entspricht. Stimmt nämlich im Gleichgewicht der erwartete mit dem tatsächlichen Gewinn überein, so gilt $G + \alpha G = Y$. Das System wird dynamisiert, indem die Änderung der Lohnsumme in der Zeit dW/dt als Vielfaches der Abweichung des tatsächlichen vom erwarteten Gewinn dargestellt wird. Übersteigt der tatsächliche Gewinn den erwarteten, so nimmt die Lohnsumme zu und umgekehrt:

$$\frac{dW}{dt} = \beta(G - G^x).$$

Es läßt sich nun bei exogenen Investitionen zeigen, daß die tatsächlichen Gewinne gegen die erwarteten konvergieren[64].

Wie bereits die Verhaltensweise offenbart, die Schneider hinsichtlich des Zusammenhangs zwischen erwartetem Gewinn und Lohnsumme unterstellt, schenkt er dem Verhältnis Lohnsumme zu Gewinn W/G besondere Beachtung. Bei konstanten Investitionen (I) gilt im Gleichgewicht:

$$I = S = s_W W + s_G G \quad \text{bzw.:} \quad I - s_G G = s_W W,$$

mittels Division der letzten Gleichung durch G und s_W resultiert:

$$\frac{W}{G} = \frac{1}{s_W}\left(\frac{I}{G} - s_G\right).$$

---

[63] Vgl. Schneider, E.: Einkommen und Einkommensverteilung in der makroökonomischen Theorie, L'industria, S. 3ff. (1957).
[64] Vgl. Krelle, W.: Verteilungstheorie, a. a. O., S. 81 ff.

Während diese Beziehung immer Gültigkeit besitzt, ist der Ausdruck W/G nur dann gleich α, wenn die im Gleichgewicht erwarteten und die tatsächlichen Gewinne übereinstimmen.

Das Verhältnis W/G steigt, wenn I/G zunimmt, s_W sinkt und s_G abnimmt. Diese Resultate scheinen den Ergebnissen des Kaldoransatzes zu widersprechen. Bei der Argumentation ist jedoch wichtig, daß sich die Investitionsfunktionen bei Schneider und Kaldor unterscheiden. Während letzterer die Investitionen als konstanten Anteil des Sozialprodukts sieht, setzt Schneider sie zu den Gewinnen ins Verhältnis. Wird nun an Stelle von I/G als Symbol für die Investitionsneigung aus Gewinnen i_G geschrieben, so ergibt sich:

$$\frac{W}{G} = \frac{(i_G - s_G)}{s_W} \quad \text{bzw.:} \quad s_W W = (i_G - s_G) G.$$

In der letzten Beziehung zeigt sich, daß sich die Parameter in diesem Ansatz nicht als unabhängige Größen deuten lassen. $(i_G - s_G)$ bringt den Anteil zur Investitionsfinanzierung zum Ausdruck, der durch Fremdfinanzierung, nicht durch Sparen der Unternehmer, gedeckt wird. Dieser Teil wird durch das Sparen der Lohnempfänger aufgebracht. Bleibt der Fremdfinanzierungsanteil konstant, so muß dem Mechanismus des Modells entsprechend der Sparbetrag der Lohnempfänger, das Produkt $s_W W$, konstant sein und zwangsläufig ein zunehmendes s_W zum Sinken von W führen.

Schneiders Gleichung W/G reduziert sich somit zur Identität, daß im Zweiklassenmodell im Gleichgewicht der fremdfinanzierte Anteil der Investitionen durch geplantes Sparen der Nichtunternehmer aufgebracht werden muß.

Zuschlagsmodell von Stobbe[65]

Stobbe versucht in seinem Modell eine Synthese von Kaldorschem Kreislaufansatz und Monopolgradtheorie, die beide Ansätze als Spezialfälle enthält. Er definiert den Gewinn als Zuschlag auf die Lohnsumme $G = gW$. Damit bringt er zum Ausdruck, „daß die Unternehmungen mit der Planung des Gewinnzuschlags auf die Stückkosten oder, allgemeiner ausgedrückt, mit der Planung des Preises zugleich die gesamtwirtschaftliche Einkommensverteilung planen"[66]. Diesen Gewinn, der dem erwarteten Gewinn Schneiders entspricht, können die Unternehmer allerdings nur realisieren, wenn die monetäre Nachfrage dem monetären Angebot entspricht.

Das monetäre Angebot der Konsumgüter sei $C \cdot p$ und die monetäre Nachfrage entsprechend Kaldors Sparfunktionen mit durchschnittlichen Konsumneigungen

---

[65] Vgl. Stobbe, A.: Untersuchungen zur makroökonomischen Theorie der Einkommensverteilung, a.a.O., S. 69ff.
[66] Ebenda, S. 73.

dargestellt $c_W W + c_G G$. Da sich die Gewinne im Gleichgewicht als Zuschlag auf die Lohnsumme gW ergeben, gilt:

$$C p = c_W W + c_G g W = (c_W + c_G g) W.$$

Wird dieser Ausdruck durch das nominale Sozialprodukt $Y_n = Y_p$ dividiert, wobei wegen $G + W = gW + W = Y_n$, $W(1+g) = Y_n$ gilt, so ergibt sich:

$$\frac{C}{Y} = \frac{c_W + g c_G}{1+g}$$

für die Konsumquote und entsprechend für die Investitionsquote:

$$\frac{I}{Y} = \frac{s_W + s_G g}{1+g}.$$

Es zeigt sich, daß im Gleichgewicht Gewinnzuschlag und Investitionsquote aufeinander abgestimmt sein müssen, die Unternehmer somit lediglich die Möglichkeit haben, entweder die Investitionsquote oder aber den Gewinnzuschlag zu planen. In Wirklichkeit werden aber sowohl Preis als auch reale Investitionen festgesetzt, so daß ein sofortiges Gleichgewicht Zufall wäre. Anpassungsprozesse müssen in einem dynamischen Modell untersucht werden.

Wegen der Beziehungen $W(1+g) = Y$ und $G = gW$ ergibt sich die Profitquote aus Stobbes Ansatz durch Auflösen der obigen Beziehung für die Investitionsquote nach

$$\frac{G}{Y} = \frac{g}{1+g} = \frac{I/Y - s_W}{s_G - s_W},$$

er enthält somit Kaldors Modell. Im Gleichgewicht ist der Zuschlag g durch das in der Kaldorgleichung zum Ausdruck kommende Nachfrageverhalten bestimmt.

Wird Stobbes Modell mit dem Kaleckis verglichen und an Stelle der variablen Kosten (K_x) die Lohnsumme (W), an Stelle des Umsatzes das Produkt (Y) gesetzt, so wäre der Monopolgrad Kaleckis gleich dem Kehrwert der Lohnquote; dem entspricht, wegen $W(1+g) = Y$, die Größe $1+g$ bei Stobbe. Für den Fall, daß j gegen Null geht, die Rohstoffe im Verhältnis zur eingesetzten Arbeit somit einen verschwindenden Teil ausmachen, ergibt sich aus Kaleckis Monopolgrad durch Einsetzen von $1+g$ für k die Lohnquotengleichung Stobbes. Stobbes System erlaubt demzufolge zwei alternative Bestimmungen der Verteilung.

Verhalten sich die Unternehmer entsprechend Kaleckis Theorie und gelingt es ihnen, die Angebotspreise mit dem entsprechenden Gewinnaufschlag durchzusetzen, so bestimmt g die Verteilung, und die Investitionsquote wird zu einer Variablen, die durch die Verteilung festgelegt wird. Sind die Preise jedoch nachfragebestimmt und wird eine bestimmte Investitionsquote vorgegeben, so erklärt Kaldors Beziehung die Verteilung, und der Gewinnaufschlag ergibt sich aus den Marktpreisen. In Wirklichkeit ist solch eine Trennung nicht möglich. Stobbes Modell kann somit in gewisser Weise als Synthese der Ansätze von Kaldor und Kalecki angesehen werden. Auf die Diskussion, inwieweit das Stobbe-Modell die beiden anderen als Spezialfälle enthält, soll hier nicht eingegangen werden[67].

Struktureller Monopolgrad Preisers[68]

Nach Ansicht Preisers gehen in den kreislauftheoretischen Ansätzen gerade die spezifischen Züge des Verteilungsprozesses verloren, indem sich die Verteilung als Nebenprodukt von Entschlüssen ergibt, die unmittelbar nichts mit ihr zu tun haben. Das widerspricht jeder Erfahrung.

Preiser leitet zunächst die Kaldorsche Verteilungsgleichung her; da er aber davon ausgeht, daß sie nicht die eigentlichen Bestimmungsgründe erfaßt, muß er notwendigerweise einen Freiheitsgrad einführen. Das geschieht, indem er die Voraussetzung einer konstanten Investitionsquote aufgibt.

Die Machtstellung der Unternehmer, die die Verteilung nach Preiser wesentlich determiniert, äußert sich in einem absoluten kalkulatorischen Zuschlag z auf die eingesetzte Arbeitsmenge. Dem entspricht unter der Annahme einer linear limitationalen Produktionsfunktion auch eine bei gegebener Kapitalausstattung gewünschte, der Einschätzung der eigenen Machtposition entsprechende Profitrate. Gemäß der Profitrate $r = G/K$ ist der Gewinn einmal als Produkt aus Kapital und Profitrate $G = K \cdot r$, zum anderen als absoluter kalkulatorischer Zuschlag z auf den realen Arbeitseinsatz a gemäß $G = a \cdot z$ definiert.

Der Monopolgrad in der Definition von Preiser wird durch das Verhältnis von Stückgewinn und Preis zum Ausdruck gebracht.

Aus den beiden obigen Gleichungen für den Gewinn ergibt sich durch Gleichsetzen und Auflösen nach z:

$$z = r \cdot \frac{K}{a}.$$

Der Stückpreis p setzt sich zusammen aus dem Zuschlag pro Stück und dem Lohn pro Stück:

$$p = z_c + l_c.$$

---

[67] Vgl. Scheele, E.: Untersuchungen zur makroökonomischen Theorie der Einkommensverteilung, Besprechung des gleichnamigen Buches von Stobbe, A., Zeitschrift für die gesamte Staatswissenschaft, Bd. 120, S. 131 (1964).

[68] Vgl. Preiser, E.: Wachstum und Einkommensverteilung, Heidelberg 1964.

Wird die Zuschlagsumme $a \cdot z$ durch die Stückzahl (X) dividiert, so gibt das den Zuschlag pro Stück $z_c = (a \cdot z)/X$, und entsprechend läßt sich der Lohn pro Stück ermitteln, indem die Lohnsumme $a \cdot l$ durch die Stückzahl (X) geteilt wird

$$l_c = \frac{a \cdot l}{X}.$$

Für den Preis (p) resultiert $p = z_c + l_c = a/X(z+1)$, und der Stückgewinn dividiert durch den Preis, also **Preisers Monopolgrad**, lautet:

$$\frac{z_c}{p} = \frac{z_c}{l_c + z_c} = \frac{z}{1+z}.$$

Der Stückgewinn pro Geldeinheit z_c/p stellt aber zugleich die Gewinnquote dar und wird von Preiser als Monopolgrad (m) bezeichnet.

Im Gleichgewicht von Angebot und Nachfrage müssen die Profitquote als Monopolgrad und die Profitquote, die gemäß Kaldors Gleichung den Nachfrageverhältnissen entspricht, übereinstimmen. Variable ist dabei die Investitionsquote. Werden die Investitionen als exogen vorgegeben betrachtet, so kann die Höhe des Sozialprodukts bestimmt werden. Im Gegensatz zu Kaldor geht also Preiser nicht von einem gegebenen Vollbeschäftigungseinkommen aus.

Anhand der Gleichung für das Volkseinkommen, die man durch die erwähnte Gleichsetzung erhält

$$Y = \frac{I}{m(c_W - c_G) + 1 - c_m},$$

läßt sich der Anpassungsprozeß erläutern.

Der strukturelle Monopolgrad, der das langfristige Verteilungsgleichgewicht determiniert und sich in einem den gegebenen Machtverhältnissen entsprechenden Zuschlag äußert, muß nicht immer mit dem faktischen, durch die Nachfrageseite bestimmten, übereinstimmen. Übertrifft er beispielsweise wegen überhöhter Investitionen den strukturellen, so können Lohnerhöhungen durchgesetzt werden, weil die faktische Verteilung nicht der Machtverteilung entspricht. Wie jedoch im einzelnen die zu hohen Investitionen, die die Abweichung des faktischen vom strukturellen Monopolgrad bedingen, verringert werden, bleibt unklar[69]. Im umgekehrten Falle eines zu geringen faktischen Monopolgrades kommt es durch Preiserhöhungen zur Reallohnsenkung und Reduktion der Konsumgüterproduktion.

---

[69] Vgl. Weißhuhn, G.: Sparneigungsmultiplikatoren und Gleichgewicht in der kreislaufanalytischen Verteilungstheorie, Konjunkturpolitik, S. 122 (1971).

Der Monopolgrad bei Preiser ist völlig anders zu verstehen als der preistheoretisch begründete bei Lerner. Entscheidend ist bei Preiser, daß die natürliche Knappheit und die ungleiche Verteilung der Produktionsmittel auf einige wenige diese in die Lage versetzt, aus dem Vermögensbesitz eine Rente zu erzielen. Der Zusammenhang mit der später noch darzustellenden Klassenmonopoltheorie wird hier offenbar. Die Ursache für die Möglichkeit, auf die reinen Produktionskosten einen Gewinnaufschlag durchzusetzen, ist bedingt durch die ungleiche Vermögensverteilung und letztlich durch die Möglichkeit des Privateigentums an den Produktionsmitteln. Die Höhe des Aufschlags hängt zwar nach Preiser entsprechend den preistheoretischen Vorstellungen von der herrschenden Marktform ab, da er aber seine Ursache nicht hierin, sondern in der Knappheit und der ungleichen Vermögensverteilung hat, verschwindet er auch nicht für den Fall der vollkommenen Konkurrenz. Dementsprechend wird der Monopolgrad nur dann den Wert Null annehmen, wenn das gesamte Vermögen gleichverteilt und alle Wirtschaftssubjekte gleichgestellt wären.

Der Monopolgrad, der die Machtverhältnisse auf Güter- und Faktormärkten zum Ausdruck bringt, ist relativ konstant. Durch die Vererbung der Vermögen und die Bedeutung der historisch überlieferten Sozialstruktur sind Veränderungen nur langfristig möglich, wodurch sich die Konstanz der Einkommensquoten erklärt.

Die Bestimmungsgründe des Monopolgrads, die Preiser im einzelnen aufführt, sind die folgenden:

1. Die Machtverhältnisse auf den Gütermärkten, die Intensität des Wettbewerbs und das Ausmaß der Konzentration. Je höher der Konzentrationsgrad, desto höher der Monopolgrad. Dies ist die preistheoretische Komponente des Monopolgrads von Seiten des Gütermarkts.

2. Die Machtverteilung auf dem Arbeitsmarkt. Eine Erhöhung im Anteil der gewerkschaftlich organisierten Arbeitnehmer müßte der Stärkung des gewerkschaftlichen Einflusses entsprechend den Monopolgrad senken. Dies ist die preistheoretische Komponente auf dem Faktormarkt.

3. Die Variablen Konsum, Ersparnis und Investition bestimmen zwar nicht direkt in der von Kaldor beschriebenen Weise den Monopolgrad, insofern aber die Einkommensverwendung die Vermögensverteilung bestimmt, beeinflussen diese Größen mittelbar auf lange Sicht die Sozialstruktur.

4. Wachstum des realen Prokopfeinkommens wird das Knappheitsverhältnis zwischen Kapital und Arbeit senken und damit die Bedeutung der Vermögensverteilung und die Höhe des Monopolgrades mindern. Es bleibt allerdings zu bedenken, daß bei gegebenen Konsumneigungen die Investitionsquote und damit das Wachstum selbst wieder vom Monopolgrad abhängen.

5. Die Besitzverteilung kann durch gesetzliche Maßnahmen (z. B. Erbschaftsbesteuerung, Vermögensbildung) geändert werden, so daß mit den Besitzverhältnissen

zugleich die gesellschaftlichen Machtverhältnisse und der Monopolgrad geändert werden.

6. Im Gegensatz zu Kaldors Gleichung unterstellt Preiser, daß vermehrtes Arbeitnehmersparen ohne Einfluß auf die Verteilung bleibt. Nur insofern es zu einer Verschiebung der Machtposition zwischen den Klassen führt, nimmt es Einfluß auf Monopolgrad und Verteilung.

Preiser ist derjenige unter den Monopolgradtheoretikern, der seine Vorstellungen am deutlichsten herausgearbeitet hat, jedoch besitzt auch sein Ansatz unübersehbare Schwächen.

So wirft Preiser den kreislauftheoretischen Ansätzen der Verteilungstheorie vor, die Angebotsseite zu vernachlässigen. Indem er selbst beide Marktseiten verbinden will, gerät er in die gleiche Schwierigkeit wie Stobbe, das Modell wird überbestimmt, denn langfristig ist Gleichgewichtswachstum nur mit einer ganz bestimmten konstanten Investitionsquote möglich. „Auch ohne jeden mathematischen Formalismus ist einzusehen, daß ein Wachstum im Gleichgewicht unmöglich ist, wenn die beiden strategischen Entscheidungen, die der Unternehmer treffen muß, seine Gewinnplanung und seine Investition, nicht aufeinander abgestimmt sind!"[70] Im weiteren geht er jedoch davon aus, daß die Unternehmer die Profitrate als Aktionsparameter wählen, weil sie der „Ausdruck eines gar nicht oder nur schwer beeinflußbaren Datums, nämlich der Sozialstruktur", ist[71]. Die Investitionen erfolgen in Abhängigkeit vom Gewinn und entsprechend der Marktlage.

Auch hinsichtlich der Meßbarkeit des Monopolgrades und damit der Testbarkeit dieser Theorie ergeben sich Probleme. Mag die Bestimmung des gesamtwirtschaftlichen Lohnsatzes noch möglich sein, so zeigen sich zumindest bei der Erfassung des gesamtwirtschaftlichen absoluten Gewinnaufschlags große Schwierigkeiten. Ist aber der Monopolgrad nur als Profitquote meßbar, so ist damit die Verursachungsrichtung nicht zu ermitteln. Entsprechend könnte nämlich der Monopolgrad nach der Theorie des rekurrenten Anschlusses als Gewöhnung an eine Gewinnquote und damit durch letztere erklärt werden.

Preiser hat in Bezug auf den Einfluß von Macht und Nachfragekomponenten auf die Verteilung im Vergleich zu Kaldor eine entgegengesetzte Auffassung. Während bei ersterem die Sozialstruktur nur kurzfristig im Anpassungsprozeß über die Starrheit von Löhnen und Preisen Einfluß auf die Verteilung gewinnt, die ihrerseits langfristig durch die Nachfrageseite bestimmt ist, gesteht Preiser der Nachfrage nur kurzfristigen Einfluß zu und sieht die Verteilung langfristig durch den strukturellen Monopolgrad als soziologisches Datum determiniert. Auch diese Kontroverse stellt einen Aspekt der die Verteilungstheorie beherrschenden Frage ‚Macht oder ökonomisches Gesetz' dar[72].

---

[70] Preiser, E.: Wachstum und Einkommensverteilung, a.a.O., S. 53.
[71] Ebenda, S. 54.
[72] Vgl. Reim, O.: a.a.O., S. 60.

IV. Theorien zur Erklärung der Anteile am Volkseinkommen

5. Differentialrententheorien der Verteilung

Beim Vergleich der Grenzproduktivitätstheorie und der Kreislauftheorie der Verteilung war festzustellen, daß sich vermeintliche Widersprüche auflösten, wenn die unterschiedliche Definition der Gewinne in beiden Ansätzen beachtet wurde. In der Grenzproduktivitätstheorie ist der Gewinn als Zinseinkommen zu verstehen, der sich als Knappheitsrente für Kapitalnutzung ergibt. Da im Prozeß der wirtschaftlichen Entwicklung das von der neoklassischen Theorie beschriebene langfristige Gleichgewicht nie erreicht wird, tritt nie der Zustand ohne Residualeinkommen ein, in dem die Faktoreinkommen das ganze Produkt ausschöpfen. Aufgrund von Marktunvollkommenheiten, Schwankungen der Nachfrage und sich dauernd fortsetzender Anpassungsprozesse an Änderungen, die durch exogene Einflüsse bedingt sind, ergeben sich Gewinneinkommen im engeren Sinne, die keinem Faktor zuzuordnen sind. Die normalen Profite sind somit der permanente Ausdruck dafür, daß die zum langfristigen Gleichgewicht tendierenden Entwicklungen laufend vorzeitig abgebrochen werden, weil Datenänderungen sie überholt haben. Die Anpassung an diesen Zustand erfolgt auf Unternehmerseite wohl durch eine Zuschlagskalkulation beim Güterangebot, die allerdings an den Gegebenheiten der Nachfrageseite ausgerichtet sein muß. Die so erklärten Profite sind auch für den Fall nur eines Gutes oder nur eines Faktors denkbar.

5.1. Statische Differentialrententheorie

Bereits Ricardo hat mit seiner Theorie der Differentialrente ein Nichtlohneinkommen erklärt, dessen eigentliche Ursache in der Inhomogenität des Faktors Boden liegt, ein Einkommen, das nicht entsteht, wenn alle Böden in der Qualität völlig übereinstimmen. Ein vergleichbarer Ansatz ist, übertragen auf die Produktion als Ganzes, von Föhl entwickelt worden [73].

Er unterscheidet Einkommensarten, die Kosten darstellen, also Zins und Lohn, wobei der Zins gleichermaßen auf Eigen- und Fremdkapital bezogen wird. Als dritte Einkommensart führt er den Gewinn ein, dessen Höhe er aus der Kostenstruktur erklärt.

Im Beschäftigungsgleichgewicht muß die Nachfrage genau der Produktion entsprechen. Sinkt die Nachfrage, so sinkt auch der Preis unter die Kosten einzelner Grenzunternehmer, die dann die Produktion einstellen. Ist die Nachfrage größer, so erzielt auch der Grenzproduzent einen Gewinn. Es wird angenommen, daß die kostengünstiger produzierenden Erzeuger ihre Waren zum Kostpreis der Grenzproduzenten absetzen und dabei entsprechende Differentialgewinne erzielen.

---

[73] Föhl hat diese Theorie verschiedentlich dargestellt, z. B. in: Föhl, C.: Das Steuerparadoxon, Finanzarchiv 1956/57, Bd. 17, S. 1 ff.

Diesen Sachverhalt hat bereits Barone durch eine der folgenden Darstellung entsprechende Kurve veranschaulicht.

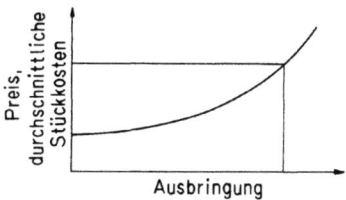

Abb. 14. Baronekurve

Dabei sind die Erzeugerkapazitäten nach Höhe ihrer Stückkosten im Betrag ihrer Kapazität auf der Abszisse aneinandergereiht. Die Ordinaten geben also die durchschnittlichen Stückkosten der einzelnen Unternehmen wieder. Diese sogenannte **Baronekurve** ist definitionsgemäß monoton steigend und im Extremfall bei völlig übereinstimmenden Stückkosten in allen Unternehmungen eine Parallele zur x-Achse. Die jeweils genutzte Kapazität ergibt sich als Abszisse des Schnittpunktes der einen bestimmten Preis (p_1) charakterisierenden Geraden $p_1 P_1$ mit der Baronekurve, die allerdings in dieser Darstellung nur auf ein Erzeugnis anwendbar ist.

Einem bestimmten Preis entspricht nicht nur ein bestimmtes Angebot — bzw. zu einem bestimmten Angebot ist nur ein bestimmter Preis erforderlich —, sondern bei einem bestimmten Angebot ist zugleich der Gewinn aller Anbieter als Summe der Differentialgewinne eindeutig gegeben. Somit wird jeder Produktion ein Gewinn zugeordnet, der sich in der Graphik als Fläche zwischen der Baronekurve, der Ordinaten und der Preisgeraden darstellen läßt.

Föhl erweitert diesen Ansatz in der Weise, daß er das gesamte reale Sozialprodukt erfassen kann. Als Kosten werden dabei nur die Kostenbestandteile Lohn, Zins und Abschreibung abgetragen; Vorleistungen sind also nicht enthalten. Dementsprechend geben die Abszissenwerte nicht die Absatzwerte wieder, sondern lediglich die um die Fremdkosten verminderten Absatzwerte. Das so gegebene Diagramm stellt das Bruttosozialprodukt, bewertet mit einem Basispreis, gemessen im Maßstab Geldeinheiten/Jahr auf der Abszisse dar. Die jeweilige Ordinate der Baronekurve gibt die durchschnittlichen Stückkosten des Grenzanbieters an, der für das Angebot — entsprechend dem Abszissenwert — erforderlich ist.

Diese Darstellung ist insofern nicht unproblematisch, als sie letztlich für alle Güter gleiche Baronekurven voraussetzt, denn sobald bei einem Gut der Marktwert über die sogenannten Veredelungskosten gestiegen ist und zugleich die Kapazitätsgrenze erreicht wurde, treten dort nachfragebedingte Übergewinne auf, die sich in diesem Diagramm nicht mehr darstellen lassen.

IV. Theorien zur Erklärung der Anteile am Volkseinkommen

Darüber hinaus gehen in die weiterentwickelte Baronekurve auch die Voraussetzungen ein, die für die Darstellung der ‚Eingutkurve' notwendig sind. Die Kostenkurven müssen linear sein, damit der gewinnmaximierende Unternehmer bei gegebenem Preis seine Kapazität voll auslastet und diese bei steigenden Preisen nicht mehr ausdehnt, da sonst die Baronekurve selbst vom Preis abhängig würde. Ferner muß die Definition einer eindeutigen Kapazitätsgrenze möglich, d. h. die Produktionsfaktoren müssen linear limitational sein.

Entsprechend der gegebenen Kostenstruktur kommt Föhl zu einer eindeutigen Zuordnung zwischen dem realen Sozialprodukt und der realen Summe der Differentialgewinne. Dieser Zusammenhang $G = B(Y)$ ist nicht mit der Baronekurve zu verwechseln, er ordnet nämlich den jeweiligen Sozialproduktshöhen die der Differentialgewinnsumme entsprechenden Flächen zu.

Jedem Angebot entspricht somit ein bestimmter Gewinnanteil, und aus der Graphik wird deutlich, daß mit steigendem Produkt bei zunehmendem Anstieg der Baronekurve der Gewinnanteil zunimmt. Die Berücksichtigung der Nachfrage erfolgt nun entsprechend dem Keynesschen Ansatz durch Einbeziehung von Konsum und Investition als Funktionen des realen Sozialprodukts. Wie aus den folgenden Abbildungen deutlich wird, ist der Gewinnanteil nicht allein durch die Nachfrage bestimmt, sondern durch den Schnittpunkt der Gesamtnachfrage mit der Angebotskurve.

Für den Fall der Überbeschäftigung versagt allerdings diese Erklärung des Gewinnanteils, denn an der Kapazitätsgrenze verläuft die Baronekurve parallel zur Ordinatenachse. Der Gesamtgewinn setzt sich dann zusammen aus der höchstmöglichen Differentialgewinnsumme und einem nachfragebedingten Marktlagengewinn im Sinne Kaldors.

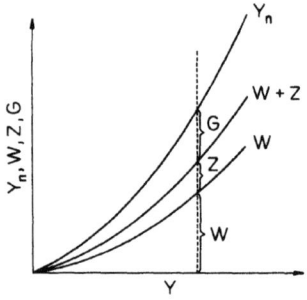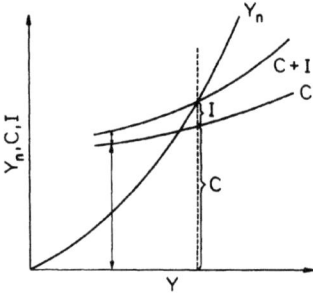

Abb. 15

Föhls Ansatz zeigt mit der Kostenstruktur sicher eine entscheidende Determinante der Gewinne. Sie weist aber den Nachteil auf, statisch zu sein. Die Kostenstruktur ist in Ricardos Theorie bestenfalls beim Boden ein Datum und in Wirklichkeit dauernden Änderungen unterworfen. Föhls Theorie ist also ebenso kurzfristig wie die Keynessche, denn während in der Nachfrage Nettoinvestitionen auftauchen, bleiben sie auf der Angebotsseite hinsichtlich der Gestalt der Baronekurve ohne Einfluß.

5.2. Dynamische Theorie der Differentialrente

Streissler kritisiert an der neoklassischen Preistheorie ebenso wie an den Preisaufschlagstheorien, daß sie den einmal entstandenen Preis als gleichbleibend unterstellen und interlokale und intertemporale Preisunterschiede ausklammern[74].

Ziel der Ausführungen Streisslers ist es nun darzulegen, daß der Gewinnaufschlag und auch die Profitrate mit dem Wachstum zunehmen, und „zwar über die bekannten Zusammenhänge hinaus auch noch über andere, bisher nicht beachtete"[75].

In einem ersten Modell geht er von einem Kaleckis Monopolgradtheorie entsprechenden Preisaufschlagsverhalten der Unternehmer aus. Den entscheidenden Mangel dieses Ansatzes sieht er darin, daß die die Gewinne erklärenden Aufschläge als im Zeitablauf gleichbleibend angenommen werden. Auf diese Weise bleibt es unmöglich, die Auswirkungen des von gesetzmäßigen Nachfrageschwankungen begleiteten Lebenszyklus eines Produktes auf die durchschnittlichen Gewinne zu untersuchen.

Bei der Neueinführung eines Produktes wird der Unternehmer die zu erwartende Nachfrage noch nicht genau kennen, was ihn veranlaßt, als Daumenregel einen bestimmten Aufschlag auf die Produktionskosten zur Preisbestimmung heranzuziehen. Dieser Preis wird deshalb durchsetzbar sein, weil bei mangelnder Produktinformation der Konsumenten als entscheidendes Merkmal der Ware ihre Neuheit zum Kauf veranlassen wird. Diesen Effekt wird der Anbieter durch Werbung und Herausstellung der Neuheit und eventuell einen Einführungspreis nutzen. Mit der Zeit jedoch schmilzt diese ‚**Leistungsrente**' des ersteinführenden Unternehmers; wegen der zunehmenden Konkurrenz verschlechtert sich die Erlösentwicklung, während zugleich mit zunehmender Auslastung und zunehmendem Alter der Produktionsanlagen auch die Kostenentwicklung die Leistungsrente schmälert. Sinkt die Leistungsrente auf Null Prozent im Zeitpunkt T, so wird die Produktion eingestellt.

Unter drei Annahmen ist es nun möglich zu zeigen, daß der Durchschnittsaufschlag allein durch den Erstaufschlag bei Einführung des Produkts bestimmt ist:

---

[74] Vgl. Streissler, E.: Verteilungstheorie außerhalb der neoklassischen Preistheorie. In: Neue Aspekte der Verteilungstheorie (Hrsg. Bombach, G., Frey, B. S., Gahlen, B.), S. 33ff. Tübingen 1974.
[75] Ebenda, S. 34.

1. Der Absatz entspricht im Zeitablauf einer konstanten Kostensumme.
2. Wenn der durchschnittliche Periodengewinn sich als Durchschnitt zahlreicher in einer Periode beim Ansatz realisierter Gewinnaufschläge, einem konstanten Aufschlag entsprechend, ergeben soll, so müssen die Kostensummen bei verschiedenen Gütern übereinstimmen.
3. Der Erstaufschlag muß unabhängig von den Schwundraten sein, was nur dann sinnvoll ist, wenn die Unternehmer jederzeit ein neues Produkt anbieten können. Bei hohen Schwundraten der Gewinne werden nämlich die Produktwechsel häufiger sein.

Unter diesen Bedingungen läßt sich nun der Gesamtgewinn als Integral (Summe) aller Leistungsrenten vom Einführungszeitpunkt 0 bis zum Zeitpunkt T, der das Verschwinden der Leistungsrente kennzeichnet, ermitteln. Division durch die Lebenszeit des Produktes T gibt den durchschnittlichen Gewinn. Die Leistungsrente (g_t) wird als Funktion der Zeit betrachtet $g_t = f(t)$. Der Einführungszeitpunkt und damit die Untergrenze des Integrals von g_t ist $t = 0$, während sich die Obergrenze, der Zeitpunkt für das Verschwinden des neuen Produkts vom Markt, annahmegemäß durch eine Leistungsrate von Null ermitteln läßt. Die Obergrenze T des Integrals muß also der Bedingung $g_t = 0 = f(T)$ genügen.

Streissler zeigt nun [76], daß für drei verschiedene zeitliche Entwicklungen der Leistungsrente in der Zeit, und zwar die lineare, die quadratische und die exponentielle, der durchschnittliche Periodengewinn unter den gemachten Annahmen allein vom Erstaufschlag abhängt. Kaleckis Vorstellung eines Durchschnittsaufschlages ist auch unter Einbeziehung von Lebenszyklen für Produkte eine sinnvolle Hypothese. Die sich aufgrund der unterschiedlichen Einführungszeitpunkte ergebenden zu einem Zeitpunkt verschiedenen dynamischen Differentialrenten, von Streissler Leistungsrenten genannt, ergänzen sich bei regelmäßiger andauernder Neueinführung von Produkten zu einem konstanten Gewinnaufschlag.

Im weiteren gibt Streissler die Annahme eines stationären Umsatzes auf. In wachsenden Wirtschaften wird einmal die Zahl der neu eingeführten Produkte andauernd zunehmen, zugleich werden bei steigenden Prokopfeinkommen entsprechend den Einkommenselastizitäten auch die Umsätze einzelner Güter ansteigen.

Bei exponentiellem Umsatzwachstum bleibt das vorhergehende Ergebnis, die alleinige Abhängigkeit des durchschnittlichen Periodengewinns vom Erstaufschlag, nur dann erhalten, wenn die Gewinnschwundrate gleich der Wachstumsrate ist. Im allgemeinen Falle kommt Streissler jedoch zum Ergebnis, daß der Gewinnanteil am Umsatz eine positive, inhomogene Funktion der Wachstumsrate ist. Gleiches gilt für den Gewinn bezogen auf das eingesetzte Kapital — die Profitrate also —, wenn der Kapitalkoeffizient nicht mit gleicher Rate wie die Umsätze wächst.

---

[76] Vgl. Streissler, E.: Verteilungstheorie außerhalb der neoklassischen Preistheorie, a.a.O., S. 35f.

Gewinnsätze bei Unsicherheit

Unsicherheit des Anbieters auf dem Markt besteht nicht nur hinsichtlich der Preishöhe, sondern auch bezüglich des Absatzzeitpunktes. In weiterer Überlegung berücksichtigt Streissler zunächst den Einfluß schwankender Absatzzeitpunkte bei gleichbleibendem Preis auf den erwarteten Gewinn[77].

Ein Händler zeichne beim Erhalt der Ware diese mit einem Zuschlag $a\%$ auf die Einstandskosten aus. Die Zins- und Lagerkosten pro Zeiteinheit betragen i, und die durchschnittliche Wartezeit sei d. Die Wartezeit sei mit dem Parameter a/d exponentiell verteilt, Käufer werden als seltene Ereignisse verstanden, die nach einer Poissonverteilung auftreten. Der Erwartungswert des Gewinnaufschlags ist dann $\bar{r} = (a/d) - i$.

Betragen die durchschnittlichen Lagerkosten 20%, der Aufschlag 50% und die durchschnittliche Lagerzeit eine Periode ($d = 1$), so ergibt sich ein Bruttogewinn von 30% der Einstandskosten.

Je geringer die Wartezeiten ceteris paribus sind, je ‚geregelter' der Markt ist, desto höher ist der Gewinnaufschlag. Sinnvollerweise ist hier eine positive Abhängigkeit des Zuschlags von der durchschnittlichen Wartezeit anzunehmen, womit die Aussage dann allerdings nur für kurzfristige Änderungen gilt. Mit steigender Nachfrage werden die Wartezeiten kürzer und berechenbarer, werden somit bei üblichem Zuschlag a auf die Einstandskosten die Gewinnaufschläge gemäß der Formel für $\bar{r}$ höher. Auf diese Weise ist demnach eine Anpassung des geplanten Monopolgrades als Zuschlag auf die Einstandskosten an die Nachfrageänderung denkbar.

Der gleiche Ansatz kann nun auch auf das Problem der Unsicherheit bezüglich der Preise angewandt werden. Der Absatzzeitpunkt sei durch die durchschnittliche Wartezeit bis zum günstigsten Verkauf d gegeben. Der über einen Mindestwert hinausgehende erzielbare Preis sei unsicher. a ist jetzt als Mittelwert der auf die Einstandskosten bezogenen erzielbaren Gewinnaufschläge zu verstehen. Die Formel für $\bar{r}$ bleibt die gleiche wie oben.

Werden die Streuungen der Gewinnaufschläge in die Betrachtung einbezogen, so lassen sich auf die unterschiedlich zutreffende Richtigkeit der Einschätzung des Absatzzeitpunktes und des erzielbaren günstigsten Preises Differentialgewinne zurückführen, die der Fähigkeit des Unternehmers entsprechen, Entscheidungen bei Unsicherheit zu treffen.

Die Summe dieser Differentialgewinne wird bei üblicher Kalkulation steigen, wenn mit zunehmender Nachfrage die Unsicherheit bezüglich der Absatzzeitpunkte und der erzielbaren Preise sinkt. Die Gewinnsätze werden mit den konjunkturellen Schwankungen in der Weise verbunden sein, daß sie im Aufschwung steigen, was durch die Empirie bestätigt wird.

---

[77] Vgl. Streissler, E.: Verteilungstheorie außerhalb der neoklassischen Preistheorie, a.a.O., S. 40.

186   IV. Theorien zur Erklärung der Anteile am Volkseinkommen

Die skizzierten Ansätze von Streissler stellen einen wichtigen Beitrag zur dynamischen Gewinntheorie dar. Seine Modelle, die aus dem Lebenszyklus von Produkten auf den Gewinnzuschlag zu schließen erlauben, ermöglichen es, die **Gewinne des dynamischen Unternehmers** im Sinne Schumpeters — die Gewinne als Neuerungsprämie — in die Verteilungstheorie einzubeziehen.

Die Berücksichtigung der Unsicherheit bei der Gewinnerklärung stellt einen weiteren wesentlichen Beitrag dar. Hier liegt es nahe, bei Weiterentwicklungen nicht nur Erwartungswerte, sondern auch Streuungen als Determinanten unternehmerischer Entscheidungen einzubeziehen.

6. Machttheorien der Verteilung

6.1. Quasimonopoltheorien

Wesentliche Gesichtspunkte der Quasimonopoltheorie wurden bereits im Zusammenhang mit Preisers Monopolgradtheorie dargestellt. Der Begriff Monopol, der lediglich in der Preistheorie genau definiert und in allen Monopolgradtheorien unterschiedlich verwendet wird, kennzeichnet bei den hier zu behandelnden Ansätzen eine durch rechtliche Institutionen und historische Entwicklungen der Organisation des Wirtschaftsablaufs bedingte Ungleichheit der Machtverteilung zwischen den Klassen. Speziell wird hier auf den Gegensatz zwischen Lohnabhängigen, Grundbesitzern und Kapitalisten abgestellt. Aus der Kennzeichnung des Monopolbegriffs zeigt sich bereits die enge Beziehung zum Preiserschen Monopolgrad. Tatsächlich wäre eine Eingliederung von Preisers Gedanken auch hier berechtigt[78].

Diese ebenfalls als Klassenmonopoltheorien bezeichneten Ansätze sind spezifisch deutsche Varianten im Rahmen der Machttheorien. Ihr Ausgangspunkt ist der, daß es bei völlig **freier Konkurrenz** nur Arbeitseinkommen geben kann. Alle Nichtarbeitseinkommen müssen daher ihre Ursachen in Konkurrenzbeschränkungen haben. Die als gerecht empfundene Norm ist die Entlohnung mit dem Arbeitswert.

Der Begriff ‚freie Konkurrenz' entspricht in diesem Zusammenhang allerdings nicht dem in der Preistheorie. Nur dann ist die Konkurrenz in diesem Sinne als frei zu bezeichnen, wenn jeder, der sich an der Produktion beteiligen will, dies auch kann und darf. Während die Preistheorie allein auf das Dürfen im Sinne von Fehlen rechtlicher Hindernisse abstellt, wird hier Gewicht auf das Können gelegt. Das bedeutet nämlich, daß die notwendigen Produktionsmittel einem jeden zur Verfügung stehen müssen. Freie Verfügbarkeit der Produktionsmittel ist also das entscheidende Kennzeichen des Begriffs ‚freie Konkurrenz'. Letztlich bedeutet das Privateigentum an den Produktionsmitteln dieser Terminologie ent-

---

[78] Vgl. Krelle, W.: Verteilungstheorie, a.a.O., S. 40f.

sprechend, daß die Besitzenden gegenüber den Nichtbesitzenden ein Monopol innehaben, auch wenn erstere untereinander in Konkurrenz stehen. Dieses Klassenmonopol ermöglicht die Entstehung von Nichtarbeitseinkommen.

Oppenheimer

Oppenheimer stellt den Boden in den Mittelpunkt seiner Betrachtung. Durch die Inbesitznahme des Bodens während der Entstehung der modernen Staaten ist es zum Privateigentum am Boden, zur **Bodensperre,** gekommen. Eine Klasse ist dadurch gekennzeichnet, daß ihr die Nutzung des Bodens ‚gesperrt' ist, was den andern die Möglichkeit eines Monopoleinkommens bietet. Der Lohn ist folglich gleich dem Produkt der Arbeit (Arbeitswert), vermindert um den einer Steuer vergleichbaren Monopoltribut, der so hoch ist, wie er sich erpressen läßt. Zunächst lag der Lohn dementsprechend am Existenzminimum. Mit der Möglichkeit der Auswanderung mußte er jedoch so hoch sein, daß nicht alle Arbeitskräfte abwanderten. Die Nachfrage nach Arbeitskräften bestimmte bei nun nicht mehr völlig unelastischem Angebot die Lohnhöhe so, daß der gerade noch erforderliche Arbeiter, der sogenannte ‚Grenzkuli', nicht abwandert. Eine gewisse Lohndifferenzierung kommt durch unterschiedliche Begabungen zustande.

Die Produktionsbedingungen in der Landwirtschaft übertragen sich auf die in der industriellen Fertigung. Die Knappheit des Produktionsmittels Boden bedingt auch für die produzierten Produktionsmittel eine entsprechende Rente, und gemäß dem Gesetz der Unterschiedslosigkeit des Preises für gleiche Güter erhalten die Industriearbeiter denselben Lohn wie die Landarbeiter.

Dieser Zusammenhang hat sich in der industriellen Entwicklung jedoch sicherlich umgekehrt. Die nachlassende Knappheit des Kapitals und die zunehmende Knappheit der Arbeit bewirkten Lohnsteigerungen in der Industrie, die nunmehr im Gegensatz zu Oppenheimers Schlußfolgerungen das Lohnniveau im Agrarsektor bestimmen.

Die konsequente Schlußfolgerung Oppenheimers aus seiner Theorie ist die Forderung nach Abschaffung des privaten Grundeigentums als der eigentlichen Ursache für das Entstehen der von seiner Norm abweichenden Nichtarbeitseinkommen.

Weiterentwicklung von Peter und Preiser[79]

Die einseitige Begründung Oppenheimers wurde in der Weiterentwicklung aufgegeben. Nicht mehr die ‚Bodensperre' allein ist die Ursache leistungsloser Einkommen, sondern allgemein der Unterschied zwischen Besitzenden und Nichtbesitzenden.

---

[79] Vgl. Peter, H.: Einführung in die politische Ökonomie, Stuttgart und Köln 1950; Preiser, E.: Bildung und Verteilung des Volkseinkommens, S. 193ff. Göttingen 1957.

188   IV. Theorien zur Erklärung der Anteile am Volkseinkommen

Hierfür wurde der Begriff des **Klassenmonopols** geprägt oder im Wissen um den anderen Begriff des Monopols in der Preistheorie der des **Quasimonopols**. Preiser begründete die unterschiedliche Machtverteilung insbesondere durch die Möglichkeit des Besitzenden, in Konfliktsituationen warten zu können. Der Nichtbesitzende, auf laufendes Einkommen angewiesen, ist generell in einer schlechteren Verhandlungsposition. Unter diesem Gesichtspunkt kommt der Vermögensbildung bei den Unselbständigen entscheidende Bedeutung zu, weil sie dadurch unabhängiger werden und im Konfliktfalle länger warten können.

Der Nachteil dieser Theorien ist der, daß sie die Einkommen oder Einkommensquoten nicht bestimmen. Preisers Version erfaßt sicher einen Teil der Bestimmungsgründe, jedoch war er sich selbst im klaren darüber, das Verteilungsproblem nicht vollständig auf diese Weise erklären zu können. Seine früher besprochene Monopolgradtheorie ist der Versuch, diese Gedanken mit der Kreislauftheorie der Verteilung zu verbinden. Er hat einen weiteren Ansatz entwickelt, in dem er eine Synthese mit der Kreislauftheorie und der mikroökonomischen Grenzproduktivitätstheorie versuchte [80].

Seine Modellskizze erfaßt die Faktormärkte für zwei Faktoren. Bei der Faktornachfrage kommt die Grenzproduktivitätstheorie zur Anwendung, während die soziologischen Determinanten sich im Faktorangebot niederschlagen. Als dritter Markt tritt der Gütermarkt hinzu, jedoch führt Preiser seinen Ansatz nicht weiter aus.

6.2. Politische Theorien der Verteilung [81]

Die hier zu besprechenden **älteren Machttheorien** versuchen, die Lohnhöhe durch die Macht gesellschaftlicher Institutionen zu erklären. Sie gehen dabei generell davon aus, daß das einer privatwirtschaftlich organisierten Wirtschaftsordnung entsprechende politische System sich zuungunsten der Arbeiter auswirkt.

In diesem Zusammenhang ist es üblich, diese Machttheorien in solche einzuteilen, die die Macht innerhalb des ökonomischen Prozesses wirkend darstellen, und solche, bei denen die Macht als außerhalb des ökonomischen Rahmens stehend einseitig das ökonomische Geschehen bestimmt.

Zur Gruppe der letzteren gehört Tugan-Baranowski [82]. Seiner Ansicht nach ist der Lohn nicht mit anderen Preisen zu vergleichen, er ist kein Wert-, sondern ein reines Machtphänomen. Die politischen Machtverhältnisse finden in den Arbeitsverträgen ihren Niederschlag und bestimmen die Lohnhöhe. Ganz im Gegensatz zur Grenzproduktivitätstheorie geht er davon aus, daß die Lohnhöhe nicht

---
[80] Vgl. Preiser, E.: Bildung und Verteilung des Volkseinkommens, a. a. O., S. 240ff.
[81] Vgl. Krelle, W.: Verteilungstheorie, a. a. O., S. 98ff.
[82] Vgl. Tugan-Baranowski, M.: Die soziale Theorie der Verteilung. Berlin 1913.

von der Beschäftigung abhängt. Da Angebot und Nachfrage nach Arbeit starr sind, ist mit der Lohnhöhe auch der Lohnanteil allein durch die sozialen Machtverhältnisse bestimmt.

Sismondi betrachtet die Macht als Folge ökonomischen Geschehens und als Ursache zugleich. Er kritisiert den wirtschaftlichen Liberalismus und die klassische Werttheorie, weil diese nur auf eine Förderung der Produktion ausgerichtet seien, dabei aber die menschliche Wohlfahrt unbeachtet ließen. Seine Lohntheorie gleicht der Ricardos, indem er neben der Konkurrenz zwischen den Arbeitern auch noch die Freisetzung durch Maschineneinsatz als Ursache des niedrigen Lohns ansieht. Im Gegensatz zur Klassik argumentiert er mit zwei Klassen, nämlich den Besitzern und Arbeitern. Bei der herrschenden Sozialordnung ist diese Klasseneinteilung zugleich eine in arm und reich, was notwendigerweise zu Wirtschaftskrisen führen muß, die ihre Ursache in einer durch die Einkommensverteilung bedingten Unterkonsumption haben[83]. Er ist der Meinung, daß Änderungen zugunsten der Arbeiter unter Beibehaltung der Wirtschaftsordnung nur durch staatliche Eingriffe erfolgen können. Im einzelnen werden dabei sozialpolitische Maßnahmen, gesetzliche Grundlagen zur Bildung von Gewerkschaften und die Zulassung neuer Maschinen in Abhängigkeit von der Beschäftigungslage aufgeführt.

Rodbertus, der auch der Begründer des wissenschaftlichen Sozialismus in Deutschland war, sieht die Möglichkeit einer Beseitigung der Schäden, die den Lohnabhängigen in der zu seiner Zeit herrschenden Wirtschaftsordnung entstanden, weder im Klassenkampf im Sinne von Marx noch in einer gewerkschaftlichen Arbeiterorganisation. Er fordert ein Eingreifen des Staates und ist in seiner Vorstellung eines Staatssozialismus stark von den Kathedersozialisten (Adolph Wagner et al.) beeinflußt. Eine garantierte Lohnquote, Arbeitszeitregelungen und eine Verbesserung der Kreditbedingung im Landwirtschaftsbereich hält er als gesetzliche Maßnahmen für notwendig.

Lasalle, der die Theorie des existenzminimalen Lohns von Ricardo übernahm und den Begriff des ehernen Lohngesetzes prägte, stellt auch die Notwendigkeit staatlicher Maßnahmen in den Vordergrund. Sein politischer Kampf gilt vor allem der Abschaffung des Dreiklassenwahlrechts, während er andererseits als einzige Möglichkeit der Arbeiter, Löhne über dem Existenzminimum zu sichern, darin sieht, daß sie mit staatlicher Hilfe mittels Krediten in ‚Produktivassoziationen' selbst die Möglichkeit haben, Unternehmer zu werden.

Brentano bringt in seiner Argumentation bezüglich der Situation der Arbeiter bereits wesentliche Gesichtspunkte von Preisers Klassenmonopoltheorie. Aufgrund des Angewiesenseins des Arbeiters auf seine Tätigkeit, ist die Arbeit eine Ware besonderer Art. Die Unterlegenheit des Arbeiters bei Lohnverhandlungen begründet er bereits mit der Starrheit des Angebots wegen der Unmöglichkeit des Arbeitnehmers, bei Lohnverhandlungen zu warten. Im Gegensatz zu den zuvor Erwähnten setzt er Hoffnung auf gewerkschaftliche Organisation, die er in der Lage sieht,

---
[83] Vgl. Salin, E.: a. a. O., S. 111.

höhere Löhne auf Kosten der Gewinne und damit eine Verteilungsänderung zugunsten der Arbeiter durchzusetzen.

Die aufgeführten politischen Theorien der Verteilung sehen die Ursache für die Höhe des Lohns in den gesellschaftlichen Machtverhältnissen. Ihre Erklärungen der Lohnhöhe sind jedoch, soweit sie überhaupt genauer gefaßt werden, weitgehend die der Klassik. Mit ihren Empfehlungen für politische Aktivitäten weisen sie zugleich auf Determinanten der Einkommensverteilung hin, die ihre Ursachen in solchen Änderungen haben.

Die Kritik der Machttheorien, vor allem der extremen Form Tugan-Baranowskys, erfolgte wesentlich von Böhm-Bawerk. Sein berühmter Aufsatz „Macht oder ökonomisches Gesetz?"[84] setzt den Thesen der Machttheoretiker als Hauptargument die Grenzproduktivitätstheorie des Lohnes entgegen. Kurzfristig könne sich zwar Machteinfluß auch gegen die ökonomischen Gesetze behaupten, durch Streikdrohung könnten sogar Lohnerhöhungen erzwungen werden, die beim Unternehmer Verluste bedingen. Langfristig setzten sich aber durch den Substitutionsprozeß zwischen Arbeit und Kapital die im Gleichgewichtslohn zum Ausdruck kommenden ökonomischen Gesetze durch.

Diese Argumentation erscheint in Anbetracht der heute kritischeren Einstellung zur Grenzproduktivitätstheorie, vor allem in ihrer makroökonomischen Version, nicht mehr einleuchtend. Die Machttheorien, die gegen die Einseitigkeit bei Betrachtung der Lohnbestimmung durch die Neoklassik gerichtet waren, finden ihre Nachfolge in modernen lohntheoretischen Überlegungen, in denen die Stärke der Verhandlungsposition von Gewerkschaften und Arbeitgebern bestimmend auf die Lohnhöhe wirken.

6.3. Einkommensverteilung in der Theorie des Verhandelns

Die Theorie, die das Zustandekommen der Verteilung durch die Verhandlungen der Tarifpartner zu erklären sucht, ist nicht unbedingt den Ansätzen zuzurechnen, die auf eine Begründung der Einkommensanteile abzielen. Verhandlungsgegenstand ist nämlich in erster Linie die Lohnhöhe, weshalb man diese Ansätze auch als Theorien der Faktorpreise verstehen könnte. Insofern allerdings, als sich Gewerkschaften auch an der Lohnquote, insbesondere am Beschäftigungsstand orientieren, kann dieser Aspekt gleichermaßen im Zusammenhang mit den makroökonomischen Machttheorien gesehen werden.

Die Ansichten über die Stellung der Gewerkschaften im Lohnkampf sind kontrovers. Während einerseits den Gewerkschaften Nahestehende jegliche Lohnerhöhung als Erfolg gewerkschaftlicher Initiative ansehen, wird andererseits

---

[84] Vgl. Böhm-Bawerk, E.: a. a. O.

— vor allem am Beispiel Großbritanniens — argumentiert, daß die Gewerkschaften, indem sie Produktivitätsfortschritte verhindern, dämpfend auf die Reallohnentwicklung wirken. Schließlich wird, völlig entsprechend den Schlußfolgerungen Böhm-Bawerks, den Organisationen jeglicher Einfluß auf die langfristige Lohnentwicklung abgesprochen[85]. Dabei deutet man auch die Tatsache, daß zwischen den von den Unternehmen bezahlten Effektivverdiensten und den in Tarifvereinbarungen festgelegten Tarifverdiensten eine Spanne (wage gap) besteht, als Hinweis dafür, daß sich die Arbeitnehmerorganisationen lediglich an anderweitig bestimmte Lohnentwicklungen anpassen können[86]. Dieser sogenannten **Anpassungsthese** steht die **Aufstockungsthese** gegenüber, in der behauptet wird, daß die Tariflöhne ein Niveau bestimmen, auf dem dann übertarifliche Leistungen aufgestockt werden[87]. Für die Erklärung dieser Spanne (wage gap) und deren Entwicklung (wage drift) sind insbesondere institutionelle Gegebenheiten hinsichtlich des Geltungsbereichs der Tarifverträge — unter Einbeziehung der Vertragsdauer — sowie die konjunkturelle Entwicklung auf dem Arbeitsmarkt entscheidend[88].

Institutionelle Gegebenheiten sind jedoch auch bei jedem Versuch, Erkenntnisse der Verhandlungstheorie auf die Wirklichkeit zu übertragen, von wesentlicher Bedeutung. Die Organisation von Verbänden und Gewerkschaften unterscheiden sich international stark, und zwar nicht nur, was letztere angeht, in Größe und Zahl sowie in dem Anteil der organisierten Arbeitnehmer, sondern auch durch das Organisationsprinzip. Branchen-, berufs- und parteiorientierte Organisation, mehr oder weniger zentralisierter Aufbau und schließlich auch die Frage, ob Organisationen mit anderen konkurrieren, sind dabei wichtig. Sie bestimmen nicht nur die Bedeutung der Organisation, sondern auch deren Zielsetzungen und Verhaltensweisen.

Bei empirischen Untersuchungen muß besonders darauf geachtet werden, daß neben dem Anteil der organisierten Arbeitnehmer auch andere Merkmale branchen- und berufsspezifisch variieren. Untersuchungen, die beispielsweise einen positiven Zusammenhang zwischen Organisationsgrad und Lohnhöhe ergaben, konnten auch auf Ausbildungsunterschiede zurückgeführt werden[89]. Der höhere Lohn ließe sich nämlich ebenso durch die größere Knappheit besser Ausgebildeter begründen.

Berücksichtigung des Verhaltens im statischen Marktmodell

Bei Erklärungen der Lohnhöhe aus Angebot und Nachfrage auf dem Arbeitsmarkt wird gewerkschaftliches Verhalten in der Weise berücksichtigt, daß entsprechende Änderungen der Marktfunktionen diskutiert werden[90].

---

[85] Vgl. Dunlop, J. T.: Wage Determinations under Trade Unions. Oxford 1950.
[86] Vgl. Külp, B.: Verteilungstheorie, a. a. O., S. 98.
[87] Vgl. Ebenda, S. 99.
[88] Vgl. Ebenda, S. 101–110.
[89] Vgl. Pen, J.: Income Distribution, a. a. O., S. 103 f.
[90] Vgl. Rose, K.: Theorie der Einkommensverteilung, a. a. O., S. 41 ff.

IV. Theorien zur Erklärung der Anteile am Volkseinkommen

Die Nachfragefunktion nach Arbeit wird dabei in Analogie zur Grenzproduktivitätstheorie durch die Gegebenheiten auf der Produktionsseite begründet. Eine Lohnerhöhung aufgrund gewerkschaftlicher Einflußnahme kann ihre Ursache auf der Nachfrageseite in produktivitätssteigernden Aktivitäten haben, die die Nachfragekurve nach oben verschieben.

Das Arbeitsangebot läßt insofern einen Einfluß der Gewerkschaften zu, als es durch Arbeitszeitverkürzungen knapper und der Lohn damit höher wird. Werden jedoch Nachfrage nach Arbeit als produktionstechnisch und Angebot an Arbeit durch die Präferenzen der einzelnen Arbeitnehmer als gegeben betrachtet, so ist die Beurteilung gewerkschaftlicher Einflußmöglichkeiten pessimistisch. Ihre Wahl besteht dann lediglich zwischen der Annahme des Gleichgewichtslohns oder aber zunehmender Arbeitslosigkeit beim Durchsetzen höherer Löhne. Tatsächlich ist es je nach Anstieg der Angebotsfunktion ebenfalls denkbar, daß mit steigendem Lohn das Arbeitsangebot sinkt und damit bei gegebener Nachfrage nicht unbedingt Arbeitslosigkeit entstehen muß. Höherer Lohn kann beispielsweise mit Arbeitszeitverkürzung kombiniert durchgesetzt werden oder bei Einkommenssteigerung des Mannes zur Aufgabe der Tätigkeit durch die Frau führen, da das Einkommen als für den Haushalt ausreichend empfunden wird.

Kritik an der Bestimmtheit des Lohnes bei statischer Betrachtung

Krelle führt zwei Gründe an, weshalb der Zusammenhang zwischen Lohnhöhe und Beschäftigung den Gewerkschaften einen Handlungsspielraum beläßt[91]. In Abb. 16a ist auf der Abszisse die Ausbringung (X) und auf der Ordinate der Umsatz (U) für die Kurve (U) sowie die Produktionskosten abzüglich der Lohnkosten (K) für Kurve (K) abgetragen. Die Differenz zwischen den beiden Kurven stellt die Summe von Löhnen und Gewinnen dar, die als Einkommenskurve (E) in ein anderes Diagramm (Abb. 16b) eingetragen werden kann, in dem auf der Abszisse gemäß der Produktionsfunktion $X = f(L)$ an Stelle der Ausbringung (X) die Arbeitsmenge (L) abgelesen wird. Die Lohnkosten $K_l = L \cdot l$ lassen sich in diesem Diagramm mittels Geraden durch den Ursprung mit je nach Lohnhöhe dem Anstieg l_1 oder l_2 zeichnen. Der gewinnmaximale Arbeitseinsatz ergibt sich bei Gleichheit von Grenzumsatz und Faktorgrenzkosten bei dem L-Wert, bei dem die Lohnkostengerade und die Umsatzkurve gleichen Anstieg haben (L_2 bzw. L_1 in Abb. 16b, je nachdem ob $l = l_2$ oder $l = l_1$).

Krelle betont nun, daß je nach dem Verlauf der E-Kurve (vgl. Abb. 16c) Lohnänderungen nur zu geringen Beschäftigungsänderungen führen und ferner bei der realistischen Annahme unstetiger Umsatz- und Kostenkurven (Abb. 16d)

---

[91] Vgl. Krelle, H.: Die Grenzproduktivitätstheorie des Lohnes. Jahrbücher für Nationalökonomie und Statistik, Bd. 162, S. 1—46.

Beschäftigung und Lohnhöhe in gewissen Bereichen überhaupt unabhängig voneinander sind.

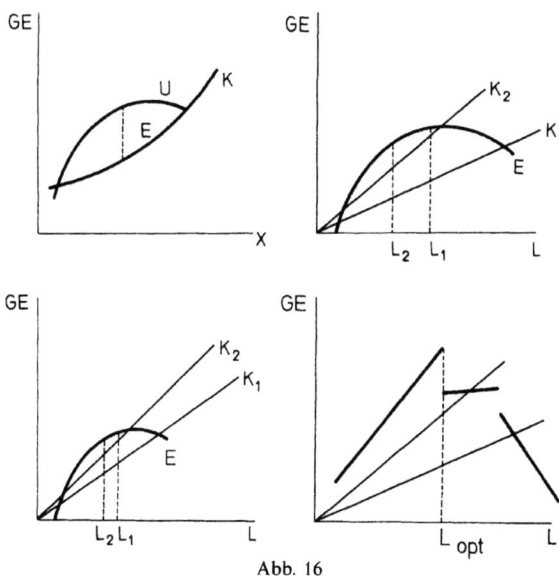

Abb. 16

Auch bei stetiger Umsatzkurve kann es zu einer für eine Umgebung geltende Unabhängigkeit von Beschäftigung und Lohnhöhe kommen. Wenn nämlich die Preis-Absatz-Funktion geknickt verläuft, womit die Verhaltensweisen der anbietenden Oligopolisten beschrieben werden[92], hat die Grenzumsatzkurve bei der jeweiligen Ausbringungsmenge eine Sprungstelle und ist somit in bestimmten Grenzen unabhängig gegenüber Änderungen der Grenzkosten und damit auch der Lohnhöhe.

Schließlich wird auch versucht, Gewerkschaften und Arbeitgeber als Monopole und ihr Verhalten entsprechend der Theorie des bilateralen Monopols zu beschreiben[93]. Auch aus diesem Ansatz resultiert keine eindeutige Lösung. Aus der Gesamtheit aller Lohnsummen-Beschäftigungs-Kombinationen — ausschließlich um solche geht es bei dieser Analyse — kann lediglich eine Beschränkung auf diejenigen erfolgen, bei denen sich keiner der Verhandlungspartner mehr besser stellen kann,

---

[92] Vgl. z. B.: Schumann, J.: Grundzüge der mikroökonomischen Theorie, S. 267f. Berlin–Heidelberg–New York 1971.

[93] Vgl. Fürst, E.: a. a. O., S. 124ff.

ohne daß sich die Gegenseite verschlechtert. Von all diesen verbleibenden Kombinationen, die bei der graphischen Lösung auf der sogenannten Kontraktkurve liegen, muß sich in den Verhandlungen eine als Tarifvereinbarung ergeben. Wie dies geschehen kann, soll an anderer Stelle noch dargestellt werden.

Ein weiterer Einwand gegen die Argumentation mit der beschäftigungssenkenden Wirkung von Lohnerhöhungen, der von gewerkschaftlicher Seite oft vorgebracht wird, ist der einer Vernachlässigung des Wirtschaftskreislaufs. Höhere Löhne bedeuten nämlich zugleich auch höhere Nachfrage und wirken daher zumindest nicht in dem Umfange beschäftigungsdrosselnd, wie es sich bei partialanalytischer Betrachtung des Arbeitsmarktes ergibt.

Schließlich ist auch zu betonen, daß nicht alle Einkommen durch Zurechnung eines bestimmten Produktionsbeitrags leistungsgerecht entlohnt werden können. Die individuelle Einkommenshöhe ebenso wie durchschnittliche Einkommen von Gruppen sind damit immer mehr von normativen Vorstellungen bezüglich der Stellung in der Hierarchie oder auch hinsichtlich der Berücksichtigung unterschiedlicher Bedürfnisse bestimmt. Dieser Gesichtspunkt gewinnt mit zunehmendem technischem Fortschritt und steigender Kapitalintensität an Bedeutung. Planungs-, Überwachungs- und Verwaltungsaufgaben, bei denen eine Zurechnung des Ertrages nicht oder nur schwer möglich ist, nehmen im Verlaufe dieser Entwicklung ständig zu.

Kritik an der Statik und der Einseitigkeit der Verhaltensannahmen

Die statische Betrachtungsweise scheint überdies gerade zur Bestimmung des Lohnniveaus ungeeignet. Ständige Änderungen durch technischen Fortschritt führen unentwegt zu Änderungen des Gleichgewichtslohns und bedingen Anpassungsprozesse. Die gewerkschaftliche Seite betont dabei, daß durch höhere Löhne die Unternehmer zu optimalem Arbeitseinsatz gezwungen werden und ihre auf Lohnerhöhungen abzielende Politik sich in einem höheren Produktivitätsfortschritt äußert, der schließlich wiederum Reallohnsteigerungen möglich macht.

Es ist ohne Zweifel, daß bei dynamischer Betrachtung des Arbeitsmarktes den Gewerkschaften bei den dauernd erforderlichen Lohnfestsetzungen entscheidende Bedeutung zukommt, dem das statische Konkurrenzmodell nicht gerecht zu werden vermag.

Darüber hinaus kann die Erklärung des Lohnsatzes durch Angebot und Nachfrage auf dem Arbeitsmarkt die in Wirklichkeit wesentlich komplexeren, nicht allein auf die Lohnhöhe ausgerichteten Zielvorstellungen von Arbeitnehmern und Gewerkschaften kaum erfassen. Obwohl sich auch die noch darzustellenden Ansätze im wesentlichen auf eine Erklärung von Lohnhöhe oder Lohnsumme richten, gestatten sie eher eine Weiterentwicklung der Lohntheorie unter Berücksichtigung umfassenderer Zielvorstellungen, auf die daher kurz eingegangen werden soll.

Verschiedene Verhaltensannahmen

Sicherlich stehen Lohnhöhe, Beschäftigung und damit auch die Lohnsumme bei Tarifverhandlungen im Mittelpunkt des Interesses. Die Gewerkschaften, aber auch die Arbeitgeber, versuchen jedoch zugleich Zielsetzungen hinsichtlich der Lohnstruktur durchzusetzen. Dabei sind die branchenspezifischen Unterschiede der sogenannten **horizontalen Lohnstruktur** von der **vertikalen Lohnstruktur** zu unterscheiden, die in der Lohnhierarchie zum Ausdruck kommt. Vor allem hinsichtlich der letzteren dürften die Vorstellungen der Gewerkschaften auf eine Vergleichmäßigung abzielen, was sich darin äußert, daß bei Lohnverhandlungen absoluten Einkommenserhöhungen gegenüber relativen der Vorzug gegeben wird. Dies hat zusehends zu einer Vergleichmäßigung der Tariflohnstruktur geführt[94]. Allerdings können die Arbeitgeber, sind sie an einer stärker leistungs- oder qualifikationsorientierten Einkommensdifferenzierung interessiert, bei der Gestaltung der Effektivlöhne durch übertarifliche Leistungen die gewerkschaftlichen Vorstellungen unterlaufen. Die Effektivverdienste sind daher meist stärker differenziert als die Tarifverdienste, vor allem dann, wenn auch reale Zuwendungen berücksichtigt werden. Die Gewerkschaften sind daher gegen individuelle übertarifliche Zuwendungen, zumal sich diese ihrer Einflußnahme entziehen und ihre Bedeutung einschränken.

Hinsichtlich der horizontalen Lohnstruktur ist eine überraschende Konstanz in der zeitlichen Entwicklung festzustellen[95]. Das scheint einmal dadurch bedingt zu sein, daß es den Gewerkschaften in Branchen größeren Produktivitätsfortschritts eher gelingt, höhere Löhne durchzusetzen. Zugleich wird der Effekt dadurch in Schranken gehalten, daß nach empirischen Untersuchungen[96] in Branchen besonderen Produktivitätsfortschritts die Substitutionselastizität hoch und damit der Ersatz von Arbeit durch Kapital eher möglich ist. (Da hier sicherlich die ex ante Substitutionalität gemeint ist, die sich in der Kapitalintensität der Investitionen äußert, ist es kein Widerspruch zu der Erkenntnis, daß bei fortgeschritteneren Produktionsmethoden die Faktoreinsätze eher als limitational anzusehen sind.) Auf diese Weise würden also die ökonomischen Gesetze den gewerkschaftlichen Einfluß eindämmen.

Auch branchenspezifisch kann es zur Zahlung übertariflicher Löhne kommen, wenn sich Nachfrageunterschiede in verschiedenen Wirtschaftszweigen in unterschiedlicher Arbeitsnachfrage äußern. Solchen Abweichungen von den Tariflöhnen stehen insbesondere die Arbeitgeberverbände kritisch gegenüber. Bei branchenspezifischer Organisation der Gewerkschaften bietet sich diesen die Gelegenheit, eine tarifliche Sicherung der Effektivlohnerhöhung durchzusetzen, was wiederum für andere Gewerkschaften das Signal zu einer Anpassung ihrer Forderungen sein kann.

---

[94] Vgl. Pen, J.: Income Distribution, a. a. O., S. 113.
[95] Vgl. Ebenda, S. 109f.
[96] Vgl. Ebenda, S. 110.

Außer Zielen hinsichtlich der Lohnstruktur, der Lohnhöhe und der Beschäftigung sind Gewerkschaften und Arbeitgeberverbände allerdings international mit unterschiedlichem Gewicht auch Kontrahenten in der Gesellschaftspolitik. Hierbei ist auf ihre Rolle im Zusammenhang mit der Mitbestimmungs- und Vermögensbildungsdebatte in der BRD, aber auch auf ihren Einfluß bei der Gesetzgebung (z. B. der gewerkschaftliche Versuch, in der BRD ein gesetzliches Aussperrungsverbot durchzusetzen) hinzuweisen.

Einige Ansätze der Verhandlungstheorie

Es soll im folgenden davon ausgegangen werden, daß der Lohnsatz in einem bestimmten Spielraum durch Tarifverhandlungen festgelegt werden muß. Wie es dabei zu einer Lösung kommt, versuchte Hicks durch folgende Darstellung (vgl. Abb. 17) zu veranschaulichen[97]. Für alternative, von den Gewerkschaften geforderte Lohnhöhen wägen die Unternehmer ab, ob sie den höheren Lohn zu zahlen bereit sind oder streikbedingte Verluste in Kauf nehmen. Bei höheren Lohnforderungen werden die Arbeitgeber bereit sein, Streikverluste in Kauf zu nehmen. In Abb. 17 läßt sich somit ihr Verhalten durch eine ansteigende Kurve darstellen, die zum Ausdruck bringt, daß die Unternehmer bei höheren Lohnforderungen einen längeren Streik riskieren.

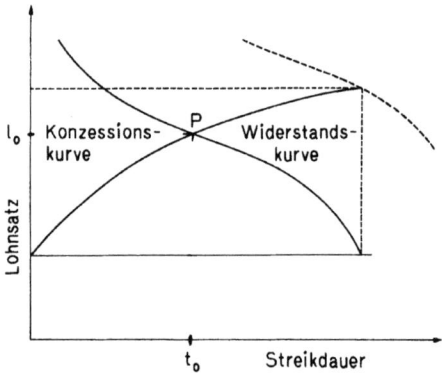

Abb. 17. Konzessions- und Widerstandskurve

Umgekehrt ist die Streikbereitschaft auf Seiten der Arbeitnehmer größer, wenn das Lohnangebot der Verhandlungsgegenseite niedrig ist. Ihr Verhalten kann folglich durch die fallende Kurve in Abb. 17 veranschaulicht werden. Sie wird Widerstandskurve genannt, während die das Unternehmerverhalten repräsentierende als Konzessionskurve bezeichnet wird.

---

[97] Vgl. Fürst, E.: a. a. O., S. 126f.

Nach Hicks gibt nun der Schnittpunkt (P) des Diagramms den Lohn an, den die Gewerkschaften bei bestmöglichem Verhandeln erreichen können. Diese Darstellung dient nur der Veranschaulichung, denn in Wirklichkeit kennen die Verhandlungsseiten ihre gegenseitigen Kurven nicht. Wäre beispielsweise den Gewerkschaften die Konzessionskurve der Unternehmer bekannt, so könnten sie mit einer der in Abb. 17 gestrichelten Widerstandskurve entsprechenden Streikdauer drohen und so den Lohnsatz hinaufdrücken. Entscheidend dafür, welcher Lohn erzielt wird, bleibt also letztlich das Verhandlungsgeschick, das sich vor allem in der richtigen Einschätzung der Konfliktbereitschaft der Gegenseite äußert[98].

Bereits vor Hicks hatte Zeuthen durch Einführung des Konfliktrisikos einen wesentlichen Beitrag zur Weiterentwicklung der Verhandlungstheorie geleistet[99]. Dabei war er davon ausgegangen, daß Verhandlungen schrittweise erfolgen und jede Partei immer von neuem Vor- und Nachteile abwägt. Der Vorteil besteht dabei in der Erreichung eines für die jeweilige Seite günstigen Lohnabschlusses, der Nachteil in der Gefahr eines Konflikts.

Der Lohn, der in der Verhandlung gerade erreicht wurde, sei l_1. Die Gewerkschaft, die bei starrer Arbeitsnachfrage mit dem Lohnsatz zugleich die Lohnsumme maximiert, steht damit vor der Frage, ob sie einen höheren Lohn (l_2) anstreben soll, womit jedoch ein Konfliktrisiko verbunden wäre. Die Nutzeneinschätzung des Lohnes (l_1) durch die Arbeitnehmervertreter sei $A(l_1)$ und entsprechend die des Lohns (l_2) $A(l_2)$. Im Falle des Nichterreichens von l_2 würde sich die Gewerkschaft im Konfliktfalle schlechter stellen als beim Verhandlungsergebnis l_1. Wird der Konfliktnutzen mit A_k bezeichnet, so gilt folglich $A_k < A(l_1)$.

Bei einem Konfliktrisiko (r) sucht die Gewerkschaft so lange ein besseres Ergebnis zu erreichen, als der Erwartungswert des Nutzenzuwachses $(1-r)(A(l_2)-A(l_1))$ den Erwartungswert des konfliktbedingten Nutzenverlustes $r(A(l_1)-A_k)$ übertrifft. Die Differenz der verglichenen Größen kann als erwarteter Nutzenzuwachs verstanden werden, und demzufolge werden die Arbeitnehmervertreter so lange eine Lohnerhöhung verfolgen, als der erwartete Nutzenzuwachs positiv ist. Wenn mit dem Ansteigen des geforderten Lohnes zugleich das Konfliktrisiko zunimmt, stellen die Gewerkschaften so lange Forderungen, bis der Erwartungswert des Nutzenzuwachses Null wird. Aus der Bedingung

$$(1-r)(A(l_2)-A(l_1)) > r(A(l_1)-A_k)$$

ergibt sich durch Gleichsetzen für das maximale Risiko

$$r_{max} = \frac{A(l_2)-A(l_1)}{A(l_2)-A_k}.$$

---

[98] Vgl. Külp, B.: Theorie der Drohung. Köln 1965.
[99] Vgl. Zeuthen, F.: Problems of Monopoly and Economic Warfare. London 1930.

IV. Theorien zur Erklärung der Anteile am Volkseinkommen

Bei entsprechenden Nutzenfunktionen $B(l)$ der Unternehmer und ihrer Bewertung (B_k) des Konfliktfalles läßt sich völlig analog eine Risikoschwelle für die Arbeitgeberseite berechnen. Entsprechend deren Zielsetzung nimmt ihr Konfliktrisiko mit abnehmender Höhe des angebotenen Lohns zu. Zu einer Übereinkunft wird es folglich kommen, wenn beide Parteien eine Situation erreicht haben, in der der Erwartungswert des Zusatznutzens Null ist und notwendigerweise die maximalen Risiken beider Seiten übereinstimmen. Es gilt folglich:

$$\frac{A(l_2)-A(l_1)}{A(l_2)-A_k} = \frac{B(l_2)-B(l_1)}{B(l_2)-B_k}.$$

Dieser Ansatz ist von Pen wesentlich erweitert worden[100]. Er unterscheidet bei den Nutzenfunktionen zwischen den Nutzenvorstellungen der Arbeitnehmer und den sie vertretenden Gewerkschaften. Entsprechendes gilt für die Unternehmerseite. Zugleich beschränkt er seine Nutzenfunktionen nicht ausschließlich auf die Lohnhöhe, deren Erklärung jedoch sein Anliegen ist. Ferner berücksichtigt er, daß die Verhandlungsparteien in ihrem Verhalten wesentlich von der Risikobereitschaft der Gegenseite bestimmt sind. Da sie diese nicht kennen, müssen sie sie schätzen. Als Schätzfunktion einer Seite für das Risiko, das die Gegenseite einzugehen bereit ist, führt Pen die sogenannte Korrespektionsfunktion ein. Gemäß ihrer Schätzfunktion kann nun jede Partei den erreichbaren, in ihren Augen optimalen Abschluß bestimmen. Formal wäre damit das System überbestimmt, da die Schätzungen nur zufällig zu einer Übereinstimmung der Vorstellungen beider Tarifpartner führen würden.

Pen geht indessen im weiteren davon aus, daß die wesentliche Funktion der Verhandlungen darin besteht, die gegenseitigen Vorstellungen aneinander anzupassen. Aus der Analyse dieses Anpassungsprozesses heraus kann Pen das Verhandlungsgeschick einer Partei durch folgende Fähigkeiten charakterisieren[101]:

1. Die Fähigkeit, die Nutzenfunktion des Gegners im eigenen Sinne in der Weise zu beeinflussen, so daß ihr Maximum möglichst nahe an das der eigenen rückt.

2. Die Fähigkeit, die Risikoscheu der Gegenseite zu erhöhen, ihren Konfliktnutzen entsprechend möglichst zu senken.

3. Das Talent, die Korrespektionsfunktion der anderen Parteien so zu beeinflussen, daß die eigene Risikobereitschaft möglichst hoch eingeschätzt wird.

4. Die Standhaftigkeit, selbst all diesen Bestrebungen nach Möglichkeit zu widerstehen.

---

[100] Vgl. Pen, J.: The Wage Rate unter Collective Bargaining. Cambridge/Mass. 1959.
[101] Vgl. Fürst, E.: a. a. O., S. 133.

Es zeigt sich dabei, daß diese Theorie zwar keine Schätzungen und damit keine Angabe konkreter Werte erlaubt, sie gestattet es jedoch, Verhandlungsabläufe begrifflich zu durchdringen, und damit zugleich besser zu verstehen.

Spieltheoretische Ansätze

Bei der spieltheoretischen Analyse der Verhandlungen wird davon ausgegangen, daß die Parteien eine Anzahl verschiedener Strategien haben[102]. Spiele, bei denen sich eine Partei nur verbessern kann, indem sie der Gegenseite einen entsprechenden Verlust zufügt, werden **Nullsummenspiele** genannt.

Wenn bei einem solchen Spiel die Gegner ein sicheres Optimum jeder anderen Situation vorziehen, so werden die Arbeitgeber die Strategie einschlagen, bei welcher der maximal mögliche Lohn der geringste ist, während umgekehrt die Gewerkschaften die Strategie auswählen, bei welcher der im schlechtesten Falle eintretende, minimale Lohn der höchste ist. Die Unternehmerseite wählt also die Strategie mit dem niedrigsten Lohnmaximum und die Gegenseite die mit dem höchsten Lohnminimum. Zielen die beiden Parteien damit auf den gleichen Lohn ab, so ist das **Spiel determiniert**, es hat einen **Sattelpunkt**. In jedem anderen Fall wird eine Seite durch das Ergebnis überrascht werden und ihre Strategie wechseln, es kommt zu **gemischten Strategien**.

Wesentlich realistischer als die Nullsummenspiele sind die **Nicht-Nullsummenspiele**, bei denen der Gewinn der einen Seite nicht zugleich den Verlust der anderen darstellt und es aus diesem Grunde zu Kooperation kommen kann. Die Spieltheorie vermag dann zu erklären, weshalb es in bestimmten Situationen sinnvoll sein kann, den Gegner über die eigene Strategie aufzuklären, und welche Bedeutung dem Schiedsrichter bei der Kooperation zukommt.

6.4. Soziologische Erklärung der Einkommensverteilung

Mit diesem Ansatz der Verteilungstheorie verbinden sich im wesentlichen die Namen der Franzosen Marchal und Lecaillon, weshalb auch von der französischen soziologischen Schule gesprochen wird[103]. Der wichtigste Gesichtspunkt ist, daß sich die Einkommensverteilung aus dem Kampf rivalisierender Gruppen ergibt und daß es daher sinnvoll ist, Gruppen zusammenzufassen, die sich in dieser Auseinandersetzung solidarisieren. Die Verteilung entsteht nach dieser Auffassung

---

[102] Vgl. Fürst. E.: a. a. O., S. 134–144.
[103] Vgl. Ebenda, S. 116 f., sowie: Krelle, W.: Verteilungstheorie, a. a. O., S. 103.

200   IV. Theorien zur Erklärung der Anteile am Volkseinkommen

nicht durch unabhängig von Personen ablaufende ökonomische Zwangsläufigkeiten, sondern durch das aktive Eingreifen aller Gruppen, die auf einen Anteil am Sozialprodukt abzielen. Zu diesen Gruppen zählen auch die Rentner, die ohne in der gleichen Periode einen Beitrag im Produktionsprozeß zu leisten, durch politische Einflußnahme in der Lage sind, eigene Interessen zu vertreten.

Entsprechend ihrem ähnlichen Verhalten im Verteilungskampf werden zehn Gruppen von Einkommensempfängern unterschieden[104]:

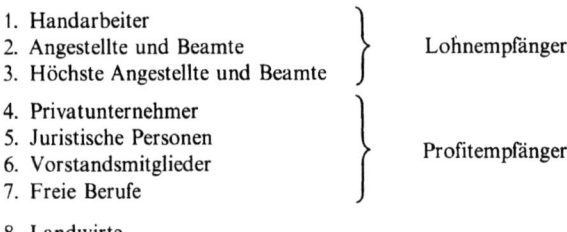

1. Handarbeiter
2. Angestellte und Beamte   Lohnempfänger
3. Höchste Angestellte und Beamte

4. Privatunternehmer
5. Juristische Personen
6. Vorstandsmitglieder   Profitempfänger
7. Freie Berufe

8. Landwirte

9. Banken

10. Transfereinkommensbezieher.

Bei diesem Verständnis der Bestimmungsgründe der Einkommensverteilung kommt selbstverständlich dem Staat entscheidende Bedeutung zu, der sowohl durch Maßnahmen der Ablaufpolitik (z. B. Beschäftigungs-, Verteilungspolitik) als auch der Ordnungspolitik (z. B. Gesellschaftsrecht, Kartellgesetze) in den Verteilungskampf eingreift.

Die Verhaltensweisen der zehn aufgeführten Gruppen in dieser Auseinandersetzung um die Anteile am Sozialprodukt werden aus sozioökonomischen Merkmalen erklärt. Neben der Größe einer Gruppe kommt sicherlich ihrem Altersaufbau eine entscheidende Bedeutung zu, wobei hinsichtlich der Einflußnahme auf die Politiker sicher auch das Wahlalter zu beachten ist. Je nach dem Anteil der Frauen, der Ausbildung und der Stellung im Beruf, die eine Gruppe kennzeichnen, wird nicht nur die Verhaltensweise, sondern unter Umständen auch die Zielsetzung unterschiedlich sein.

„So richtig die Tendenz ist, von einem zu großen Abstraktionsgrad zurück zu den Fakten der sozialen Wirklichkeit zu kommen, so wichtig ein Werk wie dieses als Anregung und Materialsammlung ist, so schwer ist es doch, von dort aus zu einer wirklichen Theorie vorzudringen, die das gesamte Verteilungsphänomen umgreift. Es steht zu hoffen, daß den Autoren in den noch geplanten weiteren Bänden eine solche Theorie gelingt"[105]. Dieser abschließende Kommentar von Krelle hat seine Aktualität noch immer nicht eingebüßt.

---

[104] Vgl. Fürst, E.: a. a. O., S. 116.
[105] Krelle, W.: Verteilungstheorie, a. a. O., S. 103.

6.5. Einkommensverteilung und Inflation

Die Beziehungen von Einkommensverteilung und Inflation werden im allgemeinen unter Berücksichtigung nur einer Verursachungsrichtung behandelt. Einmal wird dabei der Einfluß der Einkommensverteilung auf die Inflation dargestellt oder diese sogar als Äußerung des Verteilungskampfes aufgefaßt. Zum anderen erfolgen Untersuchungen zur Verteilungswirkung der Inflation unter Vorgabe einer Preisentwicklung, die selbst dann nicht zugleich als verteilungsbedingt angesehen wird. Wenn dieser einseitigen Betrachtungsweise hier gefolgt wird, so lediglich aus Vereinfachungsgründen.

Einkommensverteilung als Bestimmungsgrund der Inflation

Unter Inflation soll in diesem Zusammenhang die sogenannte schleichende Inflation verstanden werden, die als mehr oder weniger stetiger Preisanstieg die wirtschaftliche Entwicklung marktwirtschaftlicher Volkswirtschaften nach dem 2. Weltkrieg kennzeichnet. Diese Zeit ist zugleich von der Überzeugung gekennzeichnet, daß eine Anwendung der Keynesschen Lehren eine andauernde Vollbeschäftigung ermöglicht.

Keynes hat die Ursachen für Unterbeschäftigung in einer mangelnden Nachfrage gesehen und entsprechend die Empfehlung gegeben, durch Staatsverschuldung (deficit spending) die zur Vollbeschäftigung erforderliche Nachfrage zu schaffen. Entsprechend soll der Staat im Falle einer Übernachfrage durch Einnahmeüberschüsse dem Markt Kaufkraft entziehen und damit die ‚inflatorische Lücke' abbauen.

Die Praxis zeigt zwar, daß Keynessche Beschäftigungspolitik zumindest auf mittlere Frist Vollbeschäftigung ermöglicht, daß jedoch die entsprechende Antiinflationspolitik an politischen Grenzen scheitert. Soll sie nämlich dämpfend auf die Nachfrage wirken, so muß sie sich auch auf Einkommen mit hoher Konsumneigung, also auch auf untere Einkommen, beziehen. Politisch sind aber Steuererhöhungen oder Ausgabenkürzungen nicht durchsetzbar, zumal sie in der Hochkonjunktur dem Wähler auch schwer verständlich zu machen sind[106].

Die Gewöhnung an staatliche Leistungen und die Wahlgeschenke um die Stimmenzahl werbender Politiker bedingen also einen fortwährenden Druck in Richtung höherer staatlicher Leistungen. Da die zur Finanzierung notwendigen Steuererhöhungen aus gleichem Grunde ausbleiben oder dauernd hinterherhinken, tritt an die Stelle staatlicher Übernachfrage kein privater Konsumverzicht, die Inflation der Ansprüche führt somit zur **Nachfrageinflation.** Sie stellt demnach einen dauernden Anpassungsvorgang im Sinne von Kaldors Verteilungstheorie

---
[106] Vgl. Streissler, E.: Die schleichende Inflation als Phänomen der politischen Ökonomie, Basler wirtschaftswissenschaftliche Vorträge 8, S. 45 f. Zürich 1973.

dar. Da der Konsumverzicht der privaten Haushalte und des Staates nicht mit den Investitionsvorhaben in Einklang steht, wird er durch Preiserhöhungen erzwungen, die zu höheren Gewinnen und damit höherer Ersparnis führen.

Keynes selbst hat den Einfluß der Übernachfrage auf das Preisniveau nicht als direktes Einwirken betrachtet. Bei vorherrschend oligopolistisch strukturierten Märkten nimmt er zunächst weitgehende Preisstarrheit an. Die Übernachfrage äußert sich in einem dauernden Versuch, den Absatz zu erhöhen und einer damit dauernden Übernachfrage nach Arbeitskräften. Die dadurch bedingten Lohnsteigerungen erst sollen über die Kosten die Anbieter am Markt zu gemeinsamen Preiserhöhungen zwingen.

Mit dieser Erklärung stellt sich zugleich die Frage, ob die Ursache der andauernden Inflation nicht in der Kostenentwicklung zu suchen sei. Bei der Auseinandersetzung zwischen den Verfechtern der Begründung als **Nachfrage-** oder als **Kosteninflation** wird der Differenz zwischen den Effektiv- und Tariflöhnen (wage gap) große Beachtung geschenkt.

Eine Nachfrageinflation sollte sich nach der Keynesschen Erklärung in einer Übernachfrage nach Arbeitskräften und damit in einer ‚wage drift', einer Zunahme der Spanne, zwischen Effektiv- und Tariflöhnen äußern. Der wichtigen Rolle der Gewerkschaften bei Lohnverhandlungen entsprechend müßte sich eine Kosteninflation, zumeist als Lohnkosteninflation verstanden, in einem vermehrten Anstieg der Tariflöhne niederschlagen. Eine solche Begründung erfordert zugleich jedoch eine Theorie des ‚wage gap', um andere Einflüsse ausschließen zu können.

In Wirklichkeit spricht vieles dafür, daß die schleichende Inflation gleichermaßen kosten- und nachfrageinduziert ist. Besondere Bedeutung kommt in diesem Zusammenhang der ‚Phillips-Kurve' und ihren Weiterentwicklungen zu[107].

Inflation als Äußerung des Verteilungskampfes

Als „Phillips-Kurve" wird eine zum Ursprung hin konvex fallende, die Abszisse schneidende Kurve verstanden, die sich ergibt, wenn auf der Ordinate die Wachstumsrate der Nominallöhne und auf der Abszisse die Zahl der Arbeitslosen abgetragen werden. Der Schnittpunkt mit der x-Achse kennzeichnet dann die Rate der Arbeitslosigkeit, bei der keine Lohnerhöhungen mehr erfolgen.

Die fallende Kurve stellt keinen Widerspruch zur klassischen Annahme dar, daß hohe Löhne zugleich hohe Arbeitslosigkeit bedeuten, sondern kann durch diesen Zusammenhang sogar erläutert werden. Bei hohem Lohn und damit niedrigerer Beschäftigung sind die Gewerkschaften mit ihren Lohnforderungen zurückhaltend, und versuchen somit nur niedrige Zuwachsraten durchzusetzen.

---

[107] Vgl. Ramser, H. J.: Die Phillips-Kurve und ihre wirtschaftspolitische Bedeutung, Wist, Heft 4, S. 164—169 (1975), sowie: Löhne, Preise, Beschäftigung (Hrsg. Nowotny, E.), Frankfurt 1974.

Einkommensverteilung und Inflation 203

Für die Phillips-Kurve gibt es mehrere Begründungen, deren plausibelste die des bargaining-Prozesses ist, die oben angesprochen wurde. Unter der Annahme einer Preisbestimmungsgleichung, die sich gemäß den Monopolgradtheorien als Zuschlag auf die Lohnkosten darstellen läßt, zeigt sich der Zusammenhang der modifizierten Phillipskurve, bei der an Stelle der Lohnzuwachsraten die Inflationsraten treten. Diese Darstellung wird oft zur exemplarischen Erläuterung eines Zielkonflikts zwischen den Zielen Vollbeschäftigung und Preisniveaustabilität angeführt. Dabei wird jedoch unterstellt, daß sich die Kurve im Zeitablauf nicht ändert, ihre Parameter also stabil sind, was nur dann realistisch wäre, wenn die Verantwortlichkeit und damit die Zielsetzung hinsichtlich Löhnen, Preisen und Beschäftigung bei den Tarifpartnern sich nicht ändern.

Indem jedoch das Keynessche Instrumentarium Vollbeschäftigungspolitik ermöglichte, übernahm der Staat zunehmend die Verantwortung für dieses Ziel, und es änderten sich damit die Verhaltensweisen der Tarifpartner.

Die These, daß in dem Schwinden des Arbeitsplatzrisikos eine entscheidende Ursache der schleichenden Inflation zu sehen ist, daß diese somit aus erfolgreicher Keynesscher Beschäftigungspolitik resultiert, wird von Streissler vertreten und empirisch belegt[108]. Aus den empirischen Untersuchungen geht hervor, daß bei zunehmenden Konjunkturschwankungen und somit eindrücklicherem Arbeitsplatzrisiko geringere Inflationsraten auftraten als bei gleichbleibender Konjunktur. In der schleichenden Inflation äußert sich nach Streisslers Ansicht „eine Verlagerung von sozialökonomischer Kooperation auf sozialökonomischen Kampf"[109]. Antiinflationspolitik kann nicht in einer kurzfristigen Wirtschaftspolitik, sondern nur im Rahmen einer langfristig angelegten Gesellschaftspolitik zum Erfolg führen. Eine freiwillige ‚Einkommenspolitik' in Gestalt von Absprachen über die Einkommensverteilung zwischen den Sozialpartnern sieht er nicht als ‚Eingriff' in den Markt an. „Das sind nur Absprachen, die gesellschaftliche Erfindung des Marktes nicht für gesellschaftspolitische Kämpfe zu mißbrauchen; Absprachen, den Markt auf die unvorhersehbare **individuelle** (im Text kursiv) Einkommensordnung zu beschränken, nicht jedoch durch gruppenstrategische Beutezüge zu gefährden"[110].

Inflation bei produktivitätsorientierter Lohnpolitik

Den Vorwurf, durch Lohnkostensteigerungen Inflation zu verursachen, versuchten die Gewerkschaften durch die Konzeption der sogenannten produktivitätsorientierten Lohnpolitik zu entkräften (siehe auch Kap. III, Abschnitt 2.1.). Bei Orientierung der Lohnforderungen an den Produktivitätsfortschritten sollte bei gleichbleibender Verteilung kein kostenbedingter Preisauftrieb entstehen. Die Argumentation ist

---

[108] Vgl. Streissler, E.: Die schleichende Inflation als Phänomen der politischen Ökonomie, a.a.O., S. 3—49.
[109] Ebenda, S. 48.
[110] Ebenda, S. 49.

anhand gesamtwirtschaftlicher Durchschnittsgrößen schlüssig, trifft aber bei Berücksichtigung der Streuung von Produktivitätsfortschritten und zugleich nach unten starren, also nicht sinkenden Preisen, nicht mehr zu.

In Branchen überdurchschnittlicher Produktivitätsfortschritte müßten an der durchschnittlichen Produktivitätsänderung orientierte Lohnerhöhungen zu sinkenden Preisen führen, wenn sich die Gewinne in diesen Wirtschaftszweigen nicht überdurchschnittlich entwickeln sollen. Die Preise sind jedoch nach unten weitgehend starr. Zugleich zwingen aber am gesamtwirtschaftlichen Durchschnitt ausgerichtete Lohnerhöhungen in Branchen mit unterdurchschnittlichem Produktivitätsfortschritt zu Preiserhöhungen. Inflation hat demzufolge bei produktivitätsorientierter Lohnpolitik, die einer Absprache gleichkommt, die derzeitige Verteilung zu belassen, infolge der Streuung des Produktivitätsfortschritts ihre Ursache in nach unten starren Preisen.

Verteilungswirkungen der Inflation

Daß bei fortwährender Geldentwertung **konstante Nominaleinkommen** sinkende Realeinkommen darstellen, ist offensichtlich. Mit der Gewöhnung an die schleichende Inflation ist es in weiten Bereichen zu institutionellen Absicherungen der Realeinkommen und Anpassungsautomatismen gekommen. Dort allerdings, wo der politische Einfluß nicht zu solchen Absicherungen führt und dauerndes Erkämpfen von Anpassungen erforderlich ist (z. B. bei den Kriegsopfern in der BRD), ermöglicht die Inflation die dauernde Benachteiligung von Randgruppen, ohne aber letzte Ursache zu sein.

Bei regelmäßiger Anpassung der Nominaleinkommen an die Preisentwicklung kommt es somit aufgrund der zeitlichen Abstände zwischen den Anpassungszeitpunkten lediglich zu Schwankungen des Realeinkommens in Form eines Absinkens von einer Neufestsetzung bis zur nächsten.

Eine weitere These ist die sogenannte **Wage-lag**-Hypothese, die eine dauernde Benachteiligung der Arbeitnehmer im Vergleich zu den Unternehmern darin sieht, daß sie im Gegensatz zu letzteren sich nicht so rasch Preisentwicklungen anpassen können. Auch hierfür gilt das oben Gesagte, und es wundert nicht, daß diese Hypothese bislang statistisch nicht erhärtet werden konnte.

Schließlich wird mit der **Gläubiger-Schuldner-Hypothese** die Ansicht vertreten, daß die Inflation eine dauernde Benachteiligung der Gläubiger durch andauernde Wertminderung der Nominalvermögen bedeute. Es wird unterstellt, daß die Wertminderung nicht in den Zinsen berücksichtigt ist. Die Zinsentwicklung muß folglich bei einer Beurteilung dieser Frage beachtet werden.

Hinsichtlich des Staatsanteils wird behauptet, daß andauernde Inflation bei steigenden Einkommen durch die progressive Einkommensbesteuerung zu einer **Vergrößerung des Staatsanteils** führt. Dabei muß bedacht werden, daß der Kostenpreisindex der Staatsausgaben weitgehend durch die Gehaltsentwicklung bedingt überproportional steigt, so daß aus einem Ansteigen des nominellen Staatsanteils nicht unbedingt auf ein Gleiches für den realen Anteil geschlossen werden kann.

7. Verteilungstheorie der Sozialisten und Marxisten

7.1. Vorläufer

Der Ursprung von Ideen einer kommunistischen Gesellschaft geht weit in die Geschichte zurück. Die Betonung der Gleichheit als Norm unter freien Bürgern findet sich bereits in der Antike, wobei mit überraschender Selbstverständlichkeit die Sklaven nicht in die Überlegungen einbezogen wurden. Die Idee der Brüderlichkeit im Urchristentum fand ihre Fortsetzung in zahlreichen religiös-kommunistischen Bewegungen des Mittelalters. Schon im 12. Jahrhundert findet sich im „Decretum Gratiani" die Formulierung des Grundsatzes vom „Gemeineigentum aller an allem"[111]. Die literarische Gattung der Utopie erhielt ihren Namen von More's Werk „Utopia", in dem er zu Beginn des 16. Jahrhunderts, in Anlehnung an Plato eine auf Gemeineigentum aufgebaute Gesellschaft schilderte und seine Ideen als Reformprogramm für England verstand.

Rund ein Jahrhundert später zeigte Campanella in seinem Werk „Sonnenstaat", wie nach dem Vorbild des Platonischen Staates der menschliche Egoismus durch ein katholisches und sozialistisches Gemeinwesen zu überwinden sei.

Auch andere zahlreiche sozialistische Ideen mit feudalem, kleinbürgerlichem oder nationalem Anstrich können nicht als Vorläufer von Marx angesehen werden. Als die geistigen Väter des wissenschaftlichen Sozialismus sind drei Schulen zu nennen.

1. Der utopische Sozialismus, mit dem sich die Namen Saint-Simon, Fourier und Owen verbinden.

2. Die deutsche klassische Philosophie von Hegel und Feuerbach.

3. Die klassische politische Ökonomie von Smith, Ricardo und Malthus.

Auf zwei Sozialisten, nämlich Lassalle und Rodbertus, beide Zeitgenossen von Marx, wurde hinsichtlich ihrer stark von Ricardo beeinflußten verteilungstheoretischen Ideen schon bei der Besprechung der Machttheorien eingegangen.

7.2. Verteilungstheorie von Marx

Bereits im einleitenden Kapitel wurde auf die Besonderheit der Marxschen Methode eingegangen, die in der Produktionsweise im weiteren Sinne die zentrale Ursache aller ökonomischen und darüber hinaus aller gesellschaftlicher Phänomene sieht. Marx kommt in seinen Studien zum Ergebnis, „daß Rechtsverhältnisse wie Staats-

---

[111] Salin, E.: a.a.O., S. 94 ff.

formen weder aus sich selbst zu begreifen sind, noch aus der sogenannten allgemeinen Entwicklung des menschlichen Geistes, sondern vielmehr in den materiellen Lebensverhältnissen wurzeln"[112]. Marx hat in seinem Lehrgebäude keine gesonderte Verteilungstheorie entwickelt. Er lehnt sich hinsichtlich seiner Lohntheorie stark an Ricardo an, geht jedoch der zentralen Rolle des Privateigentums an den Produktionsmitteln entsprechend, im Gegensatz zur Klassik, zum Zweiklassenmodell über. Grund- und Kapitalbesitzer werden als Besitzende zur Klasse der Kapitalisten zusammengefaßt.

Gemäß den Zwangsläufigkeiten, die Marx in den Bewegungsgesetzen der modernen Gesellschaft sieht, ist die Einkommensverteilung zwar systembedingt, aber nicht reformierbar. Seine Auseinandersetzung mit dem Verteilungsproblem ist somit in der Zielsetzung völlig unterschiedlich von den Intentionen Lassalles oder Rodbertus'. „Sprachen die Sozialreformer ein moralisches Urteil aus, so fragt Marx nach den immanenten Gesetzen, die in der Produktionsweise selbst begründet sind. Was für jene ein heilbarer Mißstand der Gesellschaft, ist für Marx ihr eigentlicher Zustand. Wollen die Reformer Einrichtungen der Gesellschaft ändern, so Marx die Gesellschaft als ganze."[113]

Ursprung des Mehrwerts

In der wirtschaftlichen Entwicklung menschlicher Gesellschaften kommt es dazu, daß zu einem Zeitpunkt mehr produziert wird, als der Lebensunterhalt erfordert. Aus dem Austausch individuell erzeugter Überschüsse entwickelt sich mit zunehmender Arbeitsteilung die Berufe. Dieser Zustand der **einfachen Warenproduktion** ist dadurch charakterisiert, daß dem mit den eigenen Produktionsmitteln arbeitenden Produzenten der gesamte Erlös als Einkommen zufällt.

In der weiteren Entwicklung kommt es danach zur Trennung der Produktionsmittel von den Produzierenden. Politische Gegebenheiten behalten das Privateigentum an den Produktionsmitteln den Besitzenden vor, und diese kaufen Arbeit zur Unterhaltung der Produktion. Die Arbeit wird zur Ware, und dem allgemeinen Wertgesetz der Arbeitswertlehre entsprechend, wie jede andere Ware bezahlt, und zwar mit den Kosten des zur Reproduktion der Arbeitskraft erforderlichen existenzminimalen Lohns. Der Überschuß der Produktion fällt damit als **Mehrwert** den Besitzenden zu.

Marx hat dabei die Bedeutung eines gesellschaftlichen Wertüberschusses für das wirschaftliche Wachstum klar erkannt. Er wendet sich daher gegen die beispielsweise von Lassalle geforderte Norm des Rechts auf den vollen Arbeitsertrag[114].

---

[112] Marx, K.: Zur Kritik der politischen Ökonomie, Marx Engels Werke, Bd. 13, S. 8. Berlin 1972.
[113] Hoffmann, W.: Einkommenstheorie, S. 126. Berlin 1971.
[114] Vgl. Marx, K.: Kritik des Gothaer Programms, Marx Engels Werke, Bd. 19, S. 18ff. Berlin 1962.

Wert der Arbeitskraft

Marx polemisiert gegen die seines Erachtens fehlende Unterscheidung der klassischen Arbeitswertlehre zwischen dem Wert der von einem Arbeiter produzierten Waren und dem Wert der Arbeitskraft selbst, der durch die Reproduktionskosten des Arbeiters gemessen wird. Die Differenz zwischen beiden ist der Mehrwert, der aufgrund der Eigentumsordnung den Kapitalisten zufällt. Wichtig ist dabei, daß Marx das Existenzminimum nicht als physisch auffaßt, sondern in diesen absoluten Lebensnotwendigkeiten auch „ein historisches und moralisches Element"[115] erkennt.

Bestimmungsgründe der Verteilung

Marx unterteilt die Arbeitszeit des Arbeiters in notwendige Arbeit, die ausreichen würde, um ihm das Existenzminimum zu sichern, und deren Wert er konsumiert, und Mehrarbeit, in der der dem Mehrwert zufließende Überschuß produziert wird. Das Verhältnis des Mehrwerts (m) zu der der notwendigen Arbeit entsprechenden Lohnsumme (v — variables Kapital) nennt Marx die Mehrwertrate. Mit diesem Verhältnis (m/v) aus Profit- und Lohnsumme kennzeichnet er die ‚Ausbeutung' bzw. die Verteilung.

Die Kapitalisten werden in gegenseitiger Konkurrenz zur Erhöhung der Mehrwertrate gezwungen. Die durch m/v charakterisierte Verteilung kann auf zwei Weisen zugunsten der Unternehmer geändert werden: Einmal geschieht das durch Erhöhung des absoluten Mehrwerts, also bei gleichem v durch Verlängerung der Arbeitszeit. Dieser Prozeß führt in der Frühphase des Kapitalismus zur Verelendung der Arbeitenden und wird schließlich durch gesetzliche Regelungen beschränkt. Zum anderen ist das durch eine Erhöhung des relativen Mehrwerts möglich, die nur mittels einer Senkung von v erfolgen kann.

Im Gegensatz zur Steigerung von m, bei der die Mehrwertrate durch einzelwirtschaftliche Aktionen des Unternehmers erhöht werden konnte, muß eine Senkung der Lohnkosten durch eine Senkung der Preise für lebensnotwendige Güter auf gesamtwirtschaftlicher Ebene erfolgen. Diese Entwicklung erklärt Marx durch den Konkurrenzmechanismus. Der einzelne Produzent versucht, durch Produktivitätsfortschritt seinen Mehrwert zu steigern. Die Ausnutzung des technischen Fortschritts mittels Absatzerweiterung führt bei durch die Bevölkerung vorgegebener Nachfrage nach lebensnotwendigen Gütern zu wechselseitiger Preisunterbietung[116]. „Wenn ein einzelner Kapitalist durch Steigerung der Produktivkraft der Arbeit z. B. Hemden verwohlfeilert, schwebt ihm keineswegs notwendig der

---

[115] Marx, K.: Kapital, Bd. 1, 4. Auflage, S. 185. Hamburg 1890.
[116] Beispiele für Preissenkungen lebensnotwendiger Güter zeigt: Mandel, E.: Marxistische Wirtschaftstheorie, S. 143. Frankfurt 1968.

Zweck vor, den Wert der Arbeitskraft und daher die notwendige Arbeitszeit pro tanto zu senken, aber nur soweit er schließlich zu diesem Resultat beiträgt, trägt er bei zur Erhöhung der allgemeinen Rate des Mehrwerts"[117]. Aufgrund dauernder Produktivitätsfortschritte muß auch die Nachfrage entsprechend steigen, sollen nicht Teile des Kapitals brachliegen. Marx prognostiziert daher die ‚Produktion' von Bedürfnissen. Jeder Kapitalist möchte, daß seine Arbeiter Lohnverzicht üben, „aber nur seine, weil sie ihm als Arbeiter gegenüberstehn; beileibe nicht die übrige Welt der Arbeiter, denn sie stehn ihm als Konsumenten gegenüber. In spite aller ‚frommen' Redensarten sucht er daher alle Mittel auf, um sie zum Konsum anzuspornen, neue Reize seinen Waren zu geben, neue Bedürfnisse ihnen anzuschwatzen etc."[118]

Aspekte der langfristigen Verteilungsentwicklung

Bezüglich der langfristigen Entwicklung formuliert **Marx** vier Haupttheorien:

1. Die Konzentrationstheorie, die die Akkumulation des Mehrwerts in wenigen Händen beschreibt.

2. Die Verelendungstheorie, mit der Marx die Verelendung zumindest eines Teils des Proletariats voraussagt.

3. Die Krisentheorie, in der aus einem Ungleichgewicht der Kapitalakkumulation Investitionszyklen mit zunehmenden Amplituden begründet werden.

4. Die Zusammenbruchstheorie, in der Marx den zwangsläufigen Zusammenbruch des politisch-ökonomischen Systems folgert.

Er unterstellt hinsichtlich der langfristigen Entwicklung ein dauerndes Ansteigen der ‚organischen Zusammensetzung des Kapitals' c/v. v stellt dabei die Lohnsumme dar, während c das ‚konstante Kapital', den auf dieselbe Periode bezogenen Produktionsmittelverbrauch kennzeichnet[119].

Der Übergang zu immer ‚kapitalintensiveren' Fertigungsmethoden führt dabei zur Freisetzung von Arbeitskräften. Diese ‚industrielle Reservearmee' schwankt zwar im Konjunkturzyklus, nimmt jedoch langfristig zu. Der Lohn, der im wesentlichen vom Verhältnis der aktiven Arbeiter zur Reservearmee abhängt, sinkt mit steigender Arbeitslosigkeit. Es kommt zur Verelendung. Im Gegensatz zu Malthus

---

[117] Marx, K.: Kapital, Bd. 1, a.a.O., S. 335.

[118] Marx, K.: Grundrisse der Kritik der Politischen Ökonomie; Nachdruck der Moskauer Ausgabe von 1939 und 1941, S. 198. Frankfurt, o. J.

[119] Eine Zunahme der organischen Zusammensetzung des Kapitals wird oft als eine der Kapitalintensität betrachtet. Dabei ist jedoch zu beachten, daß die Kapitalintensität der Quotient aus der Bestandgröße Kapital und der Strömungsgröße der Arbeit ist, während die organische Zusammensetzung des Kapitals ausschließlich durch Strömungsgrößen definiert ist.

sieht Marx also nicht die biologische Bevölkerungsentwicklung als Ursache für den Existenzminimumlohn an. Parallel zur Verelendung erfolgt die zunehmende Akkumulation, die Verwertungsmöglichkeiten des Kapitals sinken und damit die Profitrate $m/(c+v)$. Dieser Fall der Profitrate folgt zwingend aus der Annahme einer bestimmten Mehrwertrate m/v und der Unterstellung einer zunehmenden organischen Zusammensetzung des Kapitals c/v. Eine gesonderte Theorie für die Entwicklung der Profitrate $m/(c+v)$ ist unter diesen Annahmen nicht möglich.

Mit zunehmender Akkumulation, fallender Profitrate und schärferer Konkurrenz zwischen den Kapitalisten kommt es zu verstärkter Konzentration größeren Kapitals in immer weniger Händen.

Der Akkumulationsprozeß steigert die Produktivität, und zugleich drosselt wachsende Verelendung die Nachfrage, was gezwungenermaßen immer größere Krisen verursacht. Führen letztere nicht unmittelbar zum Zusammenbruch, so bedingen sie weitere Konzentration und weitere Verelendung. Der Widerspruch zwischen zunehmendem Reichtum und zunehmender Verelendung hat schließlich zwangsläufig den Zusammenbruch des Systems zur Folge.

Kritik

Eine grundlegende Aussage der Marxschen Lehre ist die Existenzminimumtheorie des Lohnes. Die Definition dieses Existenzminimums als einer von historischen und moralischen Einflüssen abhängigen Größe macht die Marxsche Aussage unwiderlegbar und läßt sie damit zur **Tautologie** werden.

Im Vergleich zu den Machttheorien ist der Marxsche Ansatz insofern aussagefähiger, als er als einzige und konkrete Ursache der Machtverteilung die Eigentumsordnung nennt. Es gelingt ihm jedoch nicht, eine bestimmte Mehrwertrate und damit die Verteilung zu erklären. Die Mehrwertrate wird ebenso als machtbedingtes Datum angesehen und erläutert, wie es Preiser mit dem strukturellen Monopolgrad tut.

Damit reduziert sich der Beitrag von Marx für die Verteilungstheorie auf die rein qualitative Aussage, die Eigentumsordnung sei die einzige Ursache der bestehenden Verteilung, was allerdings anzuzweifeln ist. Der Marxsche Ansatz ist demnach ähnlich einseitig und eindeutig determiniert wie die Grenzproduktivitätstheorie.

Hinsichtlich der langfristigen Entwicklung ist insbesondere die Zwangsläufigkeit der Freisetzung von Arbeitskräften durch technischen Fortschritt in Frage zu stellen. Aber auch andere langfristige Entwicklungen scheinen den Vorstellungen von Marx zu widersprechen. Die Weiterentwicklung seiner Lehre durch die Marxisten diente daher zu einem beachtlichen Teil dem Zweck, langfristige Entwicklungen in der Weise umzuinterpretieren, oder den ursprünglichen Ansatz so zu ergänzen, daß Falsifizierungen vermieden wurden. Dies ändert indessen nichts an der Tatsache, daß noch keine kommunistische Gesellschaft auf die von Marx vorhergesagte Weise entstanden ist.

210   IV. Theorien zur Erklärung der Anteile am Volkseinkommen

7.3. Weiterentwicklung durch die Marxisten

In der Verbesserung der Lage der Arbeiter zum Ende des 19. Jahrhunderts sah Rosa Luxemburg einen Widerspruch zu den Vorhersagen von Marx. Sie ergänzte daher diese durch eine **Imperialismustheorie**. Die Steigerung des Exports kapitalistischer Länder in nicht kapitalistische erlaubt eine Milderung der Klassengegensätze in ersteren zu Lasten der letzteren. An die Stelle der Ausbeutung der Arbeiter im Inland tritt damit die Ausbeutung der Kolonien. Erst mit der vollkommenen Durchdringung der Welt durch das kapitalistische System tritt die von Marx vorhergesagte Entwicklung ein[120].

Lenin verfocht dieselbe Theorie und deutete den steigenden Lebensstandard der Arbeiter in den entwickelten Ländern als Bildung einer ‚Arbeiteraristokratie' im Vergleich zu den ausgebeuteten Arbeitern in den Entwicklungsländern. Auch in diesem Prozeß zunehmender Ungleichheit stellt sich zwangsläufig ein Zusammenbruch ein.

7.4. Vorstellungen über die Verteilung in kommunistischen Ländern

Marx hat beinahe ausschließlich die zu seiner Zeit in Europa vorherrschende ‚Produktionsweise' untersucht und nur wenig über die Verteilung, wie er sie für eine sozialistische bzw. kommunistische Gesellschaft sah, ausgesagt. Bemerkungen hierzu finden sich im wesentlichen in der ‚Kritik des Gothaer Programms'.

Marx

Folgende Thesen zum Verteilungsproblem sind bei Marx zu finden:

1. Es ist eine Notwendigkeit für eine Gesellschaft, nicht nur zu produzieren, sondern auch die Produktion zu erweitern. Folglich muß Mehrarbeit geleistet werden, um eine Ausdehnung der Produktion zu ermöglichen. Eine Entlohnung mit dem vollen Arbeitsertrag ist daher nicht denkbar. Das Gesamtprodukt wird wie folgt aufgeteilt: a) Sicherung und Erweiterung der Reproduktion, b) gesellschaftlicher Konsum, c) privater Konsum[121].

2. „Was aber die Verteilung der letzteren (der Güter für den privaten Konsum, der Verf.) unter die einzelnen Produzenten (Arbeiter, der Verf.) betrifft, herrscht

---

[120] Vgl. Krelle, W.: Verteilungstheorie. a.a.O., S. 33.
[121] Vgl. Marx, K.: Kritik des Gothaer Programms, a.a.O., S. 14f. und S. 18ff.

dasselbe Prinzip wie beim Austausch von Warenäquivalenten, es wird gleichviel Arbeit in einer Form gegen gleichviel Arbeit in einer anderen umgetauscht."[122] Privat verfügbare Einkommen sollen also proportional zum Arbeitswert entstehen.

3. Nach Aufhebung der kapitalistischen Produktionsweise bleibt diese Zuteilung nach dem Wertgesetz vorherrschend. In der Übergangsphase zum Kommunismus kommt damit dem Staat die wichtige Rolle zu, „die Regelung der Arbeitszeit und die Verteilung der gesellschaftlichen Arbeit unter die verschiedenen Produktionsgruppen, endlich die Buchhaltung hierüber"[123] zu übernehmen. Diese Aufgabe wird erst in der Endphase, in der ohne Zwang eine Verteilung nach den Bedürfnissen möglich ist, hinfällig.

Lenin

Lenin hat die Vorstellungen von Marx über die Übergangs- und Reifephase im wesentlichen übernommen[124]. In der Übergangsphase, dem Sozialismus, wird der alte Staat zerstört und durch einen neuen, der auf der Diktatur des Proletariats aufbaut, ersetzt. Der proletarische Staat ist gezwungen, „Arbeiter, Aufseher und Buchhalter"[125] einzustellen, denn das Bewußtsein der Menschen, unabhängig von Zwang und Bezahlung in der gesellschaftlichen Produktion das Beste zu geben, ist noch nicht entwickelt. Strengste Kontrolle von Gesellschaft und Staat über das Maß von Arbeit und privatem Verbrauch ist daher bis zum Eintritt in die höhere Phase erforderlich[126]. Dabei hatte Lenin zunächst die Vorstellung, die ganze Gesellschaft werde „ein Bureau und eine Fabrik mit gleicher Arbeit und gleichem Lohn sein"[127], gab diese aber später unter Betonung der Bedeutung des materiellen Interesses der Werktätigen auf.

Für den Sieg des Sozialismus maß Lenin der Steigerung der Arbeitsproduktivität entscheidende Bedeutung bei, die indessen Leistungsanreize erforderlich macht.

Stalin

Stalin hat die Versuche der Mengenplanung, die unter Lenin im Vordergrund standen, aufgegeben und durch ein Preissystem ersetzt. Dabei wurde ein Tarifsystem der Entlohnung entwickelt, das im grundsätzlichen noch heute Bedeutung in der Sowjetunion hat. Zugleich wurde aber versucht, die Bedeutung der materiellen

---

[122] Vgl. Marx, K.: Kritik des Gothaer Programms, a. a. O., S. 16.
[123] Marx, K.: Das Kapital, Band 3. S. 907. Wien—Berlin 1932.
[124] Vgl. Lenin, W. I.: Staat und Revolution. Wien—Berlin 1929.
[125] Ebenda, S. 49.
[126] Ebenda, S. 95.
[127] Ebenda, S. 99.

212   IV. Theorien zur Erklärung der Anteile am Volkseinkommen

Anreize abzubauen durch die Gründung der ‚Stoßbrigaden' und der ‚Stachanovbewegung'[128].

Weiterentwicklung nach Stalin

Die verteilungstheoretisch relevante Diskussion in der Nachstalinära war beherrscht von theoretischen Rechtfertigungsversuchen, nachdem die Bedeutung der ökonomischen Stimulierung durch Gewinnbeteiligung und Kredite für Betriebe und die der materiellen Stimulierung der Arbeiter durch Leistungslohn und Beteiligung am Betriebsergebnis erkannt worden war. Der Diskussion folgte die Wirtschaftsreform von 1965 unter dem Motto: „Was der Gesellschaft nützt, muß auch für den Betrieb und für den einzelnen Werktätigen vorteilhaft sein"[129].

Prinzipien der Lohnbestimmung

Die Entwicklung des Akkumulationsfonds und des Konsumfonds wird auf gesamtwirtschaftlicher Ebene geplant. Mit dem Konsumtionsfonds ist jedoch nicht zugleich die Lohnsumme, der Lohnfonds, bestimmt. Dabei müssen auch die Vergünstigungen des Staates und der Betriebe für soziale Leistungen berücksichtigt werden. Ausgaben für Gesundheits- und Erziehungswesen, Sozialversicherung und Stipendien machen heute bereits rund $\frac{1}{3}$ des Realeinkommens der Beschäftigten aus. Die Tendenz besteht darin, diesen Teil schneller steigen zu lassen als die Löhne, so daß dadurch die Entwicklung zu einer leistungsunabhängigeren Entlohnung erfolgt. Zielgröße nach dem Programm der KPdSU von 1961 für das Jahr 1980 ist ein Anteil von 50 %. Ist danach die Summe für den privaten Konsum gegeben, so kann die Lohnsumme der Lohnfonds geplant werden.

Dabei werden für die Lohnbestimmung folgende Prinzipien berücksichtigt:

1. Der Durchschnittslohn soll nicht kleiner sein als der reale Durchschnittslohn der Vorperiode.

2. Die Wachstumsrate des durchschnittlichen Reallohns orientiert sich an der des Produktivitätsfortschritts und soll im allgemeinen nicht größer sein.

3. Die Differenz zwischen dem minimalen und dem maximalen Lohn soll nach Möglichkeit verringert werden[130].

---

[128] Vgl. Hirsch, H.: Mengenplanung und Preisplanung in der Sowjetunion, S. 21 f. Basel—Tübingen 1957.

[129] Liberman, J.: Plan, Stimuli, Initiative, Die Wirtschaftsreform in der UdSSR, S. 27. Moskau o. J.

[130] Vgl. Becker, R.: Sowjetunion Wirtschaft, Osteuropa Handbuch, S. 422. Köln—Graz 1965.

Die Planung des Durchschnittslohns gemäß diesen Richtlinien muß also simultan mit der des Akkumulationsfonds und der des Fonds für den privaten Konsum erfolgen.

Bei der Planung der Lohnstruktur wird zunächst von der Arbeitszeit ausgegangen. Diese effektive Arbeitszeit wird danach mittels Koeffizienten bereinigt, die die Intensität, die Schwierigkeit, die Gesundheitsschädigung, den Einfluß der Arbeit auf die Dauer der Arbeitsfähigkeit, saisonale Unterbeschäftigung, soziale und kulturelle Einbußen berücksichtigen[131].

Durch diese Multiplikation der effektiven Arbeitszeit mit den Koeffizienten wird dann ein Tarifsystem gefunden, welches eine personelle Einkommensverteilung ergibt, die sich nicht wesentlich von der der Unselbständigen in westlichen Ländern unterscheidet.

Literatur zu Kapitel IV

Bombach, Gottfried: Die verschiedenen Ansätze der Verteilungstheorie. In: Einkommensverteilung und technischer Fortschritt, Schriften des Vereins für Socialpolitik, N. F., Bd. 17 (Hrsg. Schneider, E.), S. 96—155. Berlin 1959.
Bronfenbrenner, Martin: Income Distribution Theory. Chicago—New York 1971.
Davidson, Paul: Theories of Aggregate Income Distribution. New Brunswick 1960.
Ferguson, Charles E.: Theories of Distribution and Relative Shares. Jahrbücher für Nationalökonomie und Statistik, Bd. 176, S. 23—37 (1964).
Fürst, Erhard: Die Machttheorien der Einkommensverteilung. In: Beiträge zur Theorie der Einkommensverteilung (Hrsg. Frisch, H.), S. 115—150. Berlin 1967.
Kaldor, Nicholas: Alternative Theories of Distribution. The Review of Economic Studies, Vol. 23, S. 83—100 (1955/56).
Krelle, Wilhelm: Verteilungstheorie. Tübingen 1962.
Pen, Jan: Income Distribution, London 1971. Repr. 1973.
Rose, Klaus: Theorie der Einkommensverteilung. Wiesbaden 1965.
Rothschild, Kurt: Thema und Variationen. Bemerkungen zur Verteilungsformel Kaldors. In: Beiträge zur Theorie der Einkommensverteilung (Hrsg. Frisch, H.), S. 81—95. Berlin 1967.
Scheele, Erwin: Theorie der Einkommensverteilung. In: Kompendium der Volkswirtschaftslehre, Bd. I (Hrsg. Ehrlicher et al.), S. 288—338. Göttingen 1972.
Stobbe, Alfred: Untersuchungen zur makroökonomischen Theorie der Einkommensverteilung. In: Kieler Studien, Bd. 59 (Hrsg. Schneider, E.). Tübingen 1962.

---

[131] Vgl. Mastikov, P.: Planirane na narodnote stopanstvo, Nauka i izkustvo, S. 268. Sofia 1966. Diese Angaben beziehen sich auf Bulgarien, Herrn Janko Jankov bin ich für die Übersetzung zu Dank verpflichtet.

Mathematischer Anhang

Herleitung Nr. 1   Paretoverteilung der Vermögenseinkommen

(1) $$N_{t'} = \frac{b_0}{d} \cdot e^{-dt'}$$

(2) $$Y_{t'} = rV_0(1+Sr)^{t'} = Y_0(1+Sr)^{t'}$$

(2)' $$\ln Y'_t = \ln Y_0 + t' \cdot \ln(1+Sr)$$

(2)'' $$t' = \frac{\ln Y'_t - \ln Y_0}{\ln(1+Sr)} = \frac{\ln \frac{Y'_t}{Y_0}}{\ln(1+Sr)}$$

damit in (1)

$$N_{t'} = \frac{b_0}{d} \cdot e^{\frac{-d \cdot \ln \frac{Y'_t}{Y_0}}{\ln(1+Sr)}}$$

$$= \frac{b_0}{d} \cdot \left(\frac{Y_{t'}}{Y_0}\right)^{-\frac{d}{\ln(1+Sr)}}$$

$$= \frac{b_0}{d} \left(\frac{Y_{t'}}{Y_0}\right)^{-\alpha}$$

$$= \frac{b_0 \cdot Y_0^{\alpha}}{d} \cdot Y^{-\alpha}$$

$$= \alpha \cdot Y^{-\alpha}$$

Herleitung Nr. 2   Substitutionselastizität der Cobb-Douglas-Produktionsfunktion

Gegeben sei eine Cobb-Douglas-Produktionsfunktion:

$$Y = L^m K^{1-m}$$

Gesucht ist die Substitutionselastizität:

$$\sigma = -\frac{d\frac{K}{L}}{\frac{K}{L}} \Bigg/ \frac{d\frac{Y_K}{Y_L}}{\frac{Y_K}{Y_L}}$$

Mathematischer Anhang

1. $$d\frac{K}{L} = \frac{\partial \frac{K}{L}}{\partial K}dK + \frac{\partial \frac{K}{L}}{\partial L}dL = \frac{1}{L}dK - \frac{K}{L^2}dL$$

d. h.

$$\frac{d\frac{K}{L}}{\frac{K}{L}} = \frac{L}{K}\left(\frac{1}{L}dK - \frac{K}{L^2}dL\right) = \frac{dK}{K} - \frac{dL}{L}$$

2. Y_K ist die partielle Ableitung der Funktion Y nach K, d. h.

$$Y_K = (1-m)L^m K^{-m} \quad \text{bzw.} \quad Y_L = mL^{m-1}K^{1-m}$$

Daraus folgt:

$$\frac{Y_K}{Y_L} = \frac{1-m}{m}\frac{L}{K}$$

$$d\frac{Y_K}{Y_L} = \frac{\partial \frac{Y_K}{Y_L}}{\partial K}dK + \frac{\partial \frac{Y_K}{Y_L}}{\partial L}dL = \frac{1-m}{m}\left(\frac{-L}{K^2}\right)dK + \frac{1-m}{m}\frac{1}{K}dL$$

$$\frac{Y_L}{Y_K}d\frac{Y_K}{Y_L} = \frac{dL}{L} - \frac{dK}{K}$$

Daraus folgt:

$$\sigma = 1$$

Tabellarischer Anhang

Tabelle 1. Zur internationalen Einkommensverteilung

Jahr	BRD[a]	Italien	Belgien	Niederlande	Frankreich	Groß-britannien
Volumen-Index 1953 = 100[b]						
1960	158	142	116	131	131	120
1961	165	152	122	133	136	123
1962	169	161	129	137	143	123
1963	172	168	133	139	146	128
1964	182	170	141	151	154	133
1965	189	174	145	157	160	137
1966	191	184	147	159	167	138
1967	191	195	153	164	174	140
1968	204	206	158	173	181	144
1969	218	217	168	181	193	146
1970	227	227	178	189	203	149
1971	231	228	184	195	211	152
1972	237	233	193	201	220	155

[a] Einschl. Saarland und Berlin.
[b] Reales Brutto-Sozialprodukt in konstanten Preisen von 1958 dargestellt in einem Index mit der Basis 1953 = 100.

Quelle: OECD, National Accounts of OECD Countries.

Tabelle 2. Zur sektoriellen Einkommensverteilung

Jahr	Brutto-inlands-produkt	Primärer Sektor[a]	Sekundärer Sektor[b]	Tertiärer Sektor[c]
Mrd. DM, in Preisen von 1962				
1960	328,6	18,2	176,1	134,4
1961	347,1	18,4	188,0	140,8
1962	360,9	17,8	196,2	146,9
1963	373,3	18,7	202,3	152,3

[a] Ohne Rohstoff- und Energiewirtschaft.
[b] Mit Rohstoff- und Energiewirtschaft.
[c] Handel, Verkehr und Dienstleistungen.

Tab. 2. Fortsetzung

Jahr	Brutto-inlands-produkt	Primärer Sektor[a]	Sekundärer Sektor[b]	Tertiärer Sektor[c]
Mrd. DM, in Preisen von 1962				
1964	398,5	20,1	220,2	158,2
1965	421,0	17,9	236,2	166,9
1966	433,0	18,3	242,2	172,6
1967	432,1	20,5	236,1	175,6
1968	462,9	21,1	259,1	182,7
1969	500,9	20,4	286,9	193,7
1970	530,6	20,6	304,9	205,1
1971	544,5	21,4	311,8	211,3
1972	560,6	21,0	321,4	218,3
1973	590,4	21,5	340,4	228,6

[a] Ohne Rohstoff- und Energiewirtschaft.
[b] Mit Rohstoff- und Energiewirtschaft.
[c] Handel, Verkehr und Dienstleistungen.

Quelle: Statistisches Bundesamt, Fachserie N, Reihe 1, Konten und Standardtabellen 1972; neueste Zahlen jeweils in: Wirtschaft und Statistik, Februar- und Septemberheft.

Tabelle 3. Zur strukturellen Einkommensverteilung

Zeitraum	Brutto-inlands-produkt	Land- u. Forstwirt-schaft	produzie-rendes Gewerbe	Handel und Verkehr	Dienst-leistun-gen	Staat	private Haushalte usw.
	in Preisen von 1962						
1950	143,49	13,01	63,85	29,65	17,58	15,00	4,40
1955	309,37	17,92	165,47	61,43	36,46	22,51	5,58
1960	225,57	15,37	115,96	43,68	28,96	18,93	5,40
1965	421,03	17,88	236,20	80,69	49,72	30,74	5,80
1970[a]	530,59	20,63	304,86	99,78	61,90	37,08	6,34
1973	594,12	21,87	341,92	108,96	72,03	42,59	6,75

[a] Vorläufige Ergebnisse.

Quelle: Jahresgutachten 1974 des Sachverständigenrates zur Begutachtung der gesamtwirtschaftlichen Entwicklung, Tabelle 16, S. 225. Bonn 1974.

Tabelle 4. Zur sektoralen Einkommensverteilung

Jahr	Volks-einkommen	Bruttoeinkommen		
		Private Haushalte[a]	Unternehmungen[b]	Staat[c]
1950	76940	71390	5040	510
1955	140980	128350	10480	2150
1960	222260	203050	16470	2740
1965	355250	332410	19030	3810
1970	529190	501450	23580	4160
in vH des Volkseinkommens				
1950	100	92,7	6,6	0,7
1955	100	91,1	7,4	1,5
1960	100	91,4	7,4	1,2
1965	100	93,5	5,4	1,1
1970	100	94,7	4,5	0,8

[a] Einschließlich der privaten Organisationen ohne Erwerbscharakter.
[b] Unverteilte Gewinne der Unternehmen mit eigener Rechtspersönlichkeit (einschließlich der netto im Haushalt verbuchten öffentlichen Unternehmen ohne eigene Rechtspersönlichkeit und der Einzelunternehmen u. ä. im Bereich „Kreditinstitute").
[c] Einschließlich der Sozialversicherungen.

Quelle: Statistisches Bundesamt.

Tabelle 5. Zur makroökonomischen funktionalen Einkommensverteilung

Jahr	Volks-einkommen	Bruttoeinkommen aus	
		unselbständiger Arbeit	Unternehmertätigkeit und Vermögen
Mrd. DM			
1960	235,7	142,8	92,9
1965	355,3	230,0	125,3
1970	529,2	353,2	176,0
1973	712,8	498,3	214,4

Tab. 5. Fortsetzung

Jahr	Volks-einkommen	Bruttoeinkommen aus	
		unselbständiger Arbeit	Unternehmertätigkeit und Vermögen

Anteile am Volkseinkommen in %

1960	100,0	60,6	39,4
1965	100,0	64,7	35,3
1970	100,0	66,7	33,3
1973	100,0	69,9	30,1

Quelle: Statistisches Bundesamt, Fachserie N, Reihe 1, Konten und Standardtabellen 1972; neueste Zahlen jeweils in: Wirtschaft und Statistik, Februar- und Septemberheft.

Tabelle 6. Zur mikroökonomischen funktionellen Einkommensverteilung[a]. 1962 = 100, saisonbereinigte Werte

Zeit		Löhne u. Gehälter je Beschäftigtenstunde	Produktionsergebnis je Beschäftigtenstd.	Lohnkosten je Produkteinheit	Erzeugerpreise industrieller Produkte[b]
1962	1. Vj.[c]	95,9	98,6	97,3	99,6
	2. Vj.	98,8	99,4	99,3	100,0
	3. Vj.	101,4	100,6	100,7	100,1
	4. Vj.	103,1	101,1	102,0	100,3
1965	1. Vj.	125,9	118,9	105,9	103,3
	2. Vj.	128,3	118,5	108,3	103,9
	3. Vj.	133,4	119,6	111,5	104,2
	4. Vj.	134,7	121,1	111,2	104,7
1970	1. Vj.	193,4	155,5	124,4	106,2
	2. Vj.	196,1	158,0	124,1	107,0
	3. Vj.	203,8	158,7	128,4	107,8
	4. Vj.	214,0	159,1	134,5	109,1
1973	1. Vj.	270,3	186,1	145,3	120,5
	2. Vj.	281,3	187,8	149,7	122,8
	3. Vj.	288,9	190,1	152,0	124,8
	4. Vj.	300,3	192,8	155,7	127,2

[a] Ohne Bau- und Energiewirtschaft.
[b] Nicht saisonbereinigt; im Inlandsabsatz, 1962 bis 1967 einschließlich kumulativer Umsatzsteuer, ab 1968 ohne Umsatz(-Mehrwert-)steuer.
[c] Vj. = Vierteljahr.

Quelle: Nach Angaben des Statistischen Bundesamtes.

Tabelle 7. Zur Einkommensverteilung auf sozioökonomische Gruppen aus der funktionalen Verteilung mittels Querverteilung

	Haushaltsvorstand			Private Haushalte insgesamt
	Selbständiger	Arbeitnehmer	Nichterwerbstätiger	

Anteil der Einkommensarten am Gesamteinkommen in vH

Bruttoeinkommen aus unselbständiger Arbeit	7	90	19	57
Bruttoeinkommen aus Unternehmertätigkeit und Vermögen	90	5	12	27
darunter:				
Einkommen aus Zinsen, Dividenden u. ä.	(4)	(2)	(5)	(3)
Einkommen aus Wohnungsvermietung	.	.	.	(2)
Einkommensübertragungen	3	5	69	16
Gesamtes Einkommen	100	100	100	100

Einkommen der Haushaltsgruppen in vH des Einkommens der privaten Haushalte insgesamt

Bruttoeinkommen aus unselbständiger Arbeit	3	91	6	100
Bruttoeinkommen aus Unternehmertätigkeit und Vermögen	80	12	8	100
Einkommensübertragungen	4	17	79	100
Gesamtes Einkommen	24	58	18	100
Abzüglich direkte Steuern, Sozialversicherungsbeiträge und andere geleistete laufende Übertragungen (einschl. Zinsen auf Konsumentenschulden)	21	71	8	100
Verfügbares Einkommen	25	54	21	100
Gesamtes Einkommen				
je Person	229	104	53	100
je Haushalt	174	91	80	100
Verfügbares Einkommen				
je Haushalt	239	96	62	100
je Person	182	84	93	100

Quelle: Statistisches Bundesamt.

Tabelle 8. Zur personellen Einkommensverteilung

Monatliches Brutto-einkommen von ... bis unter ... DM	Männer u. Frauen		Männer		Frauen	
	Bezieher	Durch-schnitts-einkommen	Bezieher	Durch-schnitts-einkommen	Bezieher	Durch-schnitts-einkommen
	1000	DM	1000	DM	1000	DM
			Grundzahlen			
unter 100	902	57	397	58	505	56
100– 200	1135	149	516	148	619	150
200– 300	823	246	277	244	546	246
300– 400	823	350	223	349	600	350
400– 500	796	448	204	450	592	448
500– 600	876	548	229	547	647	548
600– 700	955	650	362	652	593	648
700– 800	989	750	491	752	497	747
800– 900	1142	851	735	853	407	848
900–1000	1298	950	967	952	331	946
1000–1100	1440	1050	1151	1050	289	1048
1100–1200	1411	1148	1183	1148	228	1146
1200–1300	1264	1247	1110	1248	153	1246
1300–1400	1061	1347	963	1347	98	1344
1400–1500	800	1447	725	1447	75	1446
1500–1600	592	1545	543	1546	50	1541
1600–1700	467	1645	432	1645	(34)	(1645)
1700–1800	375	1748	353	1748	(22)	(1744)
1800–1900	293	1847	274	1848	(18)	(1842)
1900–2000	232	1947	212	1947	(20)	(1946)
2000–2500	627	2206	591	2208	(36)	(2163)
2500–10000	470	3239	454	3251	(16)	(2885)
Insgesamt	18770	993	12393	1193	6378	606

Tab. 8. Fortsetzung

Monatliches Bruttoeinkommen von ... bis unter ... DM	Männer u. Frauen		Männer		Frauen	
	Bezieher	Durchschnittseinkommen	Bezieher	Durchschnittseinkommen	Bezieher	Durchschnittseinkommen
Mittelwerte und Streuungsmaße						
1. Arithmetisches Mittel (DM)		993		1193		606
2. Zentralwert (DM)		973		1155		551
3. (2.) in vH von (1.)		98,0		96,8		90,9
4. Mittlere quadratische Abweichung (DM)		642		646		418
5. (4.) in vH von (1.)		64,7		54,1		69,0
6. Durchschnittseinkommen (DM) des						
1. Quintils		197		361		120
2. Quintils		624		923		340
3. Quintils		969		1154		550
4. Quintils		1246		1394		777
5. Quintils		1932		2133		1247

Quelle: Statistisches Bundesamt, Wirtschaft und Statistik 12/1972 und eigene Berechnungen.

Tabelle 9. Primär- und Sekundärverteilung für die Einkommen aus unselbständiger Arbeit

Jahr	Bruttoeinkommen aus unselbständiger Arbeit	Arbeitgeber-Beiträge[a]	Arbeitnehmer-Beiträge[a]	Lohnsteuer[b]	Zusätzl. Sozialaufwendungen der Arbeitgeber[c]	Nettolohn- und -gehaltsumme	Nettoeinkommen aus unselbständiger Arbeit[d]	Öffentliche Einkommensübertragungen[e]			Masseneinkommen
								Insgesamt	Beamten-Pensionen (netto)	Sozialrenten Unterstützungen	
	Mio DM										
1950	44970	4230	3160	1820	840	34920	35760	11990	2260	9730	47750
1955	83670	7960	5770	4650	1600	63690	65290	20420	4110	16310	85710
1965	229990	23830	18720	15880	3030	168530	171560	58340	9400	48940	229900
1970 p	353190	42290	32730	36520	4500	237150	241650	85990	14200	71790	327640
	in vH des Bruttoeinkommens							in vH des Masseneinkommens			
1950	100	9,4	7,0	4,0	1,9	77,7	74,9	25,1	4,7	20,4	100
1955	100	9,5	6,9	5,6	1,9	76,1	76,2	23,8	4,8	19,0	100
1960	100	11,2	8,2	5,5	1,6	73,5	74,2	25,8	4,2	21,6	100
1965	100	10,4	8,1	6,9	1,3	73,3	74,6	25,4	4,1	21,3	100
1970 p	100	12,0	9,3	10,3	1,3	67,1	73,8	26,2	4,3	21,9	100

[a] Zu öffentlichen Einrichtungen der sozialen Sicherung.
[b] Ohne Kirchensteuer.
[c] Aufwendungen der Arbeitgeber für die betrieblichen Ruhegeldverpflichtungen in Höhe der gezahlten Betriebspensionen sowie die Zuführungen zu Pensions- und Unterstützungskassen, ferner Beihilfen und Unterstützungen im Krankheitsfall u. ä.
[d] Nettolohn- und -gehaltsumme und zusätzliche Sozialaufwendungen der Arbeitgeber.
[e] Laufende Übertragungen vom Staat an private Haushalte in Form von Renten, Pensionen (nach Abzug der Lohnsteuer auf Pensionen), Versorgungsleistungen an Kriegsopfer, gesetzlichem Kindergeld, Sozialhilfe u. ä.

Quelle: Statistisches Bundesamt.

Tabelle 10. IQ und Sozialklasse: Erwachsene

IQ	50-60	60-70	70-80	80-90	90-100	100-110	110-120	120-130	130-140	140 +	Mittel
I							2	13	2	1	139,7
II			2	1	8	16	56	38	15	1	130,6
III		5	15	11	51	101	78	14	3		115,9
IV		18	52	31	135	120	17	2	1		108,2
V	1			117	53	11	9				97,8
VI											84,9
Total	1	23	69	160	247	248	162	67	21	2	100,0

IQ und Sozialklasse: Kinder

IQ	50-60	60-70	70-80	80-90	90-100	100-110	110-120	120-130	130-140	140 +	Mittel
I						1	1	1	1		120,8
II		1	3	1	2	6	12	8	2		114,7
III		6	12	8	21	31	35	18	6		107,8
IV		15	23	33	53	70	59	22	7	1	104,6
V	1		32	55	99	85	38	13	5		98,9
VI	1			62	75	54	16	6			92,6
Total	2	22	70	159	250	247	160	68	21	1	100,0

Mit den römischen Zahlen sind folgende Sozialklassen symbolisiert: I: hohe Angestellte, erfolgreiche Selbständigerwerbende; II: Kaufleute, Lehrer; III: untere Angestellte; IV: gelernte Arbeiter; V: angelernte Arbeiter; VI: ungelernte Arbeiter. Jede Einheit in der Tabelle steht für 40 untersuchte Personen. (Nach: C. Burt: Intelligence and Social Mobility, Brit. J. Stat. Psychol. 14 (1961), 11.)

Quelle: C. Ernst, Intelligenz: Erbbedingtheit und Beeinflußbarkeit. Methoden und vorläufige Ergebnisse der Intelligenzforschung, a. a. O., S. 37.

Tabelle 11. Vermögensklassen nach Altersklassen[a]

	0–20 Jahre		21–29 Jahre		30–39 Jahre		40–49 Jahre	
	Anzahl	Vermögen	Anzahl	Vermögen	Anzahl	Vermögen	Anzahl	Vermögen
in Tausend[b]		in Tausend		in Tausend		in Tausend		in Tausend
100– 200	604	82649	1667	214040	10561	1433903	23636	3339456
200– 300	×	×	348	82463	2039	477053	6874	1636727
300– 500	×	×	337	130871	1078	419022	3627	1369799
500–1000	×	×	×	×	580	400352	1770	1168164
1000 und mehr	×	×	×	×	×	×	867	1940069
Total	730	142435	2471	566196	14506	3292448	36774	9454215

	50–59 Jahre		60–64 Jahre		65–69 Jahre		70 Jahre und älter	
	Anzahl	Vermögen	Anzahl	Vermögen	Anzahl	Vermögen	Anzahl	Vermögen
in Tausend[b]		in Tausend		in Tausend		in Tausend		in Tausend
100– 200	35157	4932432	18125	2524913	15346	2097435	27837	3844470
200– 300	10260	2477889	5731	1386929	4971	1200658	9025	2200971
300– 500	6336	2407988	3996	1516310	3410	1284157	5992	2265671
500–1000	3225	2222500	2142	1426856	1521	1058926	4241	2914032
1000 und mehr	1650	3810033	910	1967480	1013	2025005	2000	4957972
Total	56628	15850842	30904	8822488	26261	7666181	49095	16183116

[a] Zusätzlich erhältlich: Vermögensklassen pro sozialer Gruppen nach Altersklassen.
[b] In holländischen Gulden.

Quelle: Inkomensvendeling 1967 en Vermogensvendeling 1968, hrsg. v. Centraal Bureau voom de Statistick, Den Haag 1971.

Tabelle 12. Ausbildung der Kinder nach Ausbildung der Eltern

Allgemeinbildender Schulabschluß des Familienvorstandes	Kinder 10 bis unter 15 Jahre insgesamt	Gegenwärtiger Schulbesuch Gymnasium	
		abs.	in %
Hauptschule	3770	381	10,1
Realschule	522	190	36,4
Fachhoch-/Hochschulreife (Abitur)	380	256	67,4

Quelle: nach H. Steiger, Der Einfluß des Elternhauses auf die schulische und berufliche Ausbildung der Kinder, Wirtschaft und Statistik, Heft 8, 1973, S. 465.

Tabelle 13. Lohn- und Einkommensteuerpflichtige 1968

Einkommensklassen	Lohnsteuerpflichtige einschließl. Veranlagte[a]			Unbeschränkt Einkommensteuerpflichtige einschl. veranlagte Lohnsteuerpflichtige		
	in 1000	von oben kumulierte Häufigkeiten	von unten kumulierte Häufigkeiten	in 1000	von oben kumulierte Häufigkeiten	von unten kumulierte Häufigkeiten
1– 1500	1353,6	17840,1	1353,6	15,6	4842,2	15,6
1500– 3000	894,1	16486,5	2247,7	75,5	4826,6	91,1
3000– 5000	1329,1	15592,4	3576,8	214,4	4751,1	305,5
5000– 8000	2790,3	14263,3	6367,1	501,7	4536,7	807,2
8000– 12000	4843,5	11473,0	11210,6	855,9	4035,0	1663,1
12000– 16000	3411,0	6629,5	14621,6	718,7	3179,1	2381,8
16000– 25000	2590,5	3218,5	17212,1	1231,4	2460,4	3613,2
25000– 50000	568,5	628,0	17780,6	896,9	1229,0	4510,1
50000– 75000	40,6	59,5	17821,2	154,2	332,1	4664,3
75000–100000	9,8	18,9	17831,0	66,9	177,9	4731,2
100000–250000	8,3	9,1	17839,3	89,5	111,0	4820,7
250000–500000	0,7	0,8	17840,0	14,5	21,5	4835,2
500000–und mehr	0,1	0,1	17840,1	7,0[b]	7,0	4842,2
	17840,1			4842,2		

[a] Bis unter 25000 DM Einkünfte aus nichtselbständiger Arbeit (Ergebnis der Lohnsteuerstatistik 1968); über 25000 DM Einkünfte aus nichtselbständiger Arbeit (Ergebnis der Einkommensteuerstatistik 1968 für veranlagte Lohnsteuerpflichtige).
[b] Im Original in 2 Einkommensklassen aufgeteilt: 500000–1000000 mit 46000 Steuerpflichtigen und 1000000–und mehr mit 24000 Steuerpflichtigen.

Quelle: Statistisches Bundesamt, Finanzen und Steuern, Reihe 6 Einkommen- und Vermögensteuern 1968.

Namenverzeichnis

Aitchison, J. 54
Barone, E. 181
Bastiat, F. 149
Becker, G. S. 62, 65
Beckmann, M. J. 66ff. *99*
Bernoulli, D. 66
Blümle, G. *99*
Böhm-Bawerk, E. v. 5, 190f.
Bombach, G. *19, 142*, 167, *213*
Boot, J. C. G. 34
Boulding, K. E. 155ff.
Brentano, L. 189
Bronfenbrenner, M. *99, 142, 213*
Brown, M. 54
Bucharin, N. 134
Campanella, G. 205
Carey, H. CH. 149
Champernowne, D. G. 46f., 81
Clark, J. B. 4, 124, 136
Cournot, A. A. 110
Dalton, H. 46f.
Davidson, P. *213*
Downs, A. 84
Dunlop, J. T. 147
Ferguson, C. E. *142, 213*
Feuerbach, A. 205
Föhl, C. 180ff.
Fourastié, J. 15
Fourier, Ch. 205
Frey, B. S. 138
Friedman, M. 58
Fürst, E. *213*
Gibrat, R. 4, 47f., 68
Gini, C. 42
Gossen, H. H. 40, 110
Hart, P. E. 147
Hegel, G. W. F. 205
Heston, A. W. *99*

Hicks, J. R. 196f.
Jencks, C. 59, 92f.
Jevons, H. S. 110
Kaldor, N. 6, 162, 164f., 167, 175, 179, 182, 201, *213*
Kalecki, M. 6, 169f., 175, 183f.
Kerber, W. 157
Keynes, J. M. 6f., 11, 145, 155, 158, 160, 202
Kravis, I. B. 87, *99*
Krelle, W. *19*, 135, *142*, 192, *213*
Kruk, M. 91f.
Krupp, H. J. 13, 22, 92, 96f.
Kuznets, S. 77, 145
Lambert, R. D. *99*
Lange, O. 21, 66
Lasalle, F. 106, 189, 205f.
Lecaillon, J. 148, 199
Lenin, W. J. 169, 210f.
Lerner, A. P. 123, 168f., 178
Luckenbach, H. *142*
Luxemburg, R. S. 169, 210
Lydall, H. 66f., 78, 90f., *99*
Malthus, R. 108, 205, 208
Marchal, J. 148, 199
Marshall, A. 111, 165
Marx, K. 2, 5, 17, 81, 105f., 189, 205
Matzner, E. *142*
Mayer, T. 55
Menger, C. 110
Mill, J. 106
Mill, J. S. 101, 106
Mincer, J. 60, 65, *99*
Mitra, A. 6, 170ff.
More, T. 205
Oppenheimer, F. 5, 187
Owen, R. 205
Pareto, V. 4, 47

Pen, J. 11, 31f., 86, 99, *142*, 198, *213*
Peter, H. 187
Phelps Brown, E. H. 147
Pigou, A. C. 120
Popper, K. 19
Preiser, E. *19*, 7, 10, *142*, 178f., 186ff.
Quesnay, F. 1
Ramser, H. J. 159, 164
Reder, M. W. 56
Rhodes, J. 55
Riach, P. A. 164
Ricardo, D. 1f., 104ff., 180ff., 189, 205f.
Rodbertus, K. 189, 205f.
Robinson, J. 120, *142*
Rose, K. *19*, *142*, *213*
Rothschild, K. 86, 166, *213*
Roy, A. D. 52f., 62
Rutherford, R. S. C. 49
Saint Simon, C. H. de 205
Samuelson, P. A. 140
Say, J. B. 1f., 106
Scheele, E. *142*, *213*

Schleicher, H. A. *142*
Schmitt-Rink, G. *142*
Schneider, E. 173f.
Schumpeter, J. 135, 186
Sen, A. 99
Sismondi, J. L. S. de 189
Smith, A. 1, 105ff., 205
Solow, R. 146
Soltow, L. 99
Sraffa, P. 141
Stalin, J. W. 211
Stavenhagen, G. *19*
Stobbe, A. 12, 174ff., 179, *213*
Streissler, E. 183ff., 203
Thünen, J. H. v. 104
Tinbergen, J. 22, 79ff.
Tugan-Baranowsky, M. v. 5, 188, 190
Veblen, T. 136
Wagner, A. 189
Walras, L. 110
Wijk, J. v. d. 68
Zeuthen, F. 197

Sachverzeichnis

Abweichung
—, durchschnittliche 37
Aggregate 7, 11f., 23
Aggregation(s)
— grad 22
— niveau 97
— problem 5f., 67, 124f., 135f., 143, 149, 163, 165, 172
Akkumulation(s) 208f.
— fonds 212
Anpassungsthese 191
Arbeiteraristokratie 210
Arbeit(s)
— geberverbände 152
— lohn s. Lohn
— losigkeit 127
— markt 157
— platzrisiko 203
— produktivität 127, 149ff., 162, 211
— wertlehre 206
Aufstockungsthese 191
Ausbeutungstheorie
—, Marx'sche s. Marx
—, quasimonopolistische 105
Ausschöpfungstheorien 130

Bargaining 203
Baronekurve 181ff.
Becker-Modell 62
Bedürfnisgerechtigkeit 9f., 14, 17, 123
Beschäftigung(s)
— gleichgewicht 180
— theorie 7
Bevölkerungsentwicklung 106
Bildung(s)
— ausgaben 60ff.
— investition 60ff.

Boden
—, marginaler s. Grundrente
— bewirtschaftung s. Grundrente
— eigentümer s. Grundrente
— sperre 187
Bresciani-Turroni-Bedingung 38

Cambridger Schule 120
Chancengleichheit 5, 9, 17f.
Classe
— distributive 1
— productive 1
Cobb-Douglas Produktionsfunktion s. Produktionsfunktion

deficit spending 201
Dichtefunktion 21f.
Differential
— gewinne 180, 185
— rente s. Rente
— rententheorie s. Rente
Disaggregation 148
Durchschnittswertprodukt 114f.

Effekte
—, externe 121
egalitarian approach 63
Eigenschaften
—, Verteilung von 51ff.
Einkommen(s) 24ff., 81
—, permanentes 97
—, transitorisches 97
— aus Vermögen 69
— abgrenzung 163
— art 12, 101
— bezieher 12
— differenzierung 56
— empfänger 24ff.

— hierarchie 66
— konzentration 22
— kurve 192
— politik 9
— pyramide 33
— streuung 14, 22, 60, 147
Einkommensverteilung
—, funktionelle 2, 10f., 101ff.
—, gerechte 9
—, internationale 15, 93
—, personelle 2, 7, 21ff.
—, regionale 15
—, sektorale 15
—, sozio-ökonomische 2
—, Stabilität der 77ff.
—, strukturelle 15
— in Markt- und Planwirtschaft 77
Einstandskosten 185
Elastizität
—, Angebots- 6
—, Einkommens- 184
—, Lohn- 127
—, Nachfrage- 6
—, Preis- 116f., 127, 168
—, Produktions- 117
— — der Faktornachfrage 127
— — des Faktorangebots 5
—, Substitutions- 128f., 131, 195
elite approach 64
Ertrag(s)
— funktion 102f.
— gesetz 108
Erwachsenenäquivalente 25f.
Existenzminimum
—, konventionelles 106
—, physisches 104f., 154
— theorie 105f., 209

Fähigkeiten 51ff., 90f.
Fähigkeitsmessung 52, 54, 58f.
Faktor
— angebotsfunktion 118, 123
— anteile 129, 134
— besteuerung 97
— einsatz 119
— grenzausgabe 113f.
— nachfragefunktion 123
— preis 134, 190
— preisbildung 112f.

— preisgrenze 137ff.
— preisflexibilität 117f., 168
— preisstruktur 96
— preisverhältnis 138
— substitution 111
— übertragung 97
— variation 121
— verteilung 134
Forschung
—, empirische 18
Fortschritt
—, technischer 106, 108, 132, 194
—, Harrod-neutraler 133
—, Hicks-neutraler 133
—, neutraler 133
—, Solow-neutraler 133
Fremd
— finanzierung 174
— kapital 122
fringe benefits 84
full-equilibrium 120
Funktionalquoten s. Profitquote

Geld
— markt 157
— menge 164
— wertstabilität 9
Gesetz
—, Gossen'sches
— des abnehmenden Ertragszuwachses 102
— der Unterschiedslosigkeit der Preise 187
Gewerkschaften 190
Gewinn(e)
—, Marktlagen- 182
—, Monopol- 186f.
—, Pionier- 135
—, unverteilte 24f.
— als Neuerungsprämie 186
— aufschläge 185
— maximierung 112, 121f.
— maximum(s), Stabilität des 119
— theorie, dynamische 186
Gläubiger-Schuldner-Hypothese 204
Gleichgewicht(s)
— bei Vollbeschäftigung 22
— verteilung 77ff.
Gleichheit
—, ökonomische 22

Sachverzeichnis

Gleichverteilung 46
Grenzerlös 113
— produkt 113 ff.
Grenzertrag s. Ertragsfunktion
Grenznutzen 40
Grenzprodukt 4, 16 f.
—, physisches 113 ff., 121 f.
—, partielles 129, 132
Grenzproduktivität(s)
—, partielle 132
— entlohnung 4
— prinzip 111
— theorie
— —, makroökonimische 2, 5, 124 ff.
— —, mikroökonomische 5, 10, 16, 105, 109 ff., 115 ff., 120 ff.
Grenzwertprodukt 113 f.
Grundrente s. Renten
Gütermarkt 157

Häufigkeiten
—, kumulierte 27
Häufigkeitsverteilung
—, Erklärung der 14, 27, 97
—, Schiefe der 14
—, Stabilität der 78
— in verschiedenen Wirtschaftsordnungen 65, 69
Haushaltseinkommen 25
Hierarchiemodell von Lydall 90 f.
Homogenität 125 f., 135, 143
human capital approach 65, 83, 91

Identifikationsproblem 131
Imperialismustheorie 169, 210
Importproduktionskoeffizienten 172
Inflation(s)
—, schleichende 201
—, Verteilungswirkungen der 204
— Antiinflationspolitik 201
— inflatorische Lücke 201
— kosten 202
— nachfrage 201
Intelligenzforschung 90 f.
Investition(s)
— funktion 156 ff., 174
— neigung 157, 174
— quote 154
— —, exogene 164

— —, konstante 167
— verhalten 11

Kapital(s)
—, Grenzprodukt des 141
—, organische Zusammensetzung des 209
— gewinne 24
— intensität 127 f., 140, 195
— koeffizient 151 f., 162, 184
— —, marginaler 155
— produktivität 149
— stock 141
— wert 60
— zins 2
Kapazitätsgrenze 182
Klassenmonopoltheorien 5, 178, 186 ff.
Keynes'sche Gleichung
—, erste 153
—, zweite 153, 160, 164
Keynes'sches Multiplikatormodell 170
Klassische Lehre 1 ff., 101 ff., 108 f., 111
Konjunkturtheorie 7
Konkurrenz
—, freie 186
—, unvollkommene 115 f.
—, vollkommene 116 ff., 134, 158
Konstante
—, sozialökonomische 87
Konsum
— fonds 121
— funktion 156
— neigung 157
— verhalten 11
Kontraktkurve 194
Konzentrationstheorie 208
Konzessionskurve 196
Korrespektionsfunktion 198
Kostenfunktion 171
Kreislauf
— modell, von Marx 154 f.
— theorie, keynesianische 153
— wirkungen 135
Krisentheorie 208

Lagerkosten 185
Lebensqualität 62
Leistungsgerechtigkeit 10, 17, 70
Liberalismus
—, klassischer 189
Liquiditätspräferenz 162

Lohn
— Arbeits- 104 ff.
— Markt- 105
— Real- 118, 171
— des Wartens 111
— differenzierung 187
— einkommen 12
— empfänger 12
— flexibilität 158
— fonds 212
— fondstheorie 106 f., 146
— gesetz, ehernes 106, 189
— politik
— —, produktivitätsorientierte 150, 152, 203 f.
— —, nominale 150
— quote 10
— —, bereinigte 144, 148
— —, Elastizität der 146
— —, ergänzte 148
— —, gesamtwirtschaftliche 146
— —, Konstanz der 141
— —, Stabilität der 145 ff.
— —, unbereinigte 148
— struktur
— —, horizontale 195
— —, Planung der 213
— —, vertikale 195
— theorie 105, 164
—, natürlicher 105
Lorenzdiagramm 30 f.

Macht 109, 134
— oder ökonomisches Gesetz 179, 190
— theorien 143, 149, 186
— —, ältere 188 ff.
— verhältnisse
— —, gesellschaftliche 190
— — auf den Gütermärkten 178
— verteilung auf dem Arbeitsmarkt 178
Markoff-Prozeß 49
Markt
— funktionen 121
— lohn s. Lohn
— unvollkommenheiten 17
Mehrwert(s)
—, Akkumulation des 208
—, Ursprung des 206
— rate 207, 209

Mengen
— anpasser 112
— planung 211
Meritokratie 91
Mincer-Ansatz 62
Mitbestimmungsdiskussion 196
Mittelwerte
—, arithmetische 41
—, geometrische 41
Mobilität des Faktors Arbeit 90
Monopol
—, bilaterales 193
— auf dem Absatzmarkt 116 f.
— auf dem Absatz- u. Beschaffungsmarkt 118 f.
— begriff 168
— grad 123, 170, 178
— —, struktureller 176 ff., 209
— —, Meßbarkeit des 179
— — theorien 168 ff., 183
Monopson
— auf dem Faktormarkt 117 ff.
Multikollinearität 131
Multiplikatorprozeß 162

Nicht-Nullsummenspiele 199
Normen 109
Nullsummenspiele 199
Nutzen(s)
—, Bedeutung des — für die personelle Einkommensverteilung 68 f.
—, funktion 39 f.

Ökonomik
—, normative 2, 16
—, positive 2, 16
Ordnung
—, spontane 8
—, totalitäre 8
Organisation 82

Paretogerade 28 f.
Pen-Diagram 32
Phillips-Kurve 202 f.
Physiokraten 1 f.
Pigou-Dalton-Bedingung 37, 42 f.
Poissonverteilung 185
Popper Kriterium 19

Sachverzeichnis

Preis
— absatzfunktion
— —, fallende 116, 119
— —, geknickte 193
— —, lineare 171
— aufschlagstheorien 183
— flexibilität 118
— komponenten, Theorien der 101
— niveau 125
— starrheit 202
Prinzip des recurrenten Anschlusses 152, 167, 179
Produktion(s)
— assoziationen 189
— funktion 4, 11, 121ff., 127, 140, 159
— —, langfristige 134
— —, limitationale 121, 176
— —, Pro-Kopf- 126
— —, substitutionale 111
— koeffizienten 171
— technik 121
— weise 3, 17
Produktivitätsfortschritt 150, 194
Profit(e)
—, Erklärung der 107
—, ökonomische Theorie der 147
— quote 144, 146, 147ff., 162
— —, maximale 162
— —, minimale 161
— rate
— —, Ausgleich der 107
— —, langfristiges Absinken der 108

Quasimonopol 5, 186, 188
Querverteilung(s)
—, Ausmaß der 13
—, Begriff der 12, 95f.
— modelle 166
Querschnittszeitreihen 51

Rassendiskriminierung 89
Reallohnpolitik 162
Redistribution
—, staatliche 85f.
Rente
—, Differential- 123, 132
— —, dynamische 183
— —, statische 180ff.
—, Grund- 2, 101ff.

—, Intensitäts- 103f.
—, Kapital- 165
—, Knappheits- 110
—, Lage- 104
—, Leistungs- 183f.
—, Qualitäts- 103f.
Reproduktion
—, Sicherung und Erweiterung der 210
Reservearmee
—, industrielle 208
Residualeinkommen 125
Reswitching 135ff.
Risikopräferenz 58

scale of operations 55f.
Simulation 96f.
Skalenerträge
—, abnehmende 130, 135
—, zunehmende 130, 135
Sozialindikatoren 10
Sozialismus
—, Staats- 189
—, wissenschaftlicher 189
Sozialökonomisches Optimum 122, 168
Sozialstruktur 179
Soziologische Schule 199
Spar-
— funktion 154, 160, 163, 170
— neigung
— —, Konstanz der 163
— —, marginale 158
— quote 167
Spezifikationsproblem 131
Standardabweichung 37f., 146
— der absoluten Einkommensdifferenzen 38
— der logarithmierten Einkommen 34, 39ff.
— der relativen Einkommensdifferenzen 38
Steuer(n)
—, direkte 14
— progression 14
Streikbereitschaft 196
Streuungsmaße 40
Substitutionalität 135, 195
Superiorität 56
Transfer
— einkommen 14, 148, 155

Übergangswahrscheinlichkeiten 49 ff.
Unabhängigkeit
—, stochastische 52 f., 146
Ungleichheit 81 ff.

Verelendungstheorie 209 f.
Verhandlungstheorien 196 ff.
—, spieltheoretische Analyse der 199
Vermögensbildung 9
Verteilung(s)
—, Machttheorien der 105
—, Personelle(n) Einkommens- 21 ff.
— —, Bestimmungsgründe der 51, 86 ff., 95 ff.
— —, soziologische Schule der 21
— —, statistisch-theoretische Schule der 21
—, Primär- 14
—, Sekundär- 14
—, Vermögens- 69 ff.
— gleichgewicht, langfristiges 177
— gleichung Kaldors 161
— gerechtigkeit 9 f.
— maße
— — durchschnittliche Abweichung 37
— — Gibrat-Verteilung 30, 47 ff., 68
— — Gini-Koeffizient 31, 42
— — Paretos Maß 22, 28, 34, 55, 70 ff., 122 f.
— — Quantile 33 ff.
— — Standardabweichung 37
— — Theilsches Entropie Maß 45
— — Variationskoeffizient 38
— matrix 96 f.
— messung 23 ff.
— quoten 12, 144
— theorie
— —, klassische 2, 101, 108 f.
— —, kreislauftheoretische 153 ff.
— —, neoklassische 5
— —, politische 188 ff.
— —, postkeynesianische 160
— —, ricardianische 108
Volkseinkommen 124
Volkswirtschaftliche Gesamtrechnung 10
Vollbeschäftigung
—, Ziel der 9

Wachstum(s)
— raten 9
— theorie, neoklassische 5, 7
wage
— drift 191, 202
— gap 191, 202
— lag 204
Wahrscheinlichkeitsvektoren 50
Weber-Fechner'sches Gesetz 40, 46, 66, 79
Wert
—, Gebrauchs- 109 f.
—, Tausch- 109 f.
— antinomie 109
— theorie 189
Wicksell-Preis-Effekt 138
Widerstandskurve 196
Wirtschaft(s)
— ordnung 17
— wachstum 7, 9
Wohlfahrt 143
Wohlstandsmessung 10

Zentralbankpolitik 152
Zins(es)
—, Streuung des 61
— satz, langfristiger 151
Zuschlag(s)
— kalkulation 160, 180
— modell von Stobbe 174 ff.

Heidelberger Taschenbücher

Wirtschaftswissenschaften

- 14 A. Stobbe: Volkswirtschaftliches Rechnungswesen. 3. Auflage. DM 16,80
- 38 R. Henn/H. P. Künzi: Einführung in die Unternehmensforschung I. DM 12,80
- 39 R. Henn/H. P. Künzi: Einführung in die Unternehmensforschung II. DM 14,80
- 40 M. Neumann: Kapitalbildung, Wettbewerb und ökonomisches Wachstum. DM 12,80
- 56 M. J. Beckmann/H. P. Künzi: Mathematik für Ökonomen I. 2. Auflage DM 16,80
- 62 K. W. Rothschild: Wirtschaftsprognose. Methoden und Probleme. DM 16,80
- 78 A. Heertje: Grundbegriffe der Volkswirtschaftslehre. 2. Auflage. DM 16,80
- 90 A. Heertje: Volkswirtschaftslehre. Grundbegriffe der Volkswirtschaftslehre II. DM 14,80
- 92 J. Schumann: Grundzüge der mikroökonomischen Theorie. DM 16,80
- 117 M. J. Beckmann/H. P. Künzi: Mathematik für Ökonomen II. DM 14,80
- 123 R. Maleri: Grundzüge der Dienstleistungsproduktion. DM 16,80
- 156 W. Busse von Colbe/G. Lassmann: Betriebswirtschaftstheorie I. Grundlagen, Produktions- und Kostentheorie. DM 14,80
- 157 J. Siebke/M. Willms: Theorie der Geldpolitik. DM 14,80
- 158 A. Stobbe: Gesamtwirtschaftliche Theorie. DM 19,80
- 173 G. Blümle: Theorie der Einkommensverteilung. Eine Einführung. DM 16,80

Mathematik/Informatik

- 12 B. L. van der Waerden: Algebra I. 8. Auflage. DM 12,80
- 15 L. Collatz/W. Wetterling: Optimierungsaufgaben. 2. Auflage. DM 16.80
- 23 B. L. van der Waerden: Algebra II. 5. Auflage. DM 14,80
- 26 H. Grauert/I. Lieb: Differential- und Integralrechnung I. 3. Auflage. DM 14,80
- 36 H. Grauert/W. Fischer: Differential- und Integralrechnung II. 2. Auflage. DM 14,80
- 43 H. Grauert/I. Lieb: Differential- und Integralrechnung III. DM 14,80
- 44 J. H. Wilkinson: Rundungsfehler. DM 16,80
- 49 Selecta Mathematica I. Hrsg. von K. Jacobs. DM 12,80
- 50 H. Rademacher/O. Toeplitz: Von Zahlen und Figuren. DM 12,80
- 51 E. B. Dynkin/A. A. Juschkewitsch: Sätze und Aufgaben über Markoffsche Prozesse. DM 19,80
- 64 F. Rehbock: Darstellende Geometrie. 3. Auflage. DM 16,80
- 65 H. Schubert: Kategorien I. DM 16,80
- 66 H. Schubert: Kategorien II. DM 16,80
- 67 Selecta Mathematica II. Hrsg. von K. Jacobs. DM 14,80
- 73 G. Pólya/G. Szegö: Aufgaben und Lehrsätze aus der Analysis I. 4. Auflage. DM 16,80
- 74 G. Pólya/G. Szegö: Aufgaben und Lehrsätze aus der Analysis II. 4. Auflage. DM 16,80
- 80 F. L. Bauer/G. Goos: Informatik I. 2. Auflage. DM 14,80
- 85 W. Hahn: Elektronik-Praktikum für Informatiker. DM 14,80
- 86 Selecta Mathematica III. Hrsg. von K. Jacobs. DM 16,80

87 H. Hermes: Aufzählbarkeit, Entscheidbarkeit, Berechenbarkeit. 2. Auflage. DM 16,80
91 F. L. Bauer/G. Goos: Informatik II. 2. Auflage. DM 14,80
93 O. Komarnicki: Programmiermethodik. DM 16,80
98 Selecta Mathematica IV. Hrsg. von K. Jacobs. DM 16.80
99 P. Deussen: Halbgruppen und Automaten. DM 14,80
103 K. Diederich/R. Remmert: Funktionentheorie I. DM 16,80
105 J. Stoer: Einführung in die Numerische Mathematik I. DM 16,80
107 W. Klingenberg: Eine Vorlesung über Differentialgeometrie. DM 16,80
108 F. W. Schäfke/D. Schmidt: Gewöhnliche Differentialgleichungen. DM 16,80
110 W. Walter: Gewöhnliche Differentialgleichungen. DM 16,80
114 J. Stoer/R. Bulirsch: Einführung in die Numerische Mathematik II. DM 16,80
120 H. Hofer: Datenfernverarbeitung. DM 19,80
127 H. Schecher: Funktioneller Aufbau digitaler Rechenanlagen. DM 19,80
140 R. Alletsee/G. Umhauer: Assembler 1. DM 16,80
141 R. Alletsee/G. Umhauer: Assembler 2. DM 17,80
142 R. Alletsee/G. Umhauer: Assembler 3. DM 19,80
143 T. Bröcker/K. Jänich: Einführung in die Differentialtopologie. DM 16,80
147 W. Hahn/F. L. Bauer: Physikalische und elektrotechnische Grundlagen für Informatiker. DM 19,80
150 E. Oeljeklaus/R. Remmert: Lineare Algebra I. DM 19,80
151 C. Blatter: Analysis I. DM 14,80
152 C. Blatter: Analysis II. DM 14,80
153 C. Blatter: Analysis III. DM 14,80
159 F. L. Bauer/R. Gnatz/U. Hill: Informatik. Aufgaben und Lösungen I. DM 14,80
160 F. L. Bauer/R. Gnatz/U. Hill: Informatik. Aufgaben und Lösungen II. DM 14,80
172 H. P. Künzi/W. Krelle: Nichtlineare Programmierung. DM 18,80

Heidelberger Arbeitsbücher

1 B. A. Schmid: Arbeitsbuch zu „Stobbe Volkswirtschaftliches Rechnungswesen. 3. Auflage". 2. Auflage. DM 12,—
2 W. Zöller: Arbeitsbuch zu „Handelsbilanzen". 2. Auflage. DM 12,—
3 R. Köhler/W. Zöller: Arbeitsbuch zu „Finanzierung". DM 12,—
4 E. Cramer/H. J. Müller: Arbeitsbuch „Recht für Wirtschaftswissenschaftler". DM 12,—
5 W. Weber: Arbeitsbuch „Einführung in die Betriebswirtschaftslehre". DM 12,—
6 H. Uebele/W. Zöller: Arbeitsbuch „Kostenrechnung". DM 12,—
7 J. Roth/B. A. Schmid: Arbeitsbuch „Mikroökonomische Theorie". DM 12,—
8 W. Ross/B. A. Schmid/E. J. Thien: Arbeitsbuch „Makroökonomische Theorie". DM 12,—
9 B. Engel/F. Heuser/B. A. Schmid: Arbeitsbuch „Geld und Kredit". DM 12,—

| MIX |
| Papier aus verantwortungsvollen Quellen |
| Paper from responsible sources |
| FSC® C105338 |

If you have any concerns about our products,
you can contact us on
ProductSafety@springernature.com

In case Publisher is established outside the EU,
the EU authorized representative is:
**Springer Nature Customer Service Center GmbH
Europaplatz 3, 69115 Heidelberg, Germany**

Printed by Libri Plureos GmbH
in Hamburg, Germany